本套丛书得到长江平民教育基金会主席聂圣哲先生的赞助,特此鸣谢!

丛书主编
孙有中　安乐哲　彭国翔

丛书组织
王立刚

实用主义研究丛书

杜威的实用主义技术

〔美〕拉里·希克曼 著
韩连庆 译

John Dewey's
Pragmatic Technology

Larry A. Hickman

北京大学出版社
PEKING UNIVERSITY PRESS

著作权合同登记　图字 01-2007-4835
图书在版编目(CIP)数据

杜威的实用主义技术/(美)拉里·希克曼著;韩连庆译.—北京:北京大学出版社,2010.10
(同文馆·实用主义研究丛书)
ISBN 978-7-301-16866-0

Ⅰ.①杜…　Ⅱ.①希…②韩…　Ⅲ.哲学思想-实用主义-思想评论
Ⅳ.①B712.51

中国版本图书馆 CIP 数据核字(2010)第 185228 号

JOHN DEWEY'S PRAGMATIC TECHNOLOGY, by Larry A. Hickman.
© 1990 by Larry A. Hickman. Simplified Chinese character translation rights lecensed from the English language publisher, Indiana University Press.

书　　　名：杜威的实用主义技术
著作责任者：〔美〕拉里·希克曼　著　韩连庆　译
责 任 编 辑：王立刚
标 准 书 号：ISBN 978-7-301-16866-0/B·0894
出 版 发 行：北京大学出版社
地　　　址：北京市海淀区成府路 205 号　100871
网　　　址：http://www.pup.cn　电子邮箱：pkuphilo@163.com
电　　　话：邮购部 62752015　发行部 62750672　出版部 62754962　编辑部 62755217
印　刷　者：北京汇林印务有限公司
经　销　者：新华书店
650mm×980mm　16 开本　19.25 印张　300 千字
2010 年 10 月第 1 版　2010 年 10 月第 1 次印刷
定　　　价：38.00 元

未经许可,不得以任何方式复制或抄袭本书之部分或全部内容。
版权所有,侵权必究
举报电话：010-62752024　电子邮箱：fd@pup.pku.edu.cn

杜威归来（丛书总序）
——儒学与杜威的实用主义的再次对话
孙有中　彭国翔　安乐哲

新世纪伊始的几十年里，中美关系似将成为这个世界各个层面的最重要的保障。不过这种被双方利益驱动的日益复杂的关系并不稳固，甚至有时还很脆弱，并且由于中美文化间缺乏深入的理解，双方的关系亟待推进。要推进这一关系不仅需要能够传达共同价值和文化渴望的词汇，同样也需要一种能够表达相互差异的语言，这种差异使文化交流成了相互激发和丰富的契机。

这个译丛介绍的是对美国哲学的研究性著作，而且初衷是为中国广大读者介绍美国真正的本土哲学，在绍介的过程中，纠正人们对实用主义的流误俗见：实用主义鼓吹的是权宜之计和投机主义，不配被视为伦理学。

这个译丛更大的雄心是鼓舞人们接续实用主义和儒家哲学的对话。为此，丛书的主编甄选出书目，经过相关领域的行家里手的倾力翻译和北京大学出版社编辑的努力，最终呈献给中国学界和广大读者。

毋庸置疑，在美国哲学与中国的"夙交"中，杜威是最重要的代表。就在1919年五四运动爆发前夕，杜威在其哥伦比亚的学生胡适和蒋梦麟的热情邀请之下来到中国。当时胡适和蒋梦麟已经在学界和新文化运动中迅速崛起，成为重要的革新者。在华的两年间，杜威在华夏大地周游讲学，刚刚起步的中国媒体不惜笔墨，广为报道。但罗伯特·克罗普顿和吴俊生在其编纂的《约翰·杜威：中国讲稿 1919—1920》中说："杜威在中国大学里的哲学学者中间没有赢得多少拥趸，他们在欧洲受的教育,也继续师从德法的哲学潮流。"①在当时烈火烹油的革命狂热下,杜威的思想被当时的激进听众望文生义地"误读"了。他们觉得杜威的思想对于当时的社会和政治需要更有效用,而非对专业的哲学领域。这种对杜威的误读只要不加以助长,是可以谅解的。②

如今,我们有条件按照美国哲学本然的革命性品质对其进行重读,儒家哲学和美国哲学间的声气相通已被当代学界所察觉,在这两个传统中进行对话的里程已然发轫。

这一对话的开始之际,我们或许会受到这个事实的鼓舞:自称是"美国"哲学家的移民怀特海说过:"要想了解孔子,去读杜威;要想了解杜威,去读孔子。"③在《过程与实在》中,怀特海进一步指出,他的"有机主义哲学似乎更接近中国思想的某些流派"。④可是,同样是这个怀特海,在其他地方也曾经有点大言不惭地宣称:在哲学活动中,有趣比真实更好。综合这两点来看,怀特海这种地位的哲学家建议我们将和他"同父异母"的同胞杜威和更具异国色彩的孔子加以串读(tandem reading),这即便不是作为真理的谷仓,而是作为启迪的源泉,或许更佳。不过,真理却是所有事物中离我们最遥远的。

怀特海对于他与杜威和孔子所共享的那种过程性的感受(process sensibilities),似乎多有忽略,并且,怀特海在事实上也显然没有深思作为"实用主义者"的杜威和孔子。在怀特海看来,杜威和孔子都服膺于那种他所认为的天真的经验主义(naive empiricism),而除了屏蔽掉最枯燥乏味的哲学探险之外,那种经验主义自身也乏善可陈了。怀特海在将杜威和孔子联系起来的审视中,重演了威廉·詹姆斯在《实用主义》(1907)中辨识出来并加以说明的两难困境,唯理论和经验论之间

---

① Robert Clopton and Tsuin-chen Ou, *John Dewey: Lectures in China 1919—1920*, Honolulu: University Press of Hawaii, 1973, p. 13.
② 见顾红亮《实用主义的误读:杜威哲学对中国现代哲学的影响》,上海:华东师范大学出版社,2000。亦可参见张宝贵《杜威与中国》,石家庄:河北人民出版社,2001。
③ 参见 Lucien Price, *Dialogues of Alfred North Whitehead* (New York: Mentor Books, 1954), p. 145.
④ *Process and Reality*, Donald Sherbourne correct edtion, N.Y., Free Press, 1985, p. 7.

的这一困境常常使我们的哲学进路遭受挫折。⑤

怀特海首先有力地批判了唯理论的基督教神学,通过真理的形式化而驱逐了新奇妙趣。他接着突然转而攻击杜威和孔子,说他们创造了一种逃避了终极问题的经验主义,而终极问题是经验中简单事实的基础。此处,怀特海将孔子和杜威明确地批评为这样一种实用主义者:即他们将兴趣局限在单调的事实上,从而遏制了这种大有潜力的情况:那就是所谓"愚蠢"和"多余"的问题可能给我们带来的新奇思路。怀特海对孔子太苛刻了,在他看来,孔子导致了一个事物停止变化的时代,他责备孔子造成了中国文明的僵化凝滞。⑥ 不过即便在他轻蔑的评论中,怀特海仍旧认识到儒家哲学的实用主义向度,这至少有助于鼓舞我们通过揭示杜威和孔子的深刻来捍卫这两位思想家,以对抗怀特海本人的傲慢。

事实上,在怀特海所处的时代,对他本人以及他的同行来说,在杜威与孔子之间进行比较的任何思路都令人迷惑。但是,从我们目前的高度而言,我将论证:我们能够界定一套看起来毫无关系但实际上彼此相关的历史境况,多年之后,这种境况或许会得到权衡与考虑,并且,作为事后之见,或许还会被诠释为那样一种情况,即我们所期待的正是这样一种对话。我们目前的世界是否正在发生显著的改变,能够使杜威的实用主义和儒家哲学珠联璧合呢?杜威的归来需要什么样的条件呢?这一次不再遭遇五四运动的漩涡,杜威能成为一股助力去推动深深植根于中国本土的思想吗?随着七十多个孔子研究机构在全美国的建立,对儒家哲学的精微理解最终会到达美利坚的海岸吗?

一个多世纪以来,西方哲学几乎全部是欧洲哲学,并且掌控了世界最高学府的坐席和课程,在波士顿、牛津、法兰克福和巴黎如此,在北京、东京、汉城和德里也差相仿佛。如果亚洲哲学和美国哲学在海外受

---

⑤ William James, *Pragmatism and Other Writings* (New York: Penguin, 2000).
⑥ *Dialogues of Alfred North Whitehead*, pp.176-177.

到忽略,那么在它们自己国家的文化中,它们也同样被边缘化了。⑦

在太平洋东岸的美利坚,诠释学、后现代主义、新实用主义、新马克思主义、解构主义、女性主义哲学等旗麾之下,西方哲学内部正在进行一场批判。这场批判有一个共同的目标,用所罗门(Robert Solomon)的话来说就是"超越的伪装"(the transcendental pretense),诸如观念论、客观主义、宏大叙事(the master narrative)和"所予的神秘"(the myth of the given)。当然,在杜威所说的"哲学的谬误"(the philosophical fallacy),批判的也是同一个目标。"哲学的谬误"激发了杜威对观念论和实在论两方面的批判,杜威批评的是这样一种假定:一个过程的结果反而被当成了这一过程的动因。⑧

过去的二三十年,尤其在美国国内(不仅仅在美国),我们见证了古典实用主义兴趣的复苏,其标志就是对美国哲学演变的深入研究与

---

⑦ 诚如 Raymond Boisvert,*John Dewey: Rethinking Our Time*(Albany: SUNY Press, 1998)一书中所论:在20世纪初,美国哲学家不论在欧洲还是在亚洲曾荣耀一时,但其影响在二战之前就烟消云散了。Harvey Townsend 在其 *Philosophical Ideas in the United States*(New York: The American Book Company, 1934)中指出了在他那个时代美国哲学的状况:

美国哲学在美洲是一个受到忽略的研究领域。之所以如此,部分地出于对欧洲的敬重。爱默生(Emerson)和惠特曼(Whitman)呼吁美国人思考他们自己的思想,歌唱自己的歌曲,他们的呼吁仍然被置若罔闻。无法完全说服美国人,让他们知道他们有自己的灵魂。

在随后两代人中,这种偏见仍旧显而易见。在《剑桥西方哲学史》(1994)的前言中,当提到该书不同部分的作者时,主编 Anthony Kenny 指出:"所有作者都受过英美传统的训练或授教于英美传统,在这个意义上,所有作者都属于英美的哲学风格。"但是,在该书的主体中却并没有提到美洲的思想,没有爱德华兹(Edwards)、爱默生、皮尔士、詹姆斯,也没有杜威。有关美洲所提到的东西,只有在索引中出现的"美国革命与柏克"、"托马斯·潘恩"、"杰斐逊",并且杰斐逊在正文中是作为"潘恩的朋友"出现的。显然结论是:美国哲学,即使是接近英美传统的思想家们,在塑造西方思想特征的过程中也作用甚微。委实,在美国,很少有本科生和研究生的研究项目能够使学生直接受到美国哲学的认真而持久的训练。就像日俄战争是在日俄两国之外的中国的领土上进行的一样,美国的大学当前也基本上是各种外国学术角力的战场。

⑧ 杜威早就看到,作为"哲学思维最为流行的谬误",就是忽略经验的历史的、发展的和情境化的方面。正如他所见到的,其中方法论的问题出在:"从赋予个别因素以意义的有机整体中抽象出某一个因素,并将这一因素设定为绝对",然后将这一个因素奉为"所有实在和知识的原因和根据"(John Dewey, Early Works 1:162)。有关历史、发展以及"哲学谬误"的脉络,参见 J. E. Tiles, Dewey: The Arguments of the Philosophers Series, London: Routledge, 1988, pp.19-24。

日俱增,其中最好的就在这个译丛之中,这些凸显了杜威的贡献的专论把杜威的特点总结为:将常见的语汇以一种极不寻常的方式加以运用。在一定程度上,这些当代学者们正在讲述一个重要的新故事,如今常听到这样一种说法,即杜威的中国学生没有真正理解他,其实扩而言之,如今的美国学生何尝不如此。

直至晚近,专业的西方哲学仍然忽略亚洲哲学而怡然自若(更不用说非洲和伊斯兰传统了),他们对于这些传统是怎么回事并不在意,这些哲学只不过是他们脑海中一些匆匆而过的印象。西方哲学乞灵于这样的理由:那些思想流派并非真正的"哲学"。如此一来,职业产生了"比较哲学"这样一个术语。这是一个奇怪的范畴,它与其说是在哲学上得到论证,还不如说在地域上得到说明。

但是,在"经典与多元文化主义争论"的脉络中,由一种在美国大学教育中推行"国际化"的明智需要所驱动,非西方的各种哲学传统已经我行我素地对哲学系的课程构成一种显而易见的"入侵"。从熙攘的世界会议到檀香山比较哲学的小圈子,再到波士顿儒家,比较哲学运动已经肩负重任,并且在目前看似巨大的西西弗斯式的劳作中也创造了某些契机。对比较哲学运动来说,胜利仍旧遥远,但是,即使有朝一日当胜利到来时,那将会是一场仁慈宽大的凯旋之舞,也就是说,在这场斗争中,成功也就是将"比较哲学"这一别扭的范畴从哲学词典中废除而已。

在大洋彼岸的中国一边,如今的中国不再满足于做世界的唐人街,而是正在经历着其悠久历史中最大和最彻底的变革。虽然当代西方哲学忽略了中国,但自从清季严复将西方自由主义引进以来,中国人广吸博纳以求富强,从这个意义上来说,中国哲学一方面忠于自己的传统并具有活力,一方面又是具有吸收力并绝对是"比较性的"。在20世纪,马列主义经过几代人不断中国化,而刚刚开始的杜威实用主义以及儒学则被取而代之。同时,现代新儒学运动中的许多杰出人物像张君劢、方东美、唐君毅、牟宗三等,则从欧洲哲学(主要是德国哲学)中寻找标准,将中国思想视为二流的观念(Chinese second order thinking)论证为一种值得尊重的哲学传统。不过对于我们所期待的对话而言,要注意的是:在五四时代儒学与杜威最初的相遇中,儒学被新文化运动的知识分子们斥为阻塞中国动脉的血栓，妨碍了中国进入现代世界的那些新观念的鲜活流通，而杜威则被当成了一副解毒药。

今天中国当代哲学有了明显的发展，从初期的康德、黑格尔，到现在的维特根斯坦，尤其是现象学和海德格尔。从康德到海德格尔的兴趣转变对于儒家哲学和实用主义的对话的开启关系重大，尤其是对于本土思维的现代相关性，就更为重要。⑨ 中国主权在20世纪中期的重新确立，以及最近几十年，中国作为一股世界力量的稳步成长，始终伴随着一种对于自身文化传统的更新的、批判的意识，以此作为自我理解的资源和平台，来应对被耽搁的但却不可阻挡的全球化。

然而欧洲哲学曾被视为严格意义上的标准的哲学，西方学术中关于中国哲学和文化的研究，被中国学者公允地忽略了，因为他们发觉自己很难从西方人对中国传统的思考中学到什么。过去的几十年，力图对中国文化进行转变和阐释的中国学者从关注被忽略的中国学者要贡献什么，扩展到了文化争论，并且对于西方对中国文化的阐释也日益关注。西方汉学的翻译和讨论在中国获得了斐然的反响。

这种相互渗透和补充的条件环境已经为开启美国实用主义和儒家哲学之间的新对话搭起了舞台，儒家哲学随着中国人对其传统的自尊和自豪感的生长已经恢复了显赫的位置。这套丛书是我们以及中国学界同仁认为的当代美国哲学研究中最好的著作，是我们推动这一对话的努力。

彭国翔　王立刚　译

（编按：孙有中教授审读了丛书中《杜威与美国民主》、《造就道德》、《理解杜威》、《阅读杜威》等译稿；彭国翔教授审读了《杜威：宗教信仰与民主人本主义》、《杜威的艺术、经验与自然理论》、《杜威与道德想象力》、《杜威的实用主义技术》等译稿。）

---

⑨ 见张祥龙《从现象学到孔夫子》，北京：商务印书馆，2001，要特别提及的是作为一本学术书，该书获得了出乎预料的欢迎。

中文版序言

约翰·杜威在1930年发表的论文《我相信什么》(*What I Believe*)中,对技术进行了非凡的描述。杜威拒斥了通常认为技术是"应用科学"的观点,认为"'技术'象征着所有的理智技巧,自然和人的能量就能借此导向和用于人类需求的满足。技术不能局限于一些外在的和相对机械的形式。面对技术的可能性,传统的经验概念就显得过时了。"

从这段话中,有人首先注意到的是,杜威似乎回避了技术是好是坏的问题。他简单地声称技术是理智的。因为我们通常认识理智是好的,所以技术肯定也是好的。但是,如何看待技术的发展所带来的那些可怕的后果呢?如何看待全球变暖和核毁灭的威胁呢?如何看待有毒废物、地雷的扩散和生物恐怖主义的前景?杜威怎么会不加限制地认为技术是好的呢?

当我们把杜威对技术的看法与其他著名哲学家对技术的评价相比较时,问题变得更加复杂。例如,在20世纪30年代的德国,法兰克福学派的第一代人物霍克海默(Max Horkheimer)和阿多诺(Theodor Adorno)认为,技术的发展导致了大规模的破坏,由此威胁到人类最值得珍视的东西。20世纪50年代,海德格尔(Martin Heidegger)认为,技术造成的问题是把包括人类在内的一切事物都罢黜为用于各种类型的大规模生产的"持存物"(standing reserve)或原材料。20世纪60到70年代,哈贝马斯(Juergen Habermas)强调"交往"和"解放"行动的发展战略的重要性,以抵抗技术科学(techno-sciences)的潜在影响。从这些值得尊敬的哲学家们提出来的可怕预言来看,杜威怎么会如此积极地看待技术提升人类生活的潜力呢?

对这个问题的回答,在于杜威认为工具和技艺(technique)不同于技术(technology)。杜威追溯到希腊语"**技艺**"(techne,也就是广义的艺术)和"**逻各斯**"(logos,也就是研究或探究)的起源。因此,在杜威看来,**技术就是对我们的工具和技艺的探究**,这就像地质学是对地球物质的探究和生物学是对生命形式的探究一样。杜威之所以认为技术是理智的,是因为技术涉及到对我们用来控制周围环境(包括社会环境)的便利和限制的工具和技艺不断进行批判和改进。

杜威认为,我们不能认为技术本质上是坏的,就像我们不能认为地质学或生物学本质上是坏的一样。不过,我们承认有时候会误用工具和技艺,由此造成了一些破坏性的、危险性的、甚至灾难性的情形。但是,发生这些情况并不是技术的过错。这种错误是由于共同体的理智没有克服贪婪、缺少远见卓识、软弱无力或者精巧探究的其他失败造成的。

这里的关键词是"探究"(inquiry),而探究嵌入在共同体中。当一些熟知的习惯、技艺或工具在一种新的情形中失效时,就需要探究。当探究成功时,就产生了新的东西:新的结论、新的习惯、新的技艺、新的工具。结果与出问题的情形恢复了协调。

当杜威告诉我们,技术"不能局限于一些外在的和相对机械的形式"时,他试图打破具体有形的工具和抽象无形的工具之间的传统的本体论的划分。在杜威看来,技术在概念和观念领域中的运作,就像它能够在手工工具和机器领域中运作一样。因此,杜威用对技术的功能理解取代了海德格尔和其他哲学家从本体论的立场看待技术的观点。这就从对事物**是**什么的研究,转向了对事物能**做**什么的理解,这就对我们理解技术的范围造成了诸多后果。

如果我们认真地看待杜威,那么我们就不可能像其他一些学者那样,认为技术与生活和人类共同体的利益不相容。与此相反,应该把技术理解为一种人类的自然活动,这种活动就像我们投身日常生活、在艺术中进行创造性的活动、把共同体作为共同利益的表达工具、力图教育我们的孩子一样自然。所有这些活动都涉及到工具和技艺的使用,这其中也包括社会礼仪。如果这些工具和技艺是按照包含理智的方式实施的,那么它们都需要"技术化"(techn-ology)。这就是为什么杜威在把技术称为理智的时候没有回避问题。

杜威同时还告诉我们,这种对技术的理解使传统的经验概念过时了。这意味着什么呢?这意味着杜威拒斥了自柏拉图以来的西方哲学传统。西方哲学传统认为,我们必须到经验之外寻找评价我们经验的标准。杜威认为,我们用来增进知识的标准,是作为我们制造和行动的副产品而发展出来的。它们是作为工具而产生的,我们用这些工具达成与这些目标相互影响的各种目标,改变工具和目标的性质,产生新的材料、更好的工具和更有用的结论。

《杜威的实用主义技术》出版于1990年。这本书试图把杜威的洞见引入到哲学家和其他人对技术环境的讨论中。自此之后,技术哲学领域中发生了重要的转变。例如,唐·伊德(Don Ihde)对技术的后现象学(post-phenomenology)的分析已经反映了杜威的很多洞见。马尔库塞(Herbert Marcuse)的学生安德鲁·芬伯格(Andrew Feenberg)是法兰克福学派的第三代哲学家,有证据表明,他现在已经非常明显接近本书提出来的立场。彼得-保罗·费尔贝克(Peter-Paul Verbeek)是新一代的技术哲学家,他号召直接把雅斯贝尔斯(Karl Jaspers)和海德格尔的"古典"的技术哲学"放入括号中",转而在人类共同体中对"事物能做什么"进行功能性的评价,并把这种评价作为人类共同体的一部分。

即使在本书首版近20年之后,杜威对技术的批判也没有得到足够重视。但是,杜威的中心议题仍然有重要的意义。尽管这些议题没有充分获得认可,但是它们却逐渐出现在技术哲学的最前沿的研究中。

从1919年到1921年的26个月间,杜威走访了中国各地,几乎在每一个地方都发表了演讲。很明显,杜威从中国文化中学到了很多东西,有可能从他对技术的论述中找到儒家思想的因素。

杜威把公共体看作技术造就的人工物,这样一来,他就认为通过探究方式建构和改造的关系模式(也可以称作礼仪实践)是为了有效地促进共同的善。然而,也许更重要的是,杜威和儒家思想都强调教育在共同体生活中的重要性。他认为,没有一个强大的教育基础,技术(对工具和技艺的探究)就不可能发展,而一个强大的教育基础反过来依赖于**态度**(attitude)而不是**制度**(institution)。鉴于杜威对中国人民和中国文化的热爱,他的思想如今在他差不多一个世纪之前发表演讲的国家里重新引起人们的兴趣,这是非常适当的。

拉里·希克曼
南伊利诺伊大学卡本代尔分校"杜威研究中心"

致　谢

没有诸多人士的帮助，本书是无法完成的。我的同事约翰·麦克德谟特（John J. McDermott）的建议具有无可估量的价值。我所在院系的领导赫尔曼·扎特坎普（Herman Saatkamp）提供了充分的后勤保障和不断的鼓励。彼得·曼尼卡斯（Peter Manicas）和拉尔夫·斯利珀（Ralph Sleeper）的建议帮助本项研究步入正轨。拉尔夫·斯利珀、保罗·杜尔宾（Paul Durbin）、格雷戈里·摩西（Gregory Moses）、伊丽莎白·波特（Elizabeth Porter）、格雷戈里·帕帕斯（Gregory Pappas）和理查德·马丁（Richard Martin）阅读了本书初稿，提出了不少建议，这有助于本书的最终完成，使本书更具可读性。

在我工作的南伊利诺伊大学（Southern Illinois University）"杜威研究中心"（Dewey Center），乔·安·博伊斯顿（Jo Ann Boydston）和她的工作人员提供了高效和令人愉快的帮助。特别是汤姆·亚历山大（Tom Alexander），他在我访问卡本代尔（Carbondale）时接待了我。丹·昂格尔（Dan Unger）帮助查找了书籍目录，韦恩·里格斯（Wayne Riggs）和埃德·加布里埃尔森（Ed Gabrielsen）耐心和勤勉地进行了校对和参考文献的查找工作。

本书的完成部分受到"国家人文基金研究规划部门"（Division of Research Programs of the National Endowment for Humanities）的资助（项目编号 RH-20844-87）。该部门是一个独立的联邦机构。德克萨斯 A&M 大学（Texas A&M University）文学院（College of Liberal Arts）的院长丹尼尔·法伦（Daniel Fallon）和副院长阿诺德·韦德里特兹（Arnold Vedlitz）帮助我从他们学院申请到了配套资金，在此对他们表示感谢。

缩略语

本书引用的约翰·杜威的著作出自乔·安·博伊斯顿(Jo Ann Boydston)编辑、南伊利诺伊大学出版社出版的《杜威全集》鉴定版本(critical edition)。在本书写作时(1989年),该鉴定版本已经完成了5卷《早期著作》(*The Early Works*, 1882-1898)和15卷《中期著作》(*The Middle Works*, 1899-1924)。《晚期著作》(*The Latter Works*, 1925-1953)将最终包括17卷,到1989年秋天为止,已经出版了14卷。第15卷和第16卷将在1989年12月出版,第17卷也在编辑中。引文将按照标准的方式给出:丛书的大写字母后面是卷数和页码。鉴定版本的缩略语如下:

EW　The Early Works(1882-1898)
MW　The Middle Works(1899-1924)
LW　The Latter Works(1925-1953)

其他通行版本的缩略语,包括那些鉴定版本现今还没有取代的版本,将在附录中列出。

目录

杜威归来(丛书总序)/1
中文版序言/7
致　谢/10
缩略语/11

导　言/1
第一章　定位杜威对技术的批判/6
第二章　认知作为一种技术人工物/29
第三章　艺术中的生产性技能/83
第四章　从技艺到技术：杜威对技术史的解读/110
第五章　理论、实践和生产/142
第六章　工具、历史和人类自由/182
第七章　公共体即产品/214
结　语　负责任的技术/252

附录1　原丛书主编序言/263
附录2　引用文献页码/266
索　引/274
译后记/288

导　言

当我开始郑重考虑写作本书时,我的同事约翰·麦克德谟特(John J. McDermott)提到了一个隐喻,后来证明这个隐喻非常有价值。他说,杜威的著作就像一张精心编织的蜘蛛网,它的节点和轮廓只有编织它的工程师才熟悉。杜威在这张网上能够运行自如。但是,对于试图横跨这张网,或者为这张网描绘地图的旁观者来说,就会不断陷入进退维谷的危险之中。

可以肯定的是,一篇好的导言所绘制的地图还需要进一步完善。但是它必须能提供有关这张地图所覆盖的领域的一般信息、汇聚在这张地图上的旅游路线、它对临近区域的重要性以及一旦参观结束后如何回到起点。

我在这里要讨论的是约翰·杜威对技术的批判,这是杜威在超过半个世纪的时间里,用超过13,000页篇幅的已发表著作所进行的一项规划。这里面涉及的主要问题包括:杜威对观念论者和实在论者在本体论和认识论问题上争论的彻底重建(reconstruction);他对科学和技术的历史描绘,以及对科学和技术相互之间现存关系的描绘;他坚持认为理论是一种实践;他把社会的和政治的公共体作为技术产品来对待;他洞察到美的(fine)艺术和地方(vernacular)艺术是技术连续统(continuum)的本质组成部分。杜威的技术景观的主要特征在于他认为,是可验证的人工物的生产跨越了理论和实践的分离,并使理论和实践相互沟通。在杜威看来,这些人工物既包括通常称为"精神的"那些东西,也包括通常称为"物质的"那些东西。杜威对技术的批判首先是一种对新奇的、可验证的(testable)人工物的生产的批判。

通向杜威的技术批判和来自杜威的技术批判的道路提供了与美国研究(American studies)、科学的历史和哲学、美学、社会和政治理论的联系。我一直试图在本书的每一章中为这些研究路径提供路标。

本书是进一步研究的导引,考虑到并不是每一位读者的手头都有杜威著作的鉴定版本，我提供了参考杜威主要著作的两种征引（citation）。例如，在《后期著作》第1卷（*The Later Works*，LW1）的参考页码之后，是《经验与自然》（*Experience and Nature*，EN）的参考页码。当我只引用鉴定版本时，这或者是因为有关文章在收入鉴定版本之前没有重印，或者是因为有关文章在杜威著作的任何一种版本中都没有重印，而这些文章如今在鉴定版本中都能很容易找到。

为了使研究尽可能方便，我在本书最后提供了一个附录。附录包括我所引用的杜威著作的两种分页标记。第一种分页标记按照年代顺序和在鉴定版本中的页码范围，列出了我所引用的杜威著作。在这一栏的每一项中，也相应给出了在鉴定版本之前出版的那部著作中的出处。第二种分页标记按照字母顺序列出了所引用的鉴定版本之前出版的各类文献。这些文献在鉴定版本中都有对应的页码范围。

第一章试图参照杜威所处的时代、环境、他的哲学风格和他的学生、甚至一些批评者的观点来定位杜威对技术的批判。我认为，无法将杜威对技术的批判归入到目前对技术的最好分类中，例如由卡尔·米切姆（Carl Mitcham）和罗伯特·麦基（Robert Mackey）、亚历山大·伯格曼（Alexander Borgmann）提出的那些分类。杜威的技术批判的独特之处在于，他认为工具或设备跨越了心理和物理、内在和外在、实在和观念这些传统的界限。杜威将这一观念发展和提炼为一种方法论，这就是杜威的工具论。

第二章的焦点是杜威的探究理论。简单地说，本章指出，杜威将探究改造为一种生产性技能，这种生产性技能的产物就是认知（knowing）。杜威认为，只有相对于特定情况的探究所发生的处境，才能描述认知的特征。认知是一种生产出来的人工物，目的是为了影响或控制经验的范围，否则的话，经验就会被偶然所主宰。因此，认知是临时性的：当条件发生变化时，如果仍然需要控制，就需要进一步的探究。这种观点的一个必然结果就是，探究的目标不是认识论上的确定性，而这个目标是自柏拉图（Plato）以来大部分哲学传统所追求的；与此相反，探究的目标是借助不断更新的人造工具，与新的处境不断地相互作用。杜威不同于大部分技术哲学家，他认为技术工具包括非物质的对象，例如观念、理论、数字和逻辑对象(例如逻辑联结词)。他对探究的工具论描述同时拒斥了实在论和观念论,因为这两种理论都不能提出一种对各种工具和媒介在认知中所发挥的功能的恰当理解。

第三章把杜威的美学著作作为他的技术批判的组成部分。杜威认为,"美的"艺术和"实用的"或"工业的"技艺(arts)之间的区分,很大程度上是手段和目的不恰当的分离所造成的结果。然而,当手段和目的相互贯通和相互启发时,艺术中技艺(techne)或生产性技能(productive skill)的应用就会导致更丰富的经验,不管这种艺术产品是一幅画还是一双鞋。杜威认为,艺术**作品**(work)既不等同于通常所说的艺术产品(product),也不是这种艺术产品的一种属性。他也否认艺术作品完全是这种艺术产品的知觉者或使用者的经验的一种功能。对于杜威来说,鉴赏(appreciation)既是一种技术生产的活动,也是被鉴赏对象的建构。艺术**作品**是它与鉴赏者之间的相互作用,它自身也是一个生产新的人工物的过程,不管这种生产出来的人工物是有形的还是无形的。

第四章研究杜威对技术史的看法。因为杜威的主要兴趣是哲学,所以他的论述可以解读为一种技术**哲学**的历史。杜威将这一历史划分为三个阶段。在第一个阶段中,希腊哲学家贬低了工匠的工作,但是与此同时,却把工匠的模型作为他们宏大的宇宙论图式的基础。柏拉图重新将生产性技能置于超自然的领域中,亚里士多德将实体化的自然当作伟大的工匠。杜威认为,因为希腊哲学家缺少对实验和工具的兴趣,因为他们专注于对他们来说是固定的和已经完成的本质的静观(contemplation),所以与其说希腊人有**科学**,还不如说他们有科学的**观念**。杜威认为,技术哲学的第二个重要阶段是从罗马文明的衰落到文艺复兴的开始,这个阶段表现出来的只是"勇气的匮乏"(failure of nerve)。在这一阶段中,哲学和技术主要是作为通向超自然领域的通道。随后的阶段就是17世纪开始的科学化技术的时代,这个阶段的成功主要是由于更多地使用工具、新出现的对公开实验的强调、以及在现实中对亚里士多德关于"实体—属性"的形而上学的废弃。杜威指出,科学化技术的进一步发展将包括明确地和有意识地拒斥亚里士多德的模式,以及将科学化技术的方法扩展应用,尤其是扩展应用到社会科学中。

第五章研究杜威对理论、实践和生产的关系所持有的观点。亚里士多德关于认知的等级秩序的方法将理论置于实践和生产之上,认为理论处于更高级的位置上,而实践又高于生产。杜威倒转了这种等级秩序。他指出,只有当新的工具和解决方案产生之后,理论(或者关于要处理的事物的观念)和实践(或者对事物的处理)的相互渗透才是有意义的。杜威认为,各种工具的生产对于恰当地受到控制的探究来说是必须的,而这些工具包括理论、假说和新的习惯。他指出,成功探究的一个最大障碍是把他所说的推论(inference)、蕴涵(implication)和指称(reference)这些工具当作先于探究而独立存在的实体。在这些探究工具中,有一些工具在过去曾经使用,但现在已经不再需要,杜威把所谓的"因果原理"和"必然性原理"都归入此类工具。杜威认为,这些原理对于构建和使用科学定律来说是不必要的,对于理解这些定律是如何运作的这种更适合哲学的任务来说也是不必要的。因此,杜威将科学描述为生产性技术的一种类型——这就是说,即使最抽象形式的科学也是一种活动,在这种活动领域中,抽象的数学含义得到操控。这种活动包括建构尝试性的和可验证的人工物,这基本上是在一个抽象的可能性的领域中,并最终根据现实状况来建构的。

在第六章中我分析了杜威对所谓的"技术决定论"的态度,这个问题通常也被称作"自主化技术的争论"。为了强调杜威在这个问题上的独特贡献,我试图从最广泛的角度来讨论这个复杂的问题。为此,我分析了由马克思(Karl Marx)提出来的各种历史决定论和经济决定论,以及雅克·埃吕尔(Jacques Ellul)和兰登·温纳(Langdon Winner)的观点。我把埃吕尔的观点称为"技术僵局"(technological gridlock),把温纳的观点称为"没有内核的技术"。杜威拒斥了各种形式的决定论,其中也包括各种形式的技术决定论。他反对试图将"意志"(will)实体化的传统做法,这种做法认为"意志"或者是自由的,或者是受限制的。杜威认为这种立场是非科学的,因为它认为有一些不可避免的历史"力量"在发挥作用。杜威指出,技术的条件构成了技术进步的**必要条**

件，而不是**充分**条件；对未来的最终责任既不在于历史的抽象规律（马克思），也不在于一种具体化（reified）的技术"系统"（埃吕尔），更不在对超自然干预的希望（埃吕尔），而在于由包括个人和群体在内的人类所做出的具体决策。

在第七章中我研究了杜威技术批判中的一些其他的社会和政治分支。杜威拒斥了传统上对个人和社会之间所做的结构性划分，而代之以私人领域和公共领域之间的功能性划分。杜威对技术进步观念的改造来自他对私人领域和公共领域的讨论，这对他涉及范围更广泛的公共哲学具有特殊的重要性。19世纪90年代，进步论者从信奉斯宾塞哲学的（Spencerian）保守派手中成功夺回了进化隐喻。杜威就是这场运动的领导者。进步论者认为，保守派在自然和伦理之间持有一种站不住脚的二元论。在本章的结尾，我分析了从左派的角度对杜威著作的一些攻击，特别是分析了赖特·米尔斯（C. Wright Mills）和莱茵霍尔德·尼布尔（Reinhold Niebuhr）对杜威的攻击。

最后一部分是一个简短的结语，我试图用"负责任的技术"这一隐喻，将本书的一些重要主题结合起来。我认为在维特根斯坦、海德格尔和杜威这三位20世纪哲学巨人中，只有杜威认为**自己**有责任介入纷扰的公共事务，只有杜威能够建构一种关于技术的负责任的论述。如果像一些自称为"新实用主义者"所做的那样，忽视了杜威著作中的这一方面，那么就仍然没有领会杜威全部著作的主旨。

第一章 定位杜威对技术的批判

> 当交流的工具功能和最终功能在经验中共存时，就会有理智产生，这种理智是共同生活的方式和回报，由此社会才值得钟爱、赞美和效忠。(LW1:160;EN:169)

一

约翰·杜威对技术的关注贯穿于他已经出版的著作中。从19世纪80年代后期杜威在密歇根大学(University of Michigan)度过的早期阶段，到20世纪50年代杜威后期出版的著作，作为正在崛起的技术社会的积极参与者，杜威都针对这一社会中存在的问题和机遇，提出了重要的哲学洞见。早在密歇根大学时期，杜威就提出，技术问题和哲学问题密不可分。在杜威整个学术生涯中，他的哲学论证都是由工具、机器和设备的大量涌现而启发出来的。在杜威的后期生涯中，"技术"恰恰成了他的探究方法的同义词。

本书的中心议题是，技术领域中的探究构成了杜威进一步研究规划的基础和为这一研究规划提供了模型。在杜威那里，技术领域还包括科学、美的艺术(fine art)和地方艺术(vernacular art)，而杜威的进一步研究规划就是对人类经验的各种意义(meaning)进行分析和批判。① 因此，可以毫不夸张地说，杜威对技术的批判是经线，而他的进一步研究规划就是编织在这一经线上的纬线。

但是，值得注意的是，杜威并不是因为他对技术的批判而广为人知。确实，只有在1952年杜威去世之后，美国和欧洲的职业哲学家们

---

① 韦伯斯特·胡德(Webster Hood)认为，杜威对"技术有着持久的兴趣"，他也许是第一个将技术作为中心问题和"将技术视为提出了真正哲学问题"的当代哲学家。韦伯斯特·胡德的这一评价是正确的。参见 Webster F. Hood, "Dewey and Technology: A Phenomenological Approach," Research in Philosophy and Technology V (1982), 190.

才开始系统地思考技术,组织了各种协会,以促进这方面的研究。但是,通行的技术哲学文选②中依然没有包含杜威的文章。除了少数几篇独立的解释性文章以外③,杜威对技术的论述也没有成为关注的焦点。对美国研究和美国哲学出版物的调查揭示了相似的情形:杜威一般不作为技术哲学家来解读。④

对于这种状况,杜威自己要负一部分责任,因为他没有把对技术的批判集中在任何一部专著中。他关于伦理学、逻辑学、美学、教育、宗教和政治哲学的著作都能很清楚地分开,对于《经验与自然》是否是一部关于形而上学的著作,至少还值得进一步讨论。⑤ 但是,杜威对技术的论述没有权威的著作(locus classicus)。⑥

这种错误也许是由杜威的学生和信徒们造成的。他们几乎都没有看到,杜威称他的实用主义为"工具论"(instrumentalism),而这种实用主义就是他终生对各种工具和媒介的批判。在杜威的学生和信徒中,很明显只有悉尼·胡克(Sidney Hook)和艾尔斯(C. E. Ayres)把握到

---

② 这一领域中常见的文选包括:Carl Mitcham and Robert Mackey, eds., *Philosophy and Technology: Readings in the Philosophical Problem of Technology* (New York: The Free Press, 1972); Albert H. Teich, ed., *Technology and the Future*, 4th ed. (New York: St. Martin's, 1986); Alex C. Michalos, ed., *Philosophical Problems of Science and Technology* (Boston: Allyn & Bacon, 1974); George Bugliarello and Dean B. Doner, eds., *The History and Philosophy of Technology* (Urbana, Ill.: University of Illinois Press, 1979); Larry Hickman and Azizah al-Hibri, eds., *Technology and Human Affairs* (St. Louis: C. V. Mosby 1981); Larry Hickman, ed., *Philosophy, Technology, and Human Affairs* (College Station, Texas: Ibis Press, 1985). 只有最后两部文集中收录了杜威的文章。
③ 这少数几篇文章包括:Webster F. Hood, "Dewey and Technology: A Phenomenological Approach," *Research in Philosophy and Technology* V (1982), 189-207; Edith Wyschogrod, "The Logic of Artifactual Existents: John Dewey and Claude Lévi-Strauss," *Man and World* XIV (1982), 235-50.
④ 这种模式的一个明显例外是约翰·麦克德谟特(John J. McDermott)的著作。尤其是他的 *The Culture of Experience* (New York: New York University Press, 1976) 和 *Streams of Experience* (Amherst, Mass.: The University of Massachusetts Press, 1986)。
⑤ 参见理查德·罗蒂(Richard Rorty)的论文 "Dewey's Metaphysics," 收入他的著作 *The Consequences of Pragmatism* (Minneapolis: The University of Minnesota Press, 1982)。
⑥ 非常奇怪,杜威对于出版自己的著作缺少兴趣。在南伊利诺伊大学"杜威研究中心"的乔·安·博伊斯顿(Jo Ann Boydston)和她的同事们完成杜威著作的鉴定版本之前,要系统地研究杜威的著作非常困难。

了工具论的这一基本特征。胡克在他受到忽视的博士论文《实用主义的形而上学》(*The Metaphysics of Pragmatism*，该书出版于1927年，那年正好是第1500万台"T"型福特轿车在流水线上制造完成)中，对杜威著作的把握前进了一步。这本书无疑是理解杜威的"工具论"含义的最好著作之一。在杜威的其他同事或信徒中，很少有人像杜威本人那样来理解"工具论"这一术语，也就是说，把"工具论"作为"技术"的同源词。

与胡克的博士论文同样遭到忽视和低估的是艾尔斯的著作。《科学：虚假的弥赛亚》(*Science: The False Messiah*，该书出版于1927年，也就是在胡克的博士论文和杜威的《公众及其问题》[*The Public and Its Problems*]出版的那一年)、《工业经济》(*The Industrial Economy*，1952)和《朝向一个合理的社会》(*Toward a Reasonable Society*，1961)这三部著作代表了艾尔斯试图沿着工具论的路线，构建一种适合于建立在技术基础之上的民主的政治经济学理论。从总体上来看，只有胡克和艾尔斯的这些著作一直关注杜威思想中这一丰饶的领域。

从杜威的生活和工作环境出发，一定程度上可以解释杜威对技术的痴迷。杜威是在查尔斯·比尔德(Charles Beard)所说的"机器时代"开始以"美国哲学家"[7]的身份成名的。比尔德说："在杜威的手中，以前注定是神秘莫测的智慧之学，获得了实际的应用；事实上，这非常符合时代的要求，因为这个时代已经致力于机器生产、科学和进步的努力。"[8]

机器时代的创新和杜威生活于其中的文化变化，影响了他的思想，有助于阐明比尔德的评价。杜威的第一篇文章发表于1882年。在那一年，托马斯·爱迪生(Thomas A. Edison)在威斯康星州(Wisconsin)的阿普莱顿(Appleton)设计了第一个水电站；杜威的最后一篇文章发表在大约72年之后，也就是1952年他去世后不久。在那一年，第一颗

---

[7] 这是伊斯特曼(Max Eastman)的说法。参见他的文章 "America's Philosopher," *Saturday Review of Literature*, 17 January 1953, 23-24, 38.

[8] Charles A. Beard and Mary R. Beard, *The Rise of American Civilization*, rev. ed. 1946 (New York: The Macmillan Company, 1946), 789.

氢弹爆炸成功,避孕丸第一次大规模生产。

杜威在1859年出生的时候,美国正处在刘易斯·芒福德(Lewis Mumford)所说的"始生代技术"(eotechnic)阶段的后期。风力、水力和畜力仍然是动力的主要来源。木材除了用于动力汽船和铁路机车,仍然是主要的建筑材料。杜威出生那年,第一口油井在宾夕法尼亚州(Pennsylvania)的泰塔思维尔(Titusville)钻探成功。

然而,到了1900年,当杜威刚刚度过他在密歇根大学执教10年的一半时间时*,美国已经坚定不移地步入芒福德所说的以煤炭和钢铁为象征的"古生代技术"(paleotechnic)阶段。美国人已经"掌握了相当于6500万匹马的机械动力。400万个这样新的动力机械减轻了农民的负担。铁路提供了2400万马力的动力,而在1860年提供的还不到200万马力。到了1910年,汽车动力已经占了主导。"⑨

杜威在1952年去世时,美国已经在芒福德所说的以电力和合金材料为象征的"新生代技术"(neotechnic)阶段中处于无可置疑的领导地位。美国已经进入了核裂变时代,并促使世界也进入了核裂变时代。

但是,杜威所处的环境在技术上非常活跃的事实,还不足以充分解释他为什么对技术问题保有长久的兴趣。也有另外一些哲学家和杜威一样处于美国机器时代的时空背景下,但是他们对公共事务缺乏兴趣。例如,在美国古典哲学时期的主要哲学家中,只有杜威积极参与他所处时代的文化事件。在1861年到1865年美国内战时期,皮尔士(C. S. Peirce)和威廉·詹姆斯(William James)都只有二十多岁。但是皮尔士的著作根本没有谈到国家的创伤,而詹姆斯也只是在1897年为一座建

---

* 杜威于1894年到1904年执教于美国密歇根大学,担任首席哲学教授。——译注
⑨ Robert H. Walker, *Life in the Age of Enterprise* (New York: Capricorn Books, 1971), 44-45.

成的纪念碑所做的献词演讲中才谈到这一点。⑩ 瑞士技术史专家西格弗里德·吉迪恩（Siegfried Giedion）将美国机器时代的概念起源追溯到1784年在宾夕法尼亚州的雷德克利河（Redclay Creek）上建造的机械磨坊，这个机械磨坊是由奥利弗·伊文斯（Oliver Evans）建造的。⑪ 但是皮尔士（1839—1914）和詹姆斯（1841—1910）似乎都认为这些事件不具有哲学上的重要性。从这个意义上来说，罗伊斯（Royce, 1855-1916）或桑塔亚那（George Santayana，1863-1952）也同样如此。

然而，对杜威来说，哲学的探究就像任何其他形式的探究一样，都是作为特定时间和地点的组成部分而发生的，并且指向了特定的时间和地点。也许除了杜威的学生悉尼·胡克以外，没有任何一位重要的美国哲学家更执着地献身于这一理想。这正如杜威在1938年所说的那样，"我们总是生活在我们所处的时代中，而不是其他时代中，只有通过在每一个现时代中提炼出每一个现时经验的全部意义，我们才能够准备好在未来做同样的事情。从长远来看，这是能有所成就的惟一储备。"（LW13:29-30；EE:51）。

杜威的一生差不多生活在比尔德所描述的机器时代中，这个时代发生过两次高度机械化的世界大战，杜威对此保持了沉默。但是，这一时代也造就了动力机车、发电厂、显微镜、无线电、汽车、农业机械，甚至

---

⑩ 约翰·麦克德谟特在为《威廉·詹姆斯著作集》（*The Works of William James*, Cambridge: Harvard University Press, 1982）第 11 卷第 9 部分《宗教和道德论文集》（*Essays in Religion and Morality*）所写的导言中，对这一事件做出了下述评论：

詹姆斯的演讲是在为罗伯特·古尔德·肖（Robert Gould Shaw）建立的纪念碑揭幕时做的。罗伯特·古尔德·肖是马萨诸塞志愿军第54军团的司令官，他的这个军团是为联邦军队作战的第一支由黑人士兵组成的军团。詹姆斯被选作发表演说的候选人，从一个方面来说很合适，但从另一个方面来说又不合适。詹姆斯之所以适合发表演说，是因为他的弟弟加恩·威尔金森·詹姆斯（Garth Wilkinson James）曾经是第54军团的副官，他曾经在进攻瓦格纳（Wagner）要塞时负过伤。然而，当威廉·詹姆斯周围的同龄人都应征入伍时，他在美国内战期间却没有做出贡献，对此他也没有给出理由或解释（xx）。麦克德谟特以詹姆斯发表的这次演讲为象征，描述了他在这些事件上的立场：

失落感……是美国废奴运动和奴隶制晚期的一种非常重要的情感。詹姆斯既没有以在军队服役的方式，也没有以政治的方式参与废奴运动，他似乎远离了美国内战，这种远离无疑也导致了他疏远了两个在军队中的兄弟（xxi）。

⑪ 参见 Siegfried Giedion, *Mechanization Takes Command* (1948；reprint, New York: W. W. Norton, 1969), 83.

也造就了杜威的读者们随时会用到的滑板和冰鞋这类简单的机械。这些机械以及其他众多的技术人工物吸引了杜威的注意,为他提供了说明材料。杜威关注的是工具和设备是如何产生的,它们是如何改变人类经验的,以及它们预示着什么。但是,从更根本的层次上来说,杜威试图阐明,技术探究所使用的方法和手段,**也正是**所有"最高等级的"(honorific)认知得以产生的方法和手段(LW12:73;LT1:67)。

就像在其他领域研究中一样,杜威在技术领域的研究中,也在不断发展、凝炼和重铸他的观点,表现出明显的执着,以便使他的阅读群的各类听众都能够理解这些观点。[12] 例如,我认为杜威的探究理论自始至终就是一种技术方法的阐述,这一理论的大部分内容是在1903年到1938年出版的文章和著作中提出来的。但是,在1891年1月发表的《道德理论与实践》(*Moral Theory and Practice*,EW3:93-109)和1892年在密歇根大学使用的《哲学导论》(*Introduction to Philosophy*,EW3:230)的教学大纲中,已经预示了这一观点。杜威在此后一直不断完善这一观点,直到大约60年后去世为止。

杜威在1891年的文章中提出,伦理学是工程中的一类问题。在1892年的教学大纲中,杜威把探究理论或逻辑学描述为"科学的一般理论"(EW3:230),这就意味着只有当实验发展和应用更精确的仪器时,实验才会进步。杜威在1892年的教学大纲中认为,逻辑学的任务就是重新回顾已经完成的实验,这就意味着要借助各种合适的工具来操控经验,以便分析出实验的组成要素。杜威在1951年4月9日致阿瑟·本特利(Arthur F. Bentley)的最后一封信中写道,如果他有足够的精力,他将"把**认知**作为一种行为方式,在这种行为方式中,语言人工物与工具、器具、仪器等物质人工物相互作用,这些类型的人工物都是出于各种目的而设计的,并使得必要的**探究**成为一种**实验的活动**……"[13]

---

[12] 赖特·米尔斯(C. Wright Mills)对杜威的听众做了非常出色的分析,参见他的《社会学和实用主义》(*Sociology and Pragmatism*,Irving Louis Horowitz, ed., New York: Oxford University Press, 1966)。

[13] Sidney Ratner et al., eds., *John Dewey and Arthur F. Bentley: A Philosophical Correspondence*, 1932-1951 (New Brunswick, NJ: Rutgers University Press, 1964), 646.

杜威的有些著作是为了引起其他职业哲学家的兴趣,有些著作是为了引起小学和中学的教育者的兴趣,有些著作是为了引起学习哲学的学生的兴趣,有些著作是为了引起一般"知识"阶层的兴趣,而有些著作是为了引起一般公众的兴趣。但是,他试图造就和保有各类读者的雄心壮志,不仅让他获得了全国性的声望,同时也使那些试图通览他的大量已出版著作的读者们遇到了巨大困难。

二

杜威试图造就和保有各类听众的雄心,也可以用来解释他那稍微有些受到争议的写作风格。杜威的风格(或者用他的一个学生的话来说,"他没有风格"⑭)有时阻碍了认清他的洞见和提议中所具有的革命性特征。

在《黄金时代》(*The Golden Day*)中,刘易斯·芒福德将杜威的风格描述为"像棉绒一样模糊不清和没有定形。"⑮由联邦调查局在20世纪40年代收集的有关杜威的卷宗中,一位匿名的作者不太厚道地评论说:"阅读杜威是一件苦差事。"⑯也许在所有这些评论者中,最不厚道的就是门肯(H. L. Mencken)了,他认为杜威是"前所未有的最糟糕的作者。"⑰

斯蒂芬·图尔明(Stephen Toulmin)的评论比较有同情心。他说,杜威的风格"灵活多变和口语化。"⑱约翰·麦克德谟特的评价更富有同情心。他认为,"杜威在遣词造句方面很小心,尽量避免使用华丽的

---

⑭ Irwin Edman, *John Dewey*: *His Contribution to the American Tradition* (Indianapolis: Bobbs-Merrill, 1955), 11.

⑮ Lewis Mumford, *The Golden Day* (New York: Dover Publications, 1968), 130.

⑯ FBI New York File No. 100-25838, New York, 29 April 1943, p. 2. Copy at Center for John Dewey Studies, Carbondale, Ⅲ.

⑰ H. L. Mencken, *Letters of H. L. Mencken*, Guy J. Forque, ed. (New York: Alfred A. Knopf, 1961), 316. 转引自 Earl James Weaver, "*John Dewey*: *A Spokesman for Progressive Liberalism.*" Ph. D. diss., Brown University, 1963, 288n.

⑱ Stephen Toulmin, Introduction to vol. 4 of *The Latter Works* (LW1:xi).

辞藻,而是用'素朴的风格'表达自己的观点。"⑲

尽管杜威的风格惹恼了芒福德,使芒福德几乎一直忽视了杜威的洞见,但是图尔明和麦克德谟特却看到,对于杜威来说,形式和内容是同一个构造的组成部分。例如,尽管杜威大多数关于探究理论的著作都是在哲学逐渐形式化和符号化的时期完成的,但是他的阐述依然是散漫的(discursive),杜威之所以这么做,不是出于偶然的原因,也不是由于习惯的力量,而是由他所选取的材料的本质决定的。

杜威在1938年出版的《逻辑:探究理论》(*Logic: The Theory of Inquiry*)的前言中所做的评论,是他为自己的这种倾向做辩护的典型例子。杜威提出,逻辑学的适当符号化必须遵循"语言的一般理论,在这种理论中,形式和材料是不可分的",这种逻辑学"依赖于此前概念的有效观念和符号化关系的建立",而如果没有这种散漫的准备,"形式的符号化就会(如今这种情况经常发生)仅仅让现有的错误继续下去,同时通过赋予它们一种科学的色彩而加深了这些错误"(LW12:4;LTI:iv)。

杜威厌恶二元论,倾向避免极端的立场,他的风格既没有表现出他早期和中期阶段大部分哲学著作所具有的华丽特征,也没有表现出他晚期阶段哲学圈中盛行的不事渲染、内容空洞的形式主义。他的风格略有点怀旧色彩,具有机器时代美国制造的工具的特征:功能设计简单,只为完成手头的工作。

然而,正如我以前就指出的那样,杜威的布局战略也有自身的困难。新手或单纯的工具使用者总是把简单误认为是平凡的或不适当的。也许这就是为什么简单设计和制造的工具,总是炫耀过多的不必要的装饰,用色彩鲜艳的材料包装起来的缘故。同样正确的是,新工具的设计者如果遵照传统,用古老的和熟悉的方法(但却是一种全新的和更有效的方式)来完成工作,那么他最好在用旧的名字称呼新的设备时要多加小心。

---

⑲ John J. McDermott, *The Philosophy of John Dewey*, vol. I (New York: G. P. Putnam' Sons, 1973), xxvii.

然而，不管人们如何评价杜威的风格，有一点很清楚：杜威在他长期职业生涯的各个时期，都坚定不移地拒绝遵守哲学游戏的规则。在杜威职业生涯的早期，当建立体系成为一种准则时，杜威拒绝成为体系的建造者。在杜威职业生涯的晚期，当在辩论中发现批评者和对手的逻辑谬误和"范畴错误"成为时尚时，杜威仍然与此格格不入。实际上，杜威的哲学风格自始至终就是直言不讳，这使得他破坏和改造（reconstruct）了对手和批评者的假设。杜威的这种方式非常激进，使他的对手们也时常没有把握住杜威对他们著作的批评。[20]

三

杜威破坏了对技术的传统假设，这一点可以从他对技术的看法直到今天也没有受到足够重视这一事实中得到证明，甚至在对技术的最好的和最完备的分类法中也没有提到杜威的观点。在这些对技术的粗略的和不可靠的分类中，卡尔·米切姆（Carl Mitcham）在1978年发表的有巨大影响的论文《技术的类型》（Types of Technology）中提出的分类是较为可靠的一种。米切姆认为，"狭义"上的技术是受过技术训练的专家对物质材料的处理和操控。拥护这种观点的人（包括很多工程师）认为，技术是工具、机器，以及由修理工、工程师和程序员监控的电子设备。这一领域中提出的典型问题包括："要制造某些人工物，什么材料是最好的？为了生产一种特定的产品或带来期望的收益，什么程序是最有效的？如何组合材料和能量，以便创造出新的发明？"[21]

然而，在历史学家和社会科学家的用法中，"技术"通常还具有更广泛的意义。它当然包括狭义上的技术，但是也应该包括"所有物质人工物的制造、物品的制造和使用、以及物品的知识和社会情境。"[22]例

---

[20] Toulmin, Introduction to vol. 4 of *The Later Works* (LW4: xi).
[21] Carl Mitcham and Robert Mackey, eds., *Philosophy and Technology* (New York: The Free Press, 1972), 1. 也可参见 Carl Mitcham. "Types of Technology," in *Research in Philosophy and Technology*, vol. Ⅰ, Paul Durbin, ed. (Greenwich, Conn.: JAI Press, 1978), 229-94.
[22] Mitcham (1978), 230-231.

如，在这种用法中，前现代社会中壶的制造就应该是一种技术的形式，因为壶的制造与像工业制陶业这样的现代技术形式有明显的关联，而且还因为与早期壶的制造有关的社会条件，仍然存在于当今这类人工物的生产和使用中。米切姆指出："在主要是作为社会科学研究对象的技术的历史中，技术有时候甚至还用来指创建像法律和语言这类非物质性的东西——尽管在实践中，这种定义还没有被广泛采用。"㉓

在米切姆自己的表述中，"技术"这个术语不是单义的，但是它的用法确实首先是指物质人工物的制造。他甚至还提出："可以把这个术语规定为指代人类制造和使用各种形式和样式的物质人工物。"㉔米切姆正确地认识到，哲学史几乎只关注人类的**行动**（doing），他认为这一事实导致了哲学家对于技术问题的关注总有些迟钝和不情愿，因为技术问题属于**制造**（making）方面的问题。

尽管米切姆并没有把非物质的东西排除在技术范围之外，但是在把像法律和语言这样的非物质的东西包括在技术人工物范围之内这个问题上，米切姆的论述中表现出一些犹豫倾向。这种倾向尽管在表述上比较含混，但是在当代技术哲学家中，差不多只有米切姆的这种倾向才与约翰·杜威在 20 世纪最初几十年里阐发的立场相一致。㉕

米切姆认为，对技术的恰当的哲学阐述要在一定程度上涵盖上面提到的狭义技术和广义技术。然而，与工程师和历史学家提出的"一阶"（first-order）问题不同，技术哲学家关注的是"二阶"（second-order）

㉓ Mitcham (1978), 230-231.
㉔ 同上书，第 232 页。
㉕ 米切姆是少数持有这种观点的哲学家之一。其他持有这种观点的哲学家还包括贾维（I. C. Jarvie）和伊曼纽尔·梅塞纳（Emmanuel G. Mesthene）。参见 I. C. Jarvie, "The Social Character of Technological Problems: Comments on Skolimowski's Paper," in Mitcham and Mackey (1972), 50-61. "技术对我来说，是与我们试图和世界达成协议有关的；这就是说，与我们的文化和社会达成协议；因此，技术既包含了纯粹的工具，也包含了所有的知识"(p. 61)。

也可参见 Emmanuel G. Mesthene, *Technological Change* (New York: New American Library, 1970). 梅塞纳从哥伦比亚大学获得了三个学位。对他来说，技术是"通常意思上的工具，这包含机器，同时也包括像计算机语言、当代分析的和数学的技巧这类智力工具。这就是说，我们把技术定义为达到实际目的的知识组织"(p. 25)。

问题,例如技术的本质和各种意义、技术的结构和功能。

米切姆和他的同事罗伯特·麦基(Robert Mackey)主编的《哲学和技术》(*Philosophy and Technology*)如今已成为经典著作。在这部著作的导言中,他们从这种中间立场出发,划分出三种主要的哲学方法:(1)把技术作为一种认识论问题来分析;(2)从一种人类学的立场看待技术,也就是说,在与人的生活的本质的关系中看待技术;(3)把技术视为"现代社会中思想和行为的主导特征。"㉖

按照这些区分(和通过预览的方式),杜威自己的立场可以这样来描述。首先,杜威试图破除认识论的立场,认为技术与更广泛意思上的经验有关,而不是包含在哪怕是讨论范围最广泛的认识论阐述中。他认为,哲学史上的一个主要谬误就是把"认知知识"(cognitive knowl-edge)作为人类所有经验的范式。他进一步提出,有大量的人类经验与认知无关,而技术活动就发生在这样一些经验中。正如拉尔夫·斯利珀(Ralph Sleeper)令人信服地指出的那样,对杜威来说,探究事关逻辑学,而不是认识论。㉗ 换句话说,杜威感兴趣的不是一种某些知识的理论,而是一种探究的方法,借助这种方法,就能解决以前察觉到的问题。

其次,杜威敏锐地意识到技术在人类生活的更大的利害关系中的作用。就像在其他问题上一样,查尔斯·比尔德对此的评价又是非常正确的:杜威"殷切期待着新的科学发现,倾听着心理学中不断变化的动向,将所有事物的涌动所具有的活力和运动赋予他的思想。"㉘

杜威不断在日常司空见惯的技术实践和它们精致的、丰富的显现之间,寻求建立联系和连续性。㉙ 杜威在阐述探究时,从世俗事务到科学、逻辑学、形而上学等方面提出理由,论证探究的连续性。在论及艺术生产和美学经验时,他用山峰作为比喻:"山峰不能没有支撑就浮在

㉖ Mitcham and Mackey (1972), 2.
㉗ 参见 R. W. Sleeper, *The Necessity of Pragmatism* (New Haven: Yale University Press, 1986).
㉘ Beard and Beard (1946), 789.
㉙ 实用主义影响了社会学家,让他们也考虑到日常事物的意义。其中一个较好的例子是米哈伊·奇克森特米哈伊(Mihaly Csikszentmihalyi)和尤金·罗赫伯格-霍尔顿(Eugene Rochberg-Halton)合著的《事物的意义:家庭符号和自我》(*The Meaning of Things: Domestic Symbols and the Self*, Cambridge: Cambridge University Press, 1981).

空中；它们甚至也不是仅仅安放在大地上。就山峰所起的一个明显作用而言，它们**就是**大地。弄清这一事实的各种含意（implication），是地理学家和地质学家这些与地球理论有关的人的事。对美的艺术进行哲学研究的理论家，也要完成类似的任务。"（LW10：9-10；AE：3-4）

第三，杜威认为技术不是"现代社会中思想和行为的主导特征"。因为在杜威描述的各种意义得以产生和发挥作用的方式中，以及他在对人类社会的复杂性的评价中，他认为现代社会中的**任何**特征都不足以勾画出社会的全貌。然而，杜威却非常小心地区分了现代社会中的两类活动，一类是产生更多意义（meaning）和含义（significance）*的活动，一类是"机械的"活动。所谓"机械的"，是按照这个词的负面意思来理解的，也就是说，在这种负面的意思上，手段和目的相互分离，意义已经被丢失、丧失或遗弃。然而，杜威也深知，不幸的是，这两类活动都使用了"技术的"这一术语。这正是杜威试图改造这一术语的最主要的动机之一。

四

即使有些哲学家试图重新定义米切姆和麦基的分类方法，但是他们也没有重视杜威的技术批判。阿尔伯特·伯格曼（Albert Borgmann）从这些理论出发，总结出三种研究关于技术的二阶问题或哲学问题的方法，他认为这三种方法可以覆盖现有的所有方法。㉚他把这三种观点命名为"实体论的"（substantive）、"工具论的"（instrumentalist）和"多元论的"（pluralist）。

---

* meaning 和 significance 都有"意义"、"含义"、"价值"、"重要性"的意思。在杜威的用法中，significance（含义）代表的东西具有"现实存在"的意思，与它对应的是 sign（标记）。meaning（意义）代表的东西具有更抽象的意思，与它对应的是 symbol（符号）。——译注

㉚ Albert Borgmann, *Technology and the Character of Contemporary Life* (Chicago: The University of Chicago Press, 1984). 对于自己的分类，伯格曼写道："这些总结区分了很多方法，但是所有这些区分都属于三种基础的类型：对技术的实体论的、工具论的和多元论的观点。"(p. 9)

实体论的观点就像雅克·埃吕尔(Jacques Ellul)[31]提出的那样,认为技术具有一种自主的力量,从而将技术具体化。实体论者试图"把世界的复杂特征和变化还原为一种单一的力量或原理,从而能够充分解释世界。对他们来说,这一原理就是技术。技术能够用来解释一切,但技术自身是完全无法解释的,处于晦暗之中。"[32]我将在第六章中更详细地讨论埃吕尔的观点;但是现在可以先来总结一下埃吕尔的观点,这种总结虽然过于简单,但却是恰如其分的。埃吕尔把技术看作人工的和自主的;技术的力量可以按照指数级别实现自我增强的发展;技术完全有能力决定像艺术、宗教这些其他的文化表现形式;技术逐渐使人类无力控制自己的生活。

伯格曼认为,我们对"工具论的"方法更熟悉,它提供了一种关于技术的更清楚明白的观点。这些观点是"历史主义的"(historicist,这是按照该词的一种意思来理解的),因为这些观点试图展示一幅"连贯的历史路线,让我们从机器堆里回到简单的工具和设备。"[33]伯格曼进一步将工具论划分为三种类型:

1. "人类学的"观点基本上是把人看作工具使用者和人工物的制造者。

2. "认识论的"观点主要关注的"不是人类和他们的工具的发展,而是……方法论,现代技术将这种方法论体现为一种把握现实的方式,这种方法论明显不同于科学的程序。"[34]

3. "理性价值决定论"认为,在技术的范围内,决定由什么来引导价值的形成,这本身是理性的任务。伯格曼认为,工具论的观点把技术视为"价值中立"的,所以他把"理性价值决定论"当作一种工具论,这就显得很有趣。他认为:"如果技术说到底也仅仅个

---

[31] 参见 Jacques Ellul, *The Technological Society*, John Wilkinson, trans. (New York: Random House, 1964). 也可参见 Jacques Ellul, *The Technological System*, tr. Joachim Neugroschel, trans. (New York: Continuum, 1980).
[32] Borgmann (1984), 9.
[33] 同上书,第10页。
[34] 同上。

工具，那么探究**由什么来引导**技术，这就成了技术自身的一项任务。决定占主导的价值有时候就成了理性探究的任务。'因此，言外之意，理性价值决定论就是一种工具论。'㉟

伯格曼的最后一种类型包括了他所说的"多元论的"方法。持这种立场的观点可以称为"社会学的"，意思是说，每一种观点都试图描述各种被冠名为"技术的"趋势、看法和力量，尽管这里的"技术的"是在宽泛的意思上使用的。伯格曼观点的意思是说，对于像维克托·费尔基斯（Victor Ferkiss）㊱这样的多元论者来说，并没有一种关于技术的一般模式，而是有一个技术现象的连续不断变化的网络，这个网络包含了各种对抗性的力量。

尽管有人觉得杜威应该是伯格曼所说的工具论观点的支持者（因为杜威就是这么来指明自己立场的），但是伯格曼在他的划分中（或者在其他地方）并没有提到杜威。实际上，杜威对技术的阐述与伯格曼划分的三个范畴并不相干，而伯格曼却认为自己的划分已经穷尽了所有关于技术的观点。

杜威的观点不同于实体论的观点，因为他一直明确拒绝将任何东西具体化（reification）。杜威针对传统形而上学问题做出了反基础主义的著名论证；他认为确定性不仅是个幻象，而且对于合适的认知（konwing）来说也不是必须的；他不断地坚持认为，像"心灵"和"知识"这些名词都应该当作动名词来理解，而不是当作名词来理解。所有这些观点都说明，不能把杜威的观点当作一种实体论来理解。

杜威的观点也不是伯格曼所说的"多元论"。尽管杜威也意识到我们称作"技术的"文化表现形式是多种多样的，但是他的研究却超越了贴标签、分类和比较，因为这往往会限制这些方法。作为改革者，杜威针对改造技术探究的思路，大胆地提出了批判性的建议；他认为这些建议应该加以阐发，用来研究所有充满生机的和重要的技术—文化的

㉟ Borgmann (1984), 9.
㊱ Victor Ferkiss, *Technological Man: The Myth and the Reality* (New York: New American Library, 1969).

表现形式。

那么,杜威是伯格曼所说的工具论者吗?乍看起来也许是这样,而且杜威也用"工具论"这个术语作为自己哲学方法的一种名称。但是进一步的分析将表明,有足够的理由认为,杜威的立场也不同于这种分类。

杜威确实认为,从我们祖先的简单工具和器具,到当代生活中复杂的机器,其间贯穿着一条历史的主线。在大多数最先进的耕种机械中,都有弯头的遗迹。然而,不同于海德格尔和伯格曼的新海德格尔主义的立场,杜威认为,实验工具和方法是由17世纪的科学促成的,并在第一次工业革命期间得到了进一步的发展,这些实验工具和方法与其说在探究的进步中造成了彻底的停顿,不如说为探究向前开拓了一大步。

杜威反复强调,他对探究的阐述是建立在一种发生法的基础上,这种发生法将长时期内的发展作为基本的组成部分。因为人处于自然之中,是自然的一部分,智力随着控制人类环境的需求而发展,以便在这些环境中获得更多的意义和含义,这对杜威来说是在自然中浮现出来的。尽管杜威乐于承认,在对周围环境进行理智控制的历史上出现过停顿和退化,但是他同时也认为,由这种控制所造就的工具和人工物的发展历史一般来说是累积的。

杜威的立场也不具有伯格曼所描述的工具论的其他标志。首先,在杜威看来,尽管人是工具的制造者和使用者,但是人并不仅仅如此。人类参与多种多样的活动,这些活动大体上可以称为"审美的",意思是说,这些活动中包含了原始的和盲目的愉悦。他们的兴趣也指向了杜威称之为"圆满"(consummatory)*的那些经验,这就是说,在这些圆满的经验中,通过批判性的探究,鉴赏力得到提升,含义以扩展,从而使这些经验能够超越那些所谓的原始愉悦。杜威在强调工具重要性的

---

* 杜威哲学的形成受到生物进化论的影响。consummatory 这个词就源于生物学,又译为"充盈的"、"完成的"。生物学认为,动物的行为表现为欲望的满足,而构成这种行为的对象就是诱因或目标。行为是由探求目标的欲望行为和满足欲望并结束欲望的行为组成。这种使欲望得到满足的最终行为便称为"圆满行为"(consummatory behavior)。——译注

时候，特别将工具的使用与认知联系起来，但是他也特别指出，在经验的有些组成部分中，工具的使用是习惯性的和显而易见的，这就是说，在使用工具时没有与经验的交互作用。

这就是杜威的观点与正统的**工具制造者**(*homo faber*)理论不同的地方。杜威强调，人类经验的一些领域与认知无关。杜威认为，人类处身于一定的环境中，并对环境作出反应，这些反应并不仅仅是生活方式的特征，因为在生活中，工具的制造和使用是最高的追求。杜威认为，人类制造工具通常是为了解决一些特殊的生存问题。但是他同时也认为，工具的制造与使用是人类经验的丰富内容的组成部分，而制造和使用工具也是丰富人类经验中那些与认知无关的领域的手段。工具和机器各有自己的推动力：它们都有不能预料的后果。

其次，杜威确实认为价值决定因素是理性的，但是杜威所理解的"理性"却不同于伯格曼的用法。对伯格曼来说，理性(rationality)很明显是认知意思上的，它处于我们所说的技术的实验活动之上，并与这些技术的实验活动相对立。它为更恰当的技术活动设立目标，将意义赋予这些技术活动。这种观点导致伯格曼认为科学和技术是完全不同的活动。但是杜威认为理性不纯粹是认知意思上的，他把科学视为技术的一种类型。他将"理性"改造为"理智"(intelligence)，意思是指目的的阐述和验证，而这些目的是在实验活动的情境中产生和发展起来。

对杜威来说，理智不是高于技术或反对技术的，而是最高等级意思上的技术的特点。换句话说，当通常所说的技术不是理智的时候，严格来讲它就不配享用"技术"之名。它应该叫做习惯行为的重复、在经济或政治领域中默许谋取私利，甚至也许可以称为懒惰或愚蠢。

杜威的技术批判不是一般意思上的工具论。一般意思上的工具论认为，目的是建立、揭示或继承下来的，然后再来寻找达到目的的手段。杜威不厌其烦地反驳对固定不变的和最终价值或目的的默许，不承认无条件的或超越自然之上的超验(transcendent)目标。他认为应该把目的当作"可见可即的目的"(ends-in-view)，这就是说，目的只有在与手段不断地相互作用时才是活跃的和能动的，而手段就是为了实现目的而设计和验证的。因为杜威完全就是这样来理解这一术语的，因此对杜威来说,超验(transcendence)是一种投向未来的规划,而不像一些"经典"学者所理解的那样,是一些从永恒的真理中获得的东西,或者一劳永逸给予的东西(就像一些畅销书作家和"伟大著作"规划的提倡者所说的那样)。㊲

因此,按照杜威的看法,对手段和目的的分析是在成功的探究完成**之后**所进行的分析活动,这是为了从整体的探究情形里区分出各个因素,以便从中引申出更多的意义和含义。在杜威看来,手段和目的远远不是仅仅在经验中被给予的,而是在经验一旦成为反思对象之后,从丰富的经验中作为分析的工具建构起来的(construct)。

第三,也许杜威的立场与伯格曼所说的工具论之间最明显的区别是,伯格曼所说的工具论者,就像他所说的实体论者和多元论者(在这个问题上,伯格曼本人也包括在内)一样,都把技术工具的范围限制在无机的有形人工物领域内。为了做到这一点,他们把各种有形的工具和设备归为一类,把概念手段或观念归为另一类。然而,在杜威看来,上述两类东西都可以被称为技术的工具和人工物。杜威认为,从有机体出发,把这两类东西区分为"内部的"和"外部的"的界限是非常不固定的,很容易发生变化。这种区分只有在最宽泛和最具有试探性的意义上才能做出。

在《经验与自然》中,杜威特意把观念称为人工物。他认为,"总之,观念就是艺术和艺术作品。作为一种艺术作品,观念直接导致了随后的行为,在形成更多意义和更多知觉的过程中使行为更加富有成效"(LW1:278;EN:301)。正如我以前所说的那样,杜威在19世纪90年代已经将伦理学作为一种工程问题来看待。早在1916年,杜威就把逻辑实体的构建与农业设备的发展作对比,并且指出,包括器具和艺术作品在内的工具,都可以用来替代实体,而在传统的划分中,实体往往被贴上"物理学的"、"心理学的"和"形而上学的"标签。

㊲ 参见 Allan Bloom, *The Closing of the American Mind* (New York: Simon and Schuster, 1987). 也可参见 Martha Nussbaum 对该书的杰出评论 "Undemocratic Vistas" (*The New York Review of Books*, 5 November 1987, 20-26).

考虑一下艺术的工具和作品为手头的问题提供答案的单纯可能性：艺术的作品和艺术的工具恰恰是所寻找的物理学的、心理学的和形而上学的实体的替代物。从这种可能性来看，忽视这类事物的性能特征就导致了悬而未决的和长期存在的争论。没有人的干预，制造的物品就不会存在；没有可见可即的目的，它们就不会产生。但是一旦它们存在和发挥作用，它们就像现实存在的一样，就像其他任何具体事物一样，不再依赖于心理状态（更不用说它们不再**是**心理状态了）……它们只不过优先于重新塑造的自然事物，以便有效地融入到某些类型的行为中去。（MW10:92）

杜威进一步提出，"逻辑差别和逻辑关系纯粹是方法论上的，而不是传统意思上的心智的。它们更像是……可靠研究的工具和这种研究所获得的结果。"（MW10:93）。

伯格曼认为工具论者所采取的立场"目光短浅"[38]，而工具论"没有建立一种恰当的技术理论"[39]，因为工具论把器具和工具当作价值中立的，这"与自由主义的民主传统相一致，这种传统认为，为美好生活提供手段是国家的任务，但却想把最终价值的建立和追求留给个人的努力去完成。"[40]

这也许就是所谓的"天真的"工具论或者兰登·温纳（Langdon Winner）所说的"直线"工具论的观点，但却不是杜威的实用主义工具论的观点。大部分从人文主义出发攻击技术的人，都错误地从直线工具论的角度看待所有的或大部分技术。在《技艺的幻象》中，威廉·巴雷特（William Barrett）在评价技术时提供了一个很好的例子。对巴雷特来说，技术是"**具身的技艺**（embodied technique）……一旦需要真正的创造性，技艺也就到达了它的极限，这在科学和艺术中都同样如此。"[41]巴雷特对技艺的定义实际上适用从直线工具论的角度看待

---

[38] Borgmann（1984），10.
[39] 同上书，第11页。
[40] 同上书，第10页。
[41] William Barrett, *The Illusion of Technique* (Garden City, NY: Anchor Press/Doubleday, 1978), 18-19.

世纪之前的手工艺。"技艺是一种能够传授的标准方法。它是一种能够完全传授的诀窍。诀窍总是划分为几个步骤,如果按部就班地遵守,总能达到预期的目的。逻辑学家称这种诀窍为**决策程序**(decision procedure)。"⑫但是,正如杜威不断告诫我们的那样,技术远远不能按照直线工具论来理解,而巴雷特也试图确证这一点。

在以后的章节中,我会进一步讨论杜威的工具论和天真的或直线工具论之间的区别。然而,目前需要指出的是,杜威不认为器具和工具是价值中立的,而是认为它们充满了价值和潜力,这就为明智地选择可见可即的目的或者需要应对的事物打下了基础。另外,伯格曼在批评直线工具论时认为,直线工具论试图把"最终价值的建立"交给个人兴趣来处理。对于这一点,需要记住的是,在政治权力问题上批评杜威的人,因为杜威号召在最广泛的公众层面上进行理智的规划(目标和目的的酝酿和验证),所以那些人从来没有停止过对杜威的攻击。

伯格曼所描述的直线工具论者还认为,技术构成了一种价值中立的工具,它既适用于政治温和派,也适用于左翼或右翼的极端分子。杜威的观点远远不同于这种立场。他主张,像20世纪30年代欧洲法西斯分子所采取的政治纲领之所以失败,恰恰是因为他们误解了产生和使用工具的处境中所隐含的价值。因为政治探究是从各种价值中评估和选择出最适宜价值的一种重要形式,所以对杜威来说,政治探究是技术探究的一种形式,尽管这种技术不是柏拉图所说的技艺(techne)的最高或最初的形式。政治探究只是人类经验的一个领域,如果要产生满意的结果,那么这个领域需要成功的工具探究。

五

卡尔·米切姆指出,哲学家也应该适当地关注技术的"结构"和"功能"。对米切姆来说,"结构"就是寻求"技术本质的真正定义,这种

---

⑫ William Barrett, *The Illusion of Technique* (Garden City, NY: Anchor Press/Doubleday, 1978), 18-19.

定义可以视为构成了技术的各种样式和表现形式的基础,或者在这些样式或表现形式中得到了例证。"[43]对于功能,他认为,一种对技术的适当的哲学批判必须区分两种活动,"一种活动涉及人的内在活动,这是人的身体活动的组成部分,因此也就是人的社会参与的组成部分;另一种活动就是在某种意思上成为自然界的组成部分,并且与自然界相互结合,这种活动独立于人的直接的身体行为,具有自身的规律。这种区分对应于作为知识的技术、作为过程的技术和作为产品的技术之间的区别,或者说是思想、活动和对象之间的区别。"[44]

在这种定义中,技术对象包括器具、器械、装置、工具、机器和电子设备。技术活动包括发明、设计、制作、运行和管理。米切姆指出,"计划、传授、咨询和系统工程的功能跨越了这些不同的区分。"[45]最后,对米切姆来说,技术"思想"包括下述四个方面:1. 知道如何制造或使用一些人工物的无意识的感觉运动知识;2. 技术格言或经验法则,这就像"菜谱"中"要得到 A,先做 B"的形式;3. "如果 A,那么 B"这种形式的描述性定律;4. 与描述性定律有关,或者为描述性定律提供解释框架的技术理论。[46]

从米切姆的阐述中可以看出,这种区分古已有之。亚里士多德也在三种科学之间做了区分:(内在的)理论科学,例如数学;(社会的)实践科学,例如伦理学;(人工技能的)生产科学,例如诗歌。本书第五章将详细讨论亚里士多德和杜威在解释这些问题上的不同方式。然而,目前我们需要注意下述观点。亚里士多德认为,理论科学比实践科学和生产科学优越(1026a20),[47]而实践科学又比生产科学优越

---

[43] Mitcham (1978), 233.
[44] 同上。
[45] 同上。
[46] 同上书,第 242—57 页。
[47] 关于亚里士多德的所有参考文献依赖的是贝克(Bekker)1831 年编辑的亚里士多德希腊文著作的标准版本。注释包括页码、栏数和行数。我在本书中使用的译本是乔纳森·巴恩斯(Jonathan Barnes)编辑的《亚里士多德全集》(*The Complete Works of Aristotle*, Princeton: Princeton University Press, 1984)第 2 卷。该书属于"波林根丛书"(Bollingen Series)第 LXXI 2 卷。

(1064a10)。㊽亚里士多德认为,对象、目的或原则是固定不变的和完美的,但是杜威却不认同这种观点,因此,对杜威来说,认知的或理论的行为不仅仅是对静态实体的静观。这些行为变成了实践活动的特殊工具。因为实践是理智的(不同于生搬硬套或懒惰),包含不断生产出新的人工物,其中也包括生产出像优雅习惯这样的"内在"人工物,因此,生产先于实用性,并成为实用性的向导。

尽管杜威和亚里士多德的哲学方法都可以称为自然主义的和功能主义的,但在这些"科学"的划分问题上,杜威却完全不同于亚里士多德。杜威越过了理论和实践,瞄准了生产:他关注的是制造和验证新的实体,这既包括外在于有机体的工具,也包括目标和理想。

技术的"理智成分"通常被认为是技术的"内在"方面,除了这一方面之外,米切姆还看到了第二种内在的功能,他称之为"作为意志力的技术"(technology-as-volition)。从这种有利观点来看,"……技术似乎与每一种可能的意志、动机、爱、欲望、需求、意图、影响、选择等因素联系在一起。"㊾

这种后亚里士多德主义的范畴至少可以追溯到弗朗西斯·培根(Francis Bacon)的《学术的尊严与进步》(The Dignity and Advancement of Learning)的第 5 卷。培根在这部著作中声称,"有关理智的原理……和有关人的意志的原理生来就是孪生兄弟。因为解释的透彻和意志的自由从一开始就结合在一起;在事物的普遍本质中,再也没有比真和善更能相互协调的了。如果人在知识中就像长翅膀的天使,但在欲望中却像爬行的毒蛇,那么有学问的人就越会感到惭愧;事实上,人的大脑就像随身携带的镜子,但却是一面被污染和伪造的镜子。"㊿

尽管培根之后的大部分哲学传统都假定了理智和意志这两种事物

㊽ 参见亚伯拉罕·埃德尔(Abraham Edel)的《亚里士多德和他的哲学》(*Aristotle and His Philosophy*, Chapel Hill: University of North Carolina Press, 1982)。"我们制造物品是为了在生活中使用它们。但是在亚里士多德看来,静观是最高的目的"(p. 388)。

㊾ Mitcham (1978), 258.

㊿ Francis Bacon, *The Works of Francis Bacon*, vol. IV, J. Spedding et al. eds. (1857-1874; reprint, New York: Garrett Press, 1986), 405.

或才能(有时候也称为理性和激情,例如在休谟[Hume]的著作中),但是杜威却是从完全不同的角度看待这种情形。人类是按照习惯做事的,这些习惯是作为以前探究的结果习得的,不管这些探究是自己的还是其他人的。人类在追求既定目标的时候,能够遵从这些习惯,杜威把这些习惯称为观念。因此,杜威没有试图将理智和意志具体化。他用功能性的阐述取代了结构性的阐述,在阐述的过程中回避了各种形式的官能心理学(faculty psychology)。

杜威在1922年的《人性与行为》(Human Nature and Conduct)中研究了这个问题,他用大量的篇幅阐述了他拒绝像培根那样将"意志"实体化的理由。他认为,通常所说的"意志"实际上就是习惯的复合,而习惯就是"需要某一类活动……并……组成自我。从意志这个词的可理解的意思上来讲,习惯**就是**意志。习惯形成了我们的有效欲望,赋予我们工作的能力"(MW14:21;HNC:25)。

习惯反过来又可以根据丰富的技术隐喻来描述:工具箱(MW14:22;HNC:25)、飞轮、发条(参见LW2:334-35;PP:159)。杜威对比了被动地摆置在工具箱中的工具与有效使用的工具。把习惯比喻成工具箱里的工具就是把习惯视为对象,而不是工具。我们确实可以按照这种方式来看待习惯,就像习惯具有一定的结构特征一样;但是当习惯像工具一样发挥作用,而不是像工具箱中的对象时,习惯才能在使用时获得意义,并且它们只有在与具体情形相结合时才能得到应用。习惯就像发条一样,是动态的,具有内在的张力;习惯又像飞轮一样,即使在缺少导致创新思维的刺激的情况下,也能为持续的活动提供必要的动力。

如果在杜威阐述的包括习惯在内的工具中,用功能取代了结构,那么对总体情形的关注也就取代了内在和外在的划分。眼睛、胳膊和手从结构上来看是对象;然而在使用中,它们却是作为进行抓和握的工具发挥作用的。但是,当主动进行抓握时,这种活动却抵制将进行抓握的器官和被抓握的东西分离开:"……当使用这些器官时,它们与外在的材料和能量相互配合。如果没有来自器官之外的支持,眼睛的注视就是盲目的,手的运动就是笨拙的。只有当器官与能够独立完成确定结果的事物协调一致时,器官才是手段。"(MW14:22;HNC:26)只有在尝试或完成了抓握活动**之后**,以及在这种功能活动的**基础之上**,才能再来分析抓握到的东西和抓握的器官。但是杜威指出,认为(这在对技术的哲学讨论中经常发生)在抓握活动发生**之前**,就存在某些实质性的抓握活动和实质性的被抓握的东西,那就犯了杜威所说的"哲学的谬误":将探究和探究的结果本末倒置。

第二章　认知作为一种技术人工物＊

推论,或者说把一些事物作为其他事物的证据,就像生活中的其他功能一样,也是行为的一种固定的和重要的功能。由于过分地小心谨慎,使得这种说法成了一个最低限度的命题。如果要进行像走路、耕田、吃饭、打铁这些活动,特别是要**成功地**进行这些活动,也需要和进化相应的手段、器官和结构,那么这个假设将非常有利于下述命题,即推论的进行具有自己专门的工具和结果。(MW10:92)

一

"**技术**"(technology)这个词来源于"**技艺**"(techne)。在柏拉图和亚里士多德时代,"**技艺**"是指各种生产性技能。在一些更特殊的情况中,"**技艺**"这个词在通俗的意思上还意味着"一种与自然(physis)相对立的专业才能,或者纯粹偶然才具有的(tyche)。"① 因此,**技艺**就是指两个极端之间的活动领域:一个极端是自然的秩序(或超自然),另一个极端是偶然的无秩序。对希腊人来说,生产性技能就是在这两个极端之间进行活动。

对亚里士多德和柏拉图来说,技艺就是为了人类的目的和应用,通过改变和完善自然事件和对象来模仿自然。同时,技艺也意味着实施一种近似神圣的功能,以便在受偶然性支配的地方建立秩序。尽管亚里士多德在柏拉图的著作中找到了很多他所反对的关于**技艺**的说法,但是很明显的是,两个人都认同这一术语的一般用法。

对希腊人来说,**技艺**除了处于自然和偶然性之间外,还处于另外两

＊ 为了强调认识的动态过程和人的参与性,杜威有意避免使用传统上的"知识"(knowledge),而是用动名词"认知"(knowing)。——译注

① F. E. Peters, *Greek Philosophical Terms* (New York: New York University Press, 1967), 190.

个极端之间。因为**技艺**涉及到有关生产和建造的知识和能力,因此,**技艺**还处于"单纯的经验或知道如何做(*empeiria*)与理论知识(*episteme*)之间。"②技术不同于经验(*empeiria*),并不是永远不变的。与此相反,生产性知识涉及变化的过程和会变成什么。生产性技能不同于经验(*empeiria*),它并不是保存在记忆中的松散联系,它所涉及到的也并不仅仅是特例和特例之间的联系。沃尔夫冈·沙德瓦尔特(Wolfgang Schadewaldt)在详细阐释亚里士多德的著作时,对比了生产性技能和它的对立面——**无技艺**(*atechnia*):"因此,**技艺**可以清楚地定义为一种由习惯产生的知识和能力,也就是说,已经融入到有血有肉的身体中,它所导致的是一种生产。但是**技艺**却与对有关事物本身的清晰的推理(reasoning)过程有关,而纯粹经验中的人却不具备这一点。一种类似生产技能的知识不管如何丰富和多样化,如果对事物有一种虚假的观念,那么这种知识就是一种**无技艺**,一种巨大的错误。"③

对希腊人来说,**技艺**就是为了制作一些新奇的事物,把各个部分和片断产生出来的生产(pro-duction)和聚集起来的建造(con-struction)。因此,从**技艺**是希腊人生活形式的一种重要因素的角度来讲,**技艺**处于希腊思想的中心。但是,**技艺**同时也处在自然状态和完成的人工物之间、必然和偶然之间、理论的确定性和没有结构的经验之间。

"主动的生产性技能"意思上的技术也是杜威哲学中的中心要素,但是杜威对技术的理解远远不同于希腊思想。其中的一点就是,杜威拒斥了亚里士多德的基础主义(foundationalism)。亚里士多德把理论知识(*theoretike*)作为一种不会发生变化的知识来对待。④ 但是杜威认

---

② Wolfgang Schadewaldt, "The Concepts of Nature and Technique According to the Greeks," in *Research in Philosophy and Technology*, vol. 2, Paul T. Durbin, ed. (Greenwich, Conn.: JAI Press, 1979), 166.
③ 同上书。(这是对亚里士多德的《尼各马可伦理学》第六卷第 4 章 1040a, 10ff 的解释。)
④ 参见《尼各马可伦理学》(*Nichomachean Ethics*, 1139b18, ff)。"知识的对象具有必然性否则事物就是我们一无所知的。所以,知识的对象具有必然性。因此,它是永恒的;所有具有必然性的事物都是永恒的;永恒的事物既不生成,也不毁灭。"参见乔纳森·巴恩斯(Jonathan Barnes)编辑的《亚里士多德全集》(*The Complete Works of Aristotle*, Princeton, N. J.: Princeton University Press, 1984)第 2 卷。

为,绝对的确定性和不变性是空想。在杜威看来,对那种脱离思想而存在的必然性的信奉就是一种迷信。他主张,理论的建构是生产性技能的一种特殊应用,这就是说,是一种特殊的技术生产。但是他同时也指出,当脱离了真正的生产时,亚里士多德的实践知识(praktike)就变得乏味和没有生机。因此,对杜威来说,主动的生产技能处于他的思想中心,因为这种技能无论在什么时候和什么地方发挥作用,都包含和使用了理论知识和实践知识。

杜威也拒斥了希腊思想中的本质主义(essentialism)。亚里士多德认为存在着本质,以便把属性附加上去,或者使属性成为本质固有的部分。⑤ 亚里士多德通过把本质和属性实体化(这至少是根据一种长期存在的解释传统),把本质和属性归入到由他的十个范畴横向构成的框架中,其中的一个范畴用于实体,九个范畴用于偶性或属性,他还按照抽象普遍性的程度进行了纵向排列。每一个范畴,不管是实体的还是偶性的,都包含了个体、种、属等等,一直到最一般的种类。杜威认为,亚里士多德所说的本质和偶性根本不是先于思想和导致了思想,它们实际上来自于思想,它们本身是思想的工具,是技术人工物。

在杜威的思想中,主动的生产技能也是一种手段,由此他就把人类的经验置于**事物的中心**(in medias res),从而脱离了各种形式的悬而未

---

⑤ 这决不是惟一一种对亚里士多德的传统解读。例如,沃尔特·翁(Walter Ong)在他的重要著作《分支、方法和对话的衰落》(*Ramus, Method and the Decay of Dialogue*, Cambridge: Harvard University Press, 1958)中,就是以完全不同的方式看待亚里士多德的范畴:

亚里士多德的**范畴或谓项**(Predication)不是事物的分类,也不是一般的存在,更不是对人类所有概念的分类。它们也不是现代分类系统意思上的范畴。在现代分类系统中,是把条目"归入"范畴中。正如它们的名称和最新研究所表明的那样,它们是谓项的种类,多少类似于"指控"(accusation)(或者说市场上或集会上的"公开抗议"[outcry],这样,范畴[categoria]就转化为拉丁文的谓项[praedicamenta],意思是说出来的东西)。"指控"可以用来反对主语或"最主要的实体"(106—107)。

但是,曼利·汤普森(Manley Thompson)却提出了与此不同的看法:

"范畴"这个词语首先是由亚里士多德在哲学中当作技术术语来使用的……他认为,每一个单独的表述都意指(指示、涉及)一个或多个事物,这些事物都至少属于这十个种类中的一种……每一个被意指的十类实体都构成了一个范畴、种类或实体,每一个范畴性的表述都是用它所意指的那类实体所构成的范畴所进行的表述。(*The Encyclopedia of Philosophy*, Paul Edwards, ed., New York: Macmillan, 1967, s. v. "Categories")。

决的二元论。主动的生产技能为杜威理解人类在自然和自然的最前沿活动中的地位提供了一把钥匙。他认为,要使活生生的经验得以实现和富有意义,解决各种疑难情形,主动的生产技能是取得成功的惟一手段。对杜威来说,他称之为技术的活动是一个忙碌的仲裁者,是联络怀疑和解答的平台。

对希腊人来说,只有在**技艺**应用了大量技能的意思上,才认为**技艺**是主动的,而希腊人认为这些技能差不多是稳定不变的。但对杜威来说,技术是一种产生和验证新技能的主动方法,就像它是改造旧技能的方法一样。

二

杜威在彻底改造传统的知识理论和用探究理论取代这些传统知识理论时,他对技术的阐述最富有洞察力。可以毫不夸张地说,对杜威来说,得到恰当控制的探究展示了所有其他类型的生产技能的最一般的特征,而认知作为这种探究的人工产物,展示了所有其他富有成效的人工物的最一般的特征。

1903 年,杜威和他在密歇根大学的一些学生出版了一本论文集,书名叫《逻辑理论研究》(*Studies in Logical Theory*)。杜威在这本书中的四篇文章构成了他另一部关于逻辑学的著作《实验逻辑学论文集》(*Essays in Experimental Logic*)的基础。这本书完全是杜威自己写的,出版于 1916 年。

在 1916 年出版的这部著作中,杜威在序言中的第一句话就提供了理解这些论文的关键因素。他说,这种关键因素可以在"有关经验的时间性发展的段落"中找到(MW10:320;EEL:1)。

杜威对经验的阐述是用生存的术语开始的:人类一直参与直接的或"非反思"(nonreflective)的经验。尽管有一些理智因素可能会介入这些经验,但是这些因素主要是由一些其他属性的复合构成的,这正如杜威所说的,这些属性是"尊崇或厌恶的对象、决断的对象、使用的对象、承受的对象、努力和反叛的对象,但却不是知识的对象"(MW10:

322;EEL:4）。

如果把这些非认知的经验称作"属性"，它们的定义就会更明确，但同时也容易跟亚里士多德的属性或偶性相混淆。这些非认知的经验随后就成为探究的对象。有可能把探究的结果当作最初的经验，甚至通常也是这么做的，这样一来，就可以得出结论说，在探究之前就已经有精确定义的属性、感觉材料或对象。然而在最初，人却是通过参与的方式，而不是通过反思的方式介入这些非认知的经验。

这些非反思的经验的重要特征是什么呢？首先，它们的各种要素是结合在一起的，"充满了一种普遍的属性"（MW10:322;EEL:5）。在杜威看来，像患了感冒、参与政治运动、出售库存的番茄罐头、上学、浪漫邂逅这样的经验，它们的特点就是不涉及探究。只要这些经验是整理过的，这些经验就是此前探究的结果，而不是现在探究的结果。这些经验可称作当下的（immediate）或审美的。

其次，这些经验具有杜威所说的"焦点和情境"。"沿轴线的运动是持续的，但是什么处在焦点上却是不断变化的"（MW10:323;EEL:6）。杜威用来描述这些情形的语言恰恰是詹姆斯在《心理学原理》（*Principles of Psychology*）中使用的。杜威让我们想象他坐在打字机前面。他的意向焦点在特定的区域中变动，这个情境本身也处在一个范围更广的环境中，而这个环境又在空间上扩展到尽可能远的地方；在时间方面，他的习惯和兴趣也在不断发生变化。他的焦点是临时的；它是单一的、不断发生变化的点，而焦点的运动有助于构造它的情境。焦点在其中运动变化的时空化母体不仅是巨大的，而且也是变化的。杜威选择了"世界"和"环境"这两个词语来命名这个无限扩展的时空化母体，而经验就是在这个母体中形成了它的焦点和情境。

但是，这种缺少内容的经验还不能构成**一个**完整的和最高等级意思上的经验。之所以这么说是因为，这样的经验还不是杜威所说的"认知兴趣"（cognitional interest）这种特殊类型的注意力所关注的焦点。他在《艺术即经验》（*Art as Experience*）中用一种稍微不同的方式对此进行了阐述："事物被经验到，但是这并不足以构成**一个**经验。这里有分心和离散；我们所观察、所思考、所欲求、所得到的东西之间相互矛盾。我们的手扶上了犁，又缩了回来；我们开始，又停止，这并不是由于经验达到了它的最初目的，而是由于外在的干扰或内在的惰性"（LW10:42；AE:35）。

这种意思上的经验只是"被经验到"的东西。这里有一些"经历"的东西，但却没有主动的认知，因为这里没有含义。这里没有"把一些事物当作另一些事物的表象"（MW10:322；EEL:4）。

杜威称这类经验为"情感的"、"审美的"、"社会的"、甚至"技术的"⑥，只要这些经验不存在疑难问题，它们就不要求主动的回应。它们只是被经历和享用。它们的特征和要素可以作为此前探究的结果而分离出来，但是它们自身却不需要进一步的探究。

但是人的生活往往是这样：当不能同时应对一些情形，或者这些情形引起了其他的不协调时，就需要对这些情形作出一定的回应。当发生这些情况，当情形处于紧张状态和无法解决，从而出现问题时，反思（reflection）或认知兴趣就变成了占主导的特征。

在杜威的分析中，"反思"不仅意味着从解决问题的目标出发，对疑难情形的特征进行仔细的检查，而且意味着实际**跳出**直接的情形，"找到一种方法来理解它"（MW10:327；EEL:12）。这就要寻找到一种**工具**，用于悬而未决的情形。工具变成了主动的生产技能的一部分，用来解决问题。工具的目的就是以某种方式重新整理经验，从而克服经验的不均衡、不协调或不一致。

这种意思上的工具是一种理论、一项提议、一种推荐的方法或行动的过程。它只是一项提议，而不是解答本身，因为它必须尝试解决疑难问题，而工具就是为了解决这些疑难问题创造或挑选出来的。有些工具虽然不适用于解决一些特定的情形，但是无论如何总能强行用于这些情形。例如，有时候试图通过诉诸"权威、模仿、任性和无知、偏见和激情"来解决现实困难（LW1:326；EN:353）。在这些情形中，探究没有

---

⑥ 杜威在这里使用的"技术的"一词的意思，是他后来在《人性与行为》（*Human Nature and Conduct*）中使用的意思。在《人性与行为》中，杜威对比了工具箱中被动的和未使用的工具，与使用中的、主动地参与改善情形的工具。杜威在这里指的是被动的使用。

得到善终,尽管由于挫折或懈怠,可能使探究暂时中断。

工具也可能根本不是以探究的方式使用的。例如,它们可能参与一些常规的或机械意义上的习惯性回应。修理电灯开关可以阐明杜威的论点,尽管杜威没有举这个例子。一个出故障的电灯开关就是一个需要关注的疑难情形。然而,对一个有经验的电工来说,使用恰当的工具来修理是一个经常重复的经验,所以这仅仅是一个"技术的"经验。但是在这里,"技术的"意思是与杜威在经验分类中区分的"情感的"和"社会的"相对应,还不是与探究有关的技术。

修理开关的经验借助一定的属性结合在一起,但是这些属性还不是探究的主题。电工在查找问题和修理开关时,可以和他的助手热烈地讨论棒球比赛。然而,对不善于处理这类问题的人来说,如果也像有经验的电工那样来干活,就会造成危险。这时候也许就需要参考家庭维修手册,或者请教深谙此道的朋友;到五金店购买电路测试仪;找寻丢失的螺丝刀;实施行动计划,确保电路安全运转;也许甚至需要回忆一下修理发动机的技能,例如螺丝刀或钳子的使用。

杜威认为,我们判断所选工具是否合用,是要看这些工具能否具体而有效地解决特定的疑难情形,而工具就是根据疑难情形选择出来的。工具不能脱离情形,而是融入到情形之中。工具要按照一系列疑难处境来验证,而处境也要根据工具来验证。按照一定的处境来判断,螺丝刀可能太长了。电路测试仪上的指示灯灭了,这或者表明电路中没有电流,或者表明指示灯坏了,需要换一个。电路要用电路测试仪来验证,而电路测试仪要用另一个性能良好的测试仪来验证。如果情形得到了解决,那么工具或解决方式就相对于其他处境,更有效地发挥了作用。这种特定的探究过程就终止了。

"最高等级"的认知是作为探究的结果生产出来的(pro-duced)、引导出来的。这时用不着生产性技能,因为已经不需要它。不存在疑难问题的情形现在可以根据它所产生的新的外在意义和内在意义来享用,也可以当作一种完满的状态来享用。

这些简单的描述阐明了杜威对工具在探究中发挥作用的另一个特点。他认为,谈论工具的"本质"不会有什么结果,是一种误导。杜威指出，应该用功能的术语来谈论工具。一个特定的对象在一种情形中可以是一种工具，但在另一种情形中则不是。只有当事物用来完成某类工作时，它才成为一种工具。

在修理电灯开关的例子中，可以区分出所完成的不同层次的功能，也可以区分出不同类型和层次的工具。不同类型的行动方案就像它们使用的五金工具一样，也是一些不同的工具。出问题的电灯开关就像验证它的电路测试仪一样，也是一种工具。用来验证电路测试仪的性能良好的测试仪，就像更换电路测试仪中坏掉的灯泡的手指一样，或者像完成修理过程的各种方案和辅助方案一样，同样也成了一种工具。

杜威决不会把我刚才描述的成功修复电灯开关的情况当作最高等级的认知。认识到一个电路测试仪发生故障，与解决晶体研究中的复杂问题，或者成功解决一个困难的数学问题，具有同样的意义，尽管电路测试仪的例子涉及不同的问题，所需的条件和结果的精确度低一些。解决电路问题的连带影响可能要少一些，但重要性并不因此就比解决数学问题要低。在一些情形中，不能解决电路问题可能会影响生活。

主动的生产性技能是杜威阐述技术时非常重要的一个方面，但这一点不能过分强调。生产性技能与具体情形中的个人有关。不能绝对地说像修理电灯开关这种特定的情况需要或不需要探究。只有从完成一个目标的角度出发，才能说完成了任务：电灯开关已经修好了。然而，从整体情形的角度来说，只能说一个熟练的电工按照预定的程序来做事，或者说一个新手开始学习一种重要的经验，或者说发生的是这两个极端之间的事情。

三

我已经指出，杜威并不是仅仅把对技术的批判当作一种应用哲学。他对技术的经验特点的探究使他能够重新研究哲学史上的主要问题，并用这些研究结果进一步完善他对技术的改造。杜威将这种对探究的工具使用的（或者用杜威的术语来说，就是"工具论的"）阐述用在传统知识论和形而上学中，从而造成了诸多重要的后果。

首先,哲学家通常在"真实"(real)与"表象"(apparent)之间所做的区分不再有意义,这就是说,这种区分是用整体性的或综合性的术语做出的。例如,柏拉图认为,感觉所产生只是表象性的知识。在他看来,只有理性才能建立与"真实"的联系。但是在杜威的理论中,"什么是真实的"和"什么是表象的",只有根据在具体情况的情境中发生的特定探究才能确定。在杜威的理论中,"什么是真实的"是由产生什么样的结果来决定的;换句话说,因为真实的东西具有意义或含义,使它超越了自身。因此,乍看起来,电流跟钳子或毕达哥拉斯定理具有同样的真实性。对杜威来说,这是一个特殊情形中实际含义的问题。

这反过来又对从古希腊哲学家到观念论者所持有的形而上学产生了进一步的后果。在杜威的早期职业生涯中,这种形而上学在职业哲学领域中占据主导地位。杜威在早期著作中拒斥了亚里士多德的本质主义,就像他脱离了他在职业生涯的最初几年中所信奉的黑格尔(Hegel)的客观观念论一样。在杜威的中期著作中,例如在《哲学的重建》(*Reconstruction in Philosophy*)中,杜威提到形而上学时总是抱着轻蔑的态度。他在论述中贬低古希腊和经院哲学的形而上学体系,因为它们依赖超自然的东西。他批判现代唯理论者(例如笛卡尔)、经验论者(例如洛克)和客观观念论者(例如黑格尔)的形而上学体系,因为他们的结论不能验证,或者用杜威的话来说,不能接受实验的"检验和提示"(checks and cues)。

但是在他的后期著作中,杜威以更多赞许的口吻谈论形而上学。他用这个术语指明一种考虑到我们生活于其中的现存世界的一般特征的情形。这个现存世界不仅包括我们在其中"找到"自己的情形,而且也包括我们用来改变这些情形和使我们适应这些情形的手段和工具。

在杜威看来,这种考虑或批判就是一种探究,因此就是一种特殊类型的生产。它所生产出来的是一种批判领域的地图。因此,对杜威来说,形而上学除非是工具性的,否则就没有生产性;这就是说,除非它能生产出一些能验证的东西,就像能生产出一张能验证的地图一样,否则它就没有生产性。只要把形而上学当作一种工具,而不是当作一些教条,杜威就认为它包含了一种特殊类型的生产、一种特殊类型的技术。

对特定电路的探究（这是日常技术的例子），对电学理论的已有的和众所周知的特征的探究（这是科学的例子），对探究的探究（逻辑学），对经验的一般特征的探究（形而上学），这些活动对于杜威来说都是生产（pro-duction）和建构（con-struction）的形式，是招致和聚集的形式。为了得到清晰的表述和加以改进，每一种活动都需要使用工具，并且每一种活动都依赖实验的检验和提示，以便产生新的意义和含义。

因为主动的生产性探究在任何地方都或者直接、或者本来就与现实存在有关，所以它就可能成为那种"不切实际的"（armchair）的探究。这种"不切实际的"探究在哲学史上经常出现，大概在笛卡尔那里体现地最明显。从工具论的观点来看，按照探究的字面意思，这种"不切实际的"探究是不合逻辑的。杜威认为，这种探究有个致命的缺陷：它不是从真正的怀疑开始，因此就倾向于对问题进行思辨，而这些问题并不是人的经验的组成部分。因为没有问题，没有检测提出来的解决办法的"抵抗力"，所以毫无疑问就不可能产生具体的、可验证的结果。

另外（我将更详细地讨论这个问题），杜威的工具论在阐述知识的获取时，超越了"内在—外在的对立"或"心灵—身体的对立"这类偏见，而从柏拉图时代以来，形而上学充满了这种偏见。从杜威的技术化探究理论的立场来看，螺丝刀、X光机、数学概念（例如负1的平方根）都是一回事：它们都是可以用来解决疑难情形的工具。杜威认为，为了达到探究的目的，要区分的不是身体和心灵，甚至也不是内在和外在，而是要在什么是固有的和自然的（因此也就是有含义的和可验证的）与什么是超越的和超自然的（因此也就不存在检验或提示）之间做出区分。

还有一点需要注意。杜威看待视觉知觉和视觉隐喻的方法不同于他之前的哲学家。例如，在《指导心灵的规则》（*Rules for the Direction of the Mind*）的第12条规则中，笛卡尔将视觉看作一种被动的通道，它只有在使用时才是可感觉的。（在笛卡尔的理论中，外在的自然是主动的，人的知觉是被动的。）笛卡尔在《沉思录》（*Meditations*）的第三卷中扩展了这个隐喻，他再一次使用了视觉隐喻，用视觉的透彻和清晰作为真理的标准。对笛卡尔来说，视力的运用勉强可以称为"线性的"，因为它所建立的是点对点(point-to-point)的信息传递,这就是说,从眼睛看到的东西形成一般感觉,然后再传递给心灵。但是对于杜威来说,视觉"调控"它的对象;这是"非线性的"。视觉不是没有活动能力和被动的,而是主动的和试探性的。杜威所构想的视觉不是接受从物体那里射入眼睛的光线,而是运动、检验和相互作用的探测工具。

悉尼·胡克理解了杜威工具论的这一方面,他在《实用主义的形而上学》中提到了这一点。他写道:"我们使用眼睛就像使用我们的手一样,用来摸索、探测、审视、逃避危险、和朋友打招呼。就像所有的一般行为一样,感觉活动在有刺激出现的时候,并不是迟钝的接受者,即使在没有刺激出现的时候,它依然有很强的主动性。感觉活动是**相互作用的**。"⑦但是杜威也认识到,尽管眼睛是主动的,但耳朵的主动性更强,而这一点只有在20世纪60年代经过麦克卢汉(Marshall McLuhan)的阐发之后才广为人知。"与眼睛相比,耳朵与充满生机的思想和情绪之间的联系更紧密,也更多样化。视觉是一个旁观者;听觉是一个参与者"(LW2:371;PP:218-19)。杜威在1896年就预见到,技术人工物的不同组合形成了特殊的"感觉比例"(sense ratios),这一点后来成为麦克卢汉的著名观点。在《心理学中的反射弧概念》(The Reflex Arc Concept in Psychology)一文中,杜威提出,"随着耳朵的活动由于整个有机体所获得的优势而得到进化,所以耳朵肯定与眼睛、手、腿、或者任何其他已经明显处于行为中心的器官有着最密切的组织学的和生理学的联系。绝不能认为眼睛垄断了意识的中心,而耳朵是完全静态的器官。实际情况是,不同器官之间有着一定的相对的突显和消退,这就保持了有机体的平衡"(EW5:101)。

四

杜威同时也警告说,不要从主体性的角度来看待探究,他尤其反对用这种术语解释他对探究的工具性描述。他在1916年出版的《论文

---

⑦ Sidney Hook, *The Metaphysics of Pragmatism* (Chicago: Open Court, 1927), 29.

集》(*Essays*)的序言中写道,"有人认为,人类的无知、错误、教条和迷信转化为今天所具备的知识的历史,完全是在人的头脑中,或者是在人的内在意识中发生的。我不赞同这种观点。我认为这一历史发生在世界中、天文台和实验室里,并将实验结果用于调节人的健康、福利和进步"(MW10:361;EEL:66)。

杜威将这种能用于解决疑难情形的工具称为完全是触觉的、公共的和可观察的。这些工具包括手、脚、设备和各种器具,以及头脑中的有机变化。他把他所说的工具验证称为发生在"公共的户外自然世界和人类交往"中的活动(MW10:361;EEL:67)。尽管与发射太空船的大型设备相比,理论数学的命题是无法感知的,但是两者都服从验证中相同的公共要求,而这些验证就发生在人类群体之中。

杜威在区别单纯经受的经验和有探究发生的经验时,借用了威廉·詹姆斯的用法,但又超越了这种用法。詹姆斯遵循古希腊语、拉丁语和德语中对两种认知类型的划分,在"亲知的知识"(knowledge of acquaintance, *noscere*, *kennen*, *conocer*)和"间接的知识"(knowledge about, *scire*, *wissen*, *saber*)之间做了区分。前一种知识的例子是当看到蓝色时获得的知识和品尝梨子的味道时获得的知识。因为这种类型的知识主要是一种感觉,所以詹姆斯认为,只要这些知识的对象仍然处在感觉之中,就不可能描述它。与此相反,"间接的知识"是思想和分析的结果。如果分析得越充分,我们能察觉到和阐发出更多的关系,我们就能拥有更多这类知识。但是詹姆斯同时也指出,这两种类型的知识是相互关联的。"与一种更简单的思想相比,对事物的某种看法也可以称作间接的知识,或者说,与更明确和清晰的思想相比,这种看法又可以称作亲知的知识。"⑧

然而,詹姆斯在1890年出版的《心理学原理》中,仍然使用了实体和属性这些亚里士多德主义的语言:"符合语法的句子表达了这一点。句子的'主体'代替了亲知的客体,通过增加谓语,就可以获得对事物

---

⑧ William James, *The Principles of Psychology* (Cambridge: Harvard University Press, 1983), 217.

的知识。"⑨詹姆斯的阐述与杜威对命题的非亚里士多德主义的技术化或工具化的阐述形成了鲜明的对比,这正如杜威在 1938 年出版的《逻辑学》(*Logic*)中以比较完善的形式对此所做的论述那样:

> 传统的经验论和唯理论都认为,所有命题都是对先前存在的或现存事物的纯粹陈述或描述,而且这种陈述的功能是完善的和自给自足的。与此相反,我在这里认为,陈述的命题不管是关于事实的还是关于概念的(原理和规律),都是发挥作用的中介手段或工具(分别是物质性的和程序性的),这种作用控制着主题(subject-matter)的转化,所有肯定性的陈述和否定性的陈述都将此作为可见可即的目的(和最终的目标)……所有受控的探究和所有做出有根据断言的做法中都必然包含一种**实践的**因素;一种制造和安排的活动改造了先前存在的材料。(LW12:162;LTI:160)

尽管这两种论述表面上类似,但是只有在杜威的论述中,才注意到能够转化情形的主动的(active)生产技能。杜威的语言是技术性的:这里并没有简单地陈述一个命题,然后把这个命题和其他命题联系起来,而是有一种主动地对"先前存在的材料"的**重新塑造**(reshaping),这就像木匠把原始材料重新塑造成最终的人工物一样。

杜威认为,即使在亲知的知识中,也有证据表明其中也含有相当多的活动。他指出,称这类知识是"当下的理解"或"直接的知识"是错误的。亲知的知识是此前生产性技能发挥作用的证据。它"代表了一种批判性的技能,一种累积在先前进行的反思结果中的确定的反应"(MW10:329;EEL:16),或者甚至也许会视为前人遗留下来的本能或习惯。

还有另外一种区分这两类知识的方法,那就是说从得到适当控制的探究中获得的那类知识在"意义"(meanings)、"含义"(significance)、"价值"上更丰富。然而,这些术语却是含糊不清的。一个事物可以从它的功能上获得含义,成为其他东西的标记(sign),在这

---

⑨ William James, *The Principles of Psychology* (Cambridge: Harvard University Press, 1983), 217.

种情况中就可以说,它的意义(meaning)或含义(significance)是外在的。或者也可以说事物的意义是它本身固有的,"一种属性内在地刻画了被经验的事物,使事物具有价值"(MW10:330;EEL:18)。当进行反思时,外在的意义,也就是工具性是最主要的。例如,气压计中水银柱高度的意义指向了自身之外。它是作为一种工具,指示着特定的大气状况。然而,经过反思,意义就变成内在的,这就是说,意义失去了工具价值。擦拭光亮的气压计的主要意义是内在的,例如成为一种审美对象。它的意义没有**发挥**任何作用;它只是如此而已。

杜威警告说,不要将这两种意义分隔开。意识不断地在这两种意义之间往复流动;这两种意义还能提供一些相互的支持。"认知作为一项事务,探究和发明作为规划和实践活动,使自身承担了它们要完成的意义,把这些意义作为**它们的**直接属性。审美属性(这是最终的但却是闲置的)和实践的或工具性的活动之间不存在分裂。实践的或工具性的活动具有自己的优势和劣势"(MW10:330)。

五

围绕这两种经验在杜威整个哲学中的地位和它们之间相互关系的问题,出现了一些有意思的争论。像理查德·伯恩斯坦(Richard Bernstein)和韦伯斯特·胡德(Webster Hood)这一阵营里的人,就将杜威作为现象学分析的先驱。就像伯恩斯坦阐述的那样,从这种观点来看,杜威"有意识地拒斥了将经验解释为主要是一种涉及知识的事情。除了认知之外,还有更多的东西需要经验。另外,认知作为系统性的探究,只有当我们在更广泛的经验情境中评价它的功能时,才能恰当地描述它。"⑩

伯恩斯坦引用杜威在1917年发表的《哲学复苏的必要》(The Need for a Recovery of Philosophy)一文来支持他的观点。"在正统的观点看来,经验主要是一种涉及知识的事情。但是如果不是从老眼光来看,那

---

⑩ Richard J. Bernstein, *John Dewey* (New York: Washington Square Press, 1967), 61.

么知识必然是一种生物体与它的物质的和社会的环境之间相互作用的事情"(MW10:6)。⑪

伯恩斯坦的意图很明显。他担心把杜威与过去那些经验论和唯理论的哲学家相比较,这些哲学家都把知识作为每一种经验的范式。伯恩斯坦认为,杜威强调经验是"活生生的"。尽管这是一个非常好的出发点,但是我认为这种看法没有考虑到我所说的遍布在所有经验中的"生产",而杜威认为这一点是最重要的。这种看法没有足够重视杜威的下述观点,即在人类最好的经验中,每一处都渗透着这种或那种探究,由此导致的结果就是,人类经验是按照技能和工具的应用来评价的,而人类经验也是作为应用技能和工具的结果而产生的。

在伯恩斯坦引用的那个段落中,杜威清楚地表明,他在《哲学复苏的必要》中提到的那种知识,被认为是最终的和完整的,他也称这种知识为"认识的"(epistemic)知识。这种知识不同于他在其他地方所说的"最高等级的"知识,杜威在这里把这种"最高等级的"知识称为"充满活力的"。在杜威看来,"充满活力的经验是实验性的,是一种试图改变所予之物的努力;它以预设和力图认识未知之物为特征;与未来的联系是它的最突出特征。"另外,"经验在摆脱了陈旧观念所施加的限制后,就充满了推论。显然,没有推论就没有有意识的经验;反思是固有的和持续的"(MW10:6)。

韦伯斯特·胡德认为,杜威的工具论是一种未完成的现象学,这只要借助一种比杜威的经验主义还要彻底的经验主义就可以实现。他提出,要"从一种现象学的视角澄清和发展杜威关于技术的观点……这就需要一种更广泛的经验主义,这种经验主义的范围要比杜威的工具论所许可的范围还要广泛。"胡德指出,"这种努力与(杜威)哲学的主旨十分吻合,因为对杜威来说,任何哲学研究的目的都是阐明和改造活生生的经验的结构和含义。"⑫胡德所理解的"现象学",就是"寻找和

---

⑪ Richard J. Bernstein, *John Dewey* (New York: Washington Square Press, 1967), 60.
⑫ Webster F. Hood, "Dewey and Technology: A Phenomenological Approach", *Research in Philosophy and Technology*, vol. 5 (1982), Paul Durbin, ed. (Greenwich, Conn.: JAI Press, 1982), 190.

满怀希望地找到经验中不变的或结构性的特征。"⑬

胡德在进行他的现象学研究时发现,在杜威的技术理论的表面之下,有重要的"结构形态"和"一般样式":它们包括胡德所说的"作为相互作用中介、知觉的组织者和经验平台的各种技术"。⑭ 胡德所说的一般样式不仅提供了深入洞察技术经验的视点,而且也为理解杜威对这类经验的批判提供了有价值的工具。

但是如何获得这些一般的样式呢?胡德告诉我们,"我们希望探究的结果能够提供看待技术的新的和明确的方式,开启反思的**新通道**,以便能够从认识上转化我们**以前看待**技术的方式。根据可靠的和真实的范畴看待新事物与新的看待方式之间有着重要的区别。新的看待方式意味着我们整个头脑的想法发生了改变,转化和取代了已有的范畴。"⑮

胡德在这个段落中实际描述的情况,远远比"看和寻找"要复杂;实际上,他所提出的方法与杜威所描述的工具探究的模式非常契合。只要胡德关于技术经验的现象学纲领能够产生有价值的知识,那么他的纲领就契合了杜威提出的工具探究模式。胡德的纲领与杜威的方法具有同样的经验性,因为它恰好落在杜威方法的范围内。

约翰·麦克德谟特也参与了这场争论。表面看来,麦克德谟特的方法很接近伯恩斯坦和胡德的方法。麦克德谟特选编了两本杜威的文集,书名分别是《经验的结构》(*The Structure of Experience*)和《活生生的经验》(*The Lived Experience*)。他对这两本文集做了批判性的分析。我们可以用他的话总结一下他的观点。麦克德谟特说:

> 对经验结构的寻求**就是**活生生的经验。因此,对杜威来说,在最根本的意思上,哲学处理的就是经验,而经验是"具有"的(that is had),也就是说,经验是经历的和活生生的。然而,按照功能的

---

⑬ Webster F. Hood, "Dewey and Technology: A Phenomenological Approach", *Research in Philosophy and Technology*, vol. 5 (1982), Paul Durbin, ed. (Greenwich, Conn.: JAI Press, 1982), 190.

⑭ 同上书,第191页。

⑮ 同上。

术语,从表述的角度来说,杜威关于经验意义的论述和关于这些经验按照一定的方式聚集起来的论述之间还是有区别的。对于人来说,经验的聚集构成了疑难情形,人从中引发出行动的方向和可能的解决方案。因此,杜威关于政治、艺术、社会、教育和宗教的著作就不能解释为从他的形而上学之中引申出来的原理的简单应用。更适当地说,这些著作应该视为立场的变换,这种立场对于新材料的性质和组织的新模式很敏感,但是仍然遵从探究的实验模式,而这种探究的实验模式贯穿在杜威的所有著作中。"经验的结构"和"活生生的经验"代表了杜威用来阐发人类行为的本质的两种情境。⑯

麦克德谟特所说的杜威哲学的两种情境切中肯綮,不容否认。但同样真实的是,那种更接近纯粹审美的情境,它的意义是被赋予的,是由更具有探究性质的生产性情境所塑造的。麦克德谟特不仅看到了这一点,而且在评价杜威对"意义"的改造时确认了这一点:"世界**的**意义和我们**赋予**世界**意义**是密不可分的。因此,经验不是没有理性的,因为它充满了关系导引、推论、蕴涵、比较、内省、方向、警告等因素。"⑰

对于杜威来说,不同的意义是探究在不同程度的复杂性和精确性下产生的人工物。这些意义不管在审美经验中是固定不变的,还是在生产性探究中发生了能动的、富有成果的转化,它们都构成了人类经验的重要组成部分。

拉尔夫·斯利珀也许更接近麦克德谟特的立场,尽管他还没意识到或不愿意承认这一点。两人的不同之处在于,斯利珀在阐述杜威思想的语言中,注意到了杜威对科学和语言哲学的兴趣。对斯利珀来说,杜威的词汇"完全不是现象学的,而是自然主义的。与此相应,杜威研究语言的方法是逻辑学的,而不是现象学的。杜威在 1903 年的《论文集》中引入了'经验的逻辑'(the logic of experience)这一说法,这表明

---

⑯ John J. McDermott, ed., *The Philosophy of John Dewey*, vol. 1 (New York: G. P. Putnam's Sons, 1973), xxiv.

⑰ 同上书,第 xxv 页。

杜威已经试图建立一种语言理论。这种语言理论与自然科学的词汇联系得更紧密,而不是跟现象学的话语联系得更紧密。"⑱

在斯利珀看来,杜威的任务就是要表明,他的探究理论(也就是他的逻辑学)根源于实验的(也就是说技术的)科学,并且模仿了实验科学中的探究。由此就可以接着把实验科学说成是更加日常化的、多样化的生存探究的延续。实验科学就是从这种生存探究中起源的,并且模仿了生存探究。

六

在杜威的解释者中进行的另一场争论,是有关杜威在探究对象的状态上采取哪种立场。杜威是否持有某种实在论,也就是说,认为世界上存在的事物和事件独立于和先于我们对它们的认识?或者说相反,杜威是否坚持某种观念论,也就是说,认为世界是以某种方式由我们对世界的认识构成的?

杜威在1916年出版的《论文集》的一个主要任务就是既拒斥了实在论,也拒斥了观念论。尽管这一点对于理解杜威对探究的其他论述至关重要,但是有充足的证据表明,杜威的这一观点几乎被彻底误解了。人们把杜威既解释为一个实在论者[⑲],也解释为一种观念论者[⑳]。如果像我前面说的那样,认为1916年出版的《论文集》对技术批判做出了贡献,也就是说,如果杜威将探究的不同程度的复杂性和精确性,视为有关生产、建造、选择和使用工具的不同程度的复杂性和精确性,那么杜威就既不是观念论者,也不是实在论者。与此相反,杜威所提出和阐发的观点处在这两种极端之间的不同寻常的位置上。杜威在最开

---

⑱ R. W. Sleeper, *The Necessity of Pragmatism* (New Haven, N. J.: Yale University Press, 1986), 10.

⑲ 例如参见 Sleeper(1986), 21ff.

⑳ 例如参见 Max Horkheimer, *Eclipse of Reason* (1947; reprint, New York: Seabury Press, 1974), 171-72. 也可参见本书第三章,特别是对斯蒂芬·佩珀(Stephen Pepper)和克罗齐(Benedetto Croce)阐释杜威的《艺术即经验》所做的回应。

始的时候，把他的观点称为"工具论"，后来称为"实验主义"，而到了最后干脆称为"技术"。

要理解杜威在这一问题上的立场，有一个重要线索可以在杜威为1916年出版的《论文集》所写导言的开场白中找到："理解在这里重印的文章的主要观点，关键在有关经验的时间性发展的段落中"（MW10：320；EEL：1）。㉑

大部分杜威的前辈和同时代哲学家都以某种方式将时间空间化，或者把时间视为不连续的。实在论者认为，像"感觉材料"（或者像素朴的实在论者所说的完整对象）这些不能还原的对象的出现是亘古不变的，而观念论者将"绝对的"或"超越经验的"思想的运作"历程"实体化。前者表现为一种关于静态"现在"的形而上学；后者表现为一种螺旋上升的和循环的形而上学，这种形而上学能够带来时间的感觉，但杜威认为这种时间是关于事件和"关于事务的事件"（affair of affairs）的问题，因此是不真实的。

杜威通过将时间"自然化"，脱离了观念论和实在论将时间空间化的做法。他这样做的灵感和启示来自威廉·詹姆斯的功能心理学和达尔文（Charles Darwin）的进化生物学，以及他的老师斯坦利·霍尔（G. Stanley Hall）的发生心理学（genetic psychology）。㉒詹姆斯把意识比作河流或流动，他特别关注意识流的两个突出特征：栖息（perch）和飞翔（flight）。*达尔文提供了杜威所说的关于时间的真正的"哥白尼革命"：人的生活与自然的其他部分一起在时间中延续，时间性的有机体

㉑ 正如伯兰特·赫尔姆（Bertrand P. Helm）强有力地指出的那样，杜威将时间"时间化"（temporalization）的看法，在杜威同时代的哲学家中事实上是独一无二的。杜威在这个问题上的观点是在杜威的批评者（包括皮尔士）中引起巨大误解的源泉。参见 Bertrand P. Helm, *Time and Reality in American Philosophy*（Amherst, Mass. : The University of Massachusetts Press, 1985, 96ff.）

㉒ 参见 Lewis S. Feuer, "John Dewey and the Back to the People Movement in American Thought," *Journal of the History of Ideas* XX（1959），545-68.

* 詹姆斯在《心理学原理》中说，"意识流好像一只鸟的生活，似乎是飞翔与栖息的更迭。"詹姆斯的意思是说，思想的流动只有快慢之别，甚至动静之别，却没有中断的可能。参见尚新建：《美国世俗化的宗教与威廉·詹姆斯的彻底经验主义》，上海人民出版社2002年版，第120页。——译注

的观念取代了物种的永恒不变的观念。时间性的有机体要适应它们所面对的不断变化,以便与它们各自的(和不断变化的)环境相互协调。霍尔认为,要理解成人生物体的机能,关键是研究孩子的发展。霍尔的这一观点在当时的美国心理学领域中独树一帜。

杜威把结构改造为一种关于变化的持续形式;探究的特点就是联系过去和未来;按照杜威的看法,主动的生产能力对于在世界中生存来说非常重要。伯兰特·赫尔姆(Bertrand Helm)恰当地阐述了杜威的观点:"形式被视为连贯的过程,而连贯的过程被视为有节奏的持续。"[23] 尽管在杜威的早期生涯中,这一观点显得很新奇,但是到了20世纪60年代,这一观点却逐渐为分析哲学家们所熟知,这主要是由于奎因(W. V. Quine)在《本体论的相对性》(Ontological Relativity)一文中对杜威的这一观点进行了稀释(anttenuated)。[24]

七

通过进一步考察杜威指出的那类相对来说处于探究之前的经验,也许他在分析实在论和观念论时所得出的对时间问题的新的阐述能得到更好的理解。这类经验不是"源初的感觉材料",或者说不是感觉的样式、广延和颜色,而这类实体是很多"实在论"哲学家和心理学家钟爱的认识论起点。与对这类材料的经验相比,这些"源初的感觉材料"已经得到了进一步地整理。另外,当对这些材料的经验在思维中发挥作用时,这是经验分析的结果,而不是经验本身的功能。

稍微反思一下就会明白杜威的观点:感觉上的广延和颜色作为独立的知识对象,它们结束了认识,而不是在认识之前就存在或者开启了认识。这就是说,从自然和文化母体中发端的探究到此**已经成形**,有机体通过适应各种环境,已经使所处的状况变得非常明确和错综复杂,这

---

[23] Helm (1985), 117.

[24] Willard Van Orman Quine, *Ontological Relativity and Other Essays* (New York: Columbia University Press, 1969).

样一来,这些状况就比"感觉材料"还要丰富和复杂。杜威在1938年出版的《逻辑:探究理论》的第2章和第3章阐述了上述观点。

在1885年的论文《认识的功能》(The Function of Cognition)和1890年出版的《心理学原理》(这部重要的著作令人望而生畏)中,威廉·詹姆斯明确拒斥了经验论的观点。这种经验论的观点认为,认识是从纯粹的感觉或者"可感受的性质"(qualia)开始的。詹姆斯认为这种经验论的观点是不充分的。他指出,我们从来不会有单纯的感觉,[25]而且也不存在这种单纯的感觉,因为"没有情境或环境,就不能辨认这类属性,不能标记这类属性,从而也就不能改变结果。"[26]杜威无疑接受了这种观点。

杜威的意思似乎是说,哲学家或心理学家们的态度非常傲慢,相信自己能够跨越从原始有机体到复杂有机体的几百万年的生物发展,能够跨越数千年的人类文化发展,从而回到最原始的感觉,但却不用面对曾经困扰过我们非人类的祖先和人类祖先的各种问题。我们的祖先将这些问题的解答遗赠给我们,这些解答构成了我们处身于世界之中的情境。事实上,我们的祖先已经付出了很多努力,而我们会做得更好。

但是,这些非反思的经验都不是"认识的纯粹的和没有受到浸染的决定因素"(MW2:334;SLT:45;EEL:131),这就是说,在杜威早期职业生涯时期,"绝对认识"的产物受到很多观念论者的青睐。观念论者认为,他们已经解决了非反思经验的本质和我们如何恰好以现有的方式处身于世界之中的问题。他们认为认识已经完成,但是他们所说的认识却是一些绝对普遍的"认识"、"心灵"或"精神"的产物。"我们的反思没有意识到"这些"认识"、"心灵"或"精神",但是它们却"建立了一个有组织的世界"(MW2:334;SLT:45;EEL:131)。

杜威基于两个理由拒斥了这类观点。首先,这些观点中包含了复杂和笨拙的形而上学立场,这很大程度上是为解决这类问题而刻意造

---

[25] James (1983), 224.
[26] William James, "The Function of Cognition," in The Writings of William James, John J. McDermott, ed. (New York: Random House, 1967), 143.

作的。因此,通过杜威所提出的更简单和更自然主义的阐述,可以消除这类形而上学的立场。换句话说,杜威使用了奥卡姆剃刀*——用奥卡姆的话来说,就是"若无必要,勿增实体"。

其次,杜威在考虑,按照观念论的阐述,为什么你的探究和我的探究甚至都是必须的。"绝对认识需要一个有限的、推论的活动来拼凑它的结果,它为什么要做这种无力和拙劣的工作呢?"(MW2:334;SLT:45;EEL:131)如果回答说,绝对认识就是在"一定限度内,在一个有感觉的和有时间性的有机体的限制条件"(MW2:334;SLT:45;EEL:131)下进行的,那么另一个更困难的问题就会浮出水面:为什么绝对认识要服从人类认识活动中那些棘手的难点、烦扰的状况和异己的条件,从而限制自己呢?

杜威的这些论证明确反击了观念论者的观点。这些观念论者主导了19世纪后期的美国哲学,杜威在1903年出版《逻辑学研究》(*Studies*)时,他们的影响依然很大。尽管这些观点在当今哲学家中不再盛行,甚至杜威在1916年出版《论文集》时,这些观点就大势已去,但是杜威对这些观点的回应仍然切中肯綮。在杜威生前,那些观念论者所采取的立场,非常类似于当今各种积极参与政治的原教旨主义宗教团体的成员所采取的立场。当代对残存的杜威教育纲领的攻击提供了一个有趣的例子。[22]很多原教旨主义基督徒认为,我们开启探究的经验情境完全是由一个超自然的或超越经验的造物主"给予"我们的。杜威在1903年为了反对当时的观念论者所提出来的批判也适用于这种观点。

---

* 奥卡姆剃刀(Ockham's Razor)是由14世纪逻辑学家、圣方济各会修士奥卡姆的威廉(William of Occam)提出的一个原理。"奥卡姆剃刀"在哲学中,主要是为了去除形而上学的概念,保持理论的简单性。有人也将这一原理称为"吝啬定律"或"素朴原则"。——译注

[22] 对杜威教育纲领的一个特别有趣的评价,可参见约翰·斯托默(John A. Stormer)的《没有人敢说这是背叛》(*None Dare Call it Treason*, Florissant, Mo.: The Liberty Bell Press, 1964, 99ff)。这本书的版权页上表明,在1964年2月到7月间,这本书差不多发行了150万册。从此以后,宗教原教旨主义者不再沉默。帕特·罗伯逊(Pat Robertson)牧师在1988年极力竞选共和党主席而发表的全国电视演讲中,在三个地方批评了杜威。他对杜威的批评要多于对卡尔·马克思的批评。他在演讲中只有一次提到过马克思。

值得注意的是，杜威在1903年反击观念论时已经使用了技术术语。他乐于承认，观念论是洞察反思认识活动的重要资源。但是杜威认为，观念论的错误在于建立了一个非自然主义的和自我独立的体系（就像如今大部分信仰主义的体系一样），同时也忽视了"为了促进人类的进步和福利而对自然实施的控制。这种控制是由各种需求、不足和困难激发出来的。当环境强制和压制人，或者当人类在无知中试图制服环境时，各种需求、不足和困难就会增加"（MW10：333；EEL：22）。㉘

这就等于是说，世俗的观念论和宗教的观念论都失效了，因为观念论没有应用生产性的理智，没有从时间性的角度（temporally）看待时间。最初提出观念论是为了研究理智在物质世界和社会世界中的运作，但是观念论恰恰没有做到这一点，因为它没有关注特定情形中的人的具体活动，没有在真实的时间中设立适当的变化就着手解决问题。观念论只是宣称任何事物都是理性的（或者在原教旨主义的观念论中，宣称任何事物都处于上帝的控制之下），这实际上就是主张任何生产性技能——也就是具体的、实践的、时间性的理智运作——都是多余的。㉙

在杜威的早期职业生涯中，盛行的是反技术的哲学观念论。尽管职业哲学家不再信奉这种观念论，但是这种观念论却采取了一种流行的形式。原教旨主义者经常攻击的目标就是"世俗人道主义"（secular humanism），他们谴责这种观点，因为这种观点认为，适当地控制环境是人类的任务，这项任务必须在进化的、持续的、不是从目的论上确定的时间中发生。杜威对包括宗教原教旨主义在内的各种观念论的观点都很熟悉。我想，如果杜威知道当代还有人信奉他那个时代的观念论，

㉘ 这段评论也很有意思。很多杜威的批评者指责杜威是强硬派的培根主义者，试图"控制"自然。

㉙ 当然，原教旨主义者的立场存在根本的矛盾。在美国电视上传道的基督教原教旨主义者叫嚷，"人"什么也做不了，只有上帝能支配一切。但他们也依赖大量的电子技术来传播信息。

他一点也不会感到奇怪。㉚

这样说并不意味着观念论中就**没有**时间性的东西。事实上,观念论建立在绝对认识的**真实**世界与低层次的感觉世界分离的基础上。不管是柏拉图的观念论还是黑格尔的观念论,绝对认识的任务就是把低层次的和不能清楚表达的东西,提升到高级的层次上,把它们清楚地表达出来。因此,在绝对认识中也有一种先后顺序。观念论不能说明人类的环境是如何得到恰当控制的(也就是不能阐明生产性技能的作用),它的错误在于把手段置于人类使用工具的领域之外,或者认为这一领域是次要的和暂时的。观念论没有鼓励人类用工具控制环境,而是把人描述为某些绝对(通常是宗教)意思上的"认识"的工具。㉛就像各种形式的救赎历史一样,观念论的时间与其说是时间,不如说是空间。

除了实在论和观念论,还有其他很多学说提出了一些观点,用来替代探究之前的非反思的经验。事实上,这类观点太多,无法在这里一一讨论。杜威用什么来替代非反思的经验呢?如果这些替代物既不是原始的感觉材料,也不是由上帝或绝对的思想者所整理过的结构,那么是什么呢?杜威提供了三个绝好的例子:饮水止渴、与朋友愉快地谈话和赏画的乐趣(MW10:320-21;EEL:2)。这些经验有什么共同之处呢?当我们处身于这些经验之中时,我们既不会问这个问题,也无法回答这个问题。只有当超出了这些经验,回过头来反思它们时,我们才能提出和解答这个问题。

㉚ 杜威之后,他所抱怨的很多情况并没有多大改变。在《新旧个人主义》(*Individualism, Old and New*)中,杜威表达了他的失望:"最近几年,一半的高中生都认为,《希伯莱圣经》(Hebrew Scriptures)的第一章对人类起源和人类早期历史的描述要比科学更精确。只有五分之一的学生主动否认了这一点"(LW5:47;ION:15)。这段话写于1929年。1988年我在写作本章时,对德克萨斯A&M大学(Texas A&M University)的学生进行的非正式调查表明,如果发生核战争,一半的被调查者在躲入防空洞时,携带的惟一一本书将是《圣经》。只有大约10%的被调查者将携带《火狐书》(*The Foxfire Book*)或其他有可能用到的技术手册。

㉛ 我们会在马丁·海德格尔的著作中发现这种颠倒的手段。海德格尔在他的后期著作中指出,与其说是人把语言当作一种工具来使用,不如说是人变成了语言的工具。对于后期的海德格尔来说,语言就像在述说人类。

当我们这样做时，我们就会明白，前反思的经验是各式各样的，詹姆斯把这种经验称为"思想流"（stream of thought）。但是，这些各式各样的前反思经验却表现出一定的普遍性质。它们以一定的方式结合在一起。与朋友共度一晚包含很多因素；但是在回顾时，我可以说这一个晚上是愉快的、令人兴奋的，或者甚至可以说是乏味的。这是一种亲历的经验。影响这些经验的性质将不同的因素赋予另一种意思，或者做另外的综合。这些性质是直接获得的，不是探究后的结果。

我前面说过，每一种经验都具有杜威所说的"焦点和情境"。"沿轴线的运动是持续的，但什么东西处在焦点上却是不断变动的。换句话说，'意识'只是经验的很小的、变动的一部分"（MW10：323；EEL：6）。杜威说自己倾向于用"经验"这个词来指代这些情形，因为像"世界"和"环境"这些词忽略了经验中的一些东西，也就是忽略了"在一个直接显现的焦点上将世界实际地聚焦在一个点上"（MW10：324；EEL：7）。

杜威所说的那些非反思的经验——饮水止渴、与朋友聚会、欣赏绘画——都是一种享受的经验，而不是令人感到紧张和疑窦丛生的经验。这种经验是根据事物的内在价值来衡量的经验。这种经验是非认知的经验，我们大部分时候都处在这种经验中。在这些经验中，探究都没有赋予它们特殊的性质。

但是，如果这些经验包含内在价值，是为我们享受的，那么为什么还要对它们进行反思呢？这些很大程度上没有加以区别的经验构成了我们日常生活的内容，但是有时候从对这些经验的关注中也会产生一些不和谐的因素，简单地说就是出现了疑难问题，这时候就需要对这些经验进行探究。因为这些经验所要求或指明的行动方案不能立即得到实施，这就使整个情形的意义变得不确定。正是在这个阶段，探究就可以寻找问题所在，提出解决办法。

杜威认为，希腊哲学家和科学家对探究的描述就到此为止了，但这还远远不够。他们意识到了问题，就他们的解决办法提出了明确的表述或理论。然而，他们的方法中所缺少的，正是使用设备或相关的工具，将他们的解决办法付诸实践，这就是说来试一试这些办法。

这不是说希腊人没有工具或设备：希腊工匠的工作是令人满意的，而且也促进了文艺复兴时期探究的兴起。问题是希腊工匠的社会地位低于科学家和"思想家"的社会地位；所以，**纯粹是由于不幸的社会原因**（因此也就是与探究本身无关的原因），他们的方法不能成为科学研究的组成部分。所以，在希腊人研究的科学中，工具是不重要的，这就像他们的各种哲学探究缺少足够的验证一样。希腊科学家和哲学家没有像希腊的工匠、商人和现实中的人那样去解决问题：他们没有通过公开的行动去验证他们的结论。总之，他们具有的是科学的"观念"：他们的科学不是技术的。

　　因此，与传统的观念相比，杜威就扩展了探究的目的，改变了知识的发生地。在杜威看来，探究和它所产生的认知不只是在体表之内发生的事情，而是涉及到整个有机体和有机体的延伸部分的事件。"手和脚，各种设备和器具，它们就像头脑中发生的变化一样，都是探究的组成部分。既然这些物理操作（包括大脑的活动）和设备都是思维（thinking）的组成部分，因此，思维之所以是智力上的，并不是因为思维中包含了特殊的材料，或者说思维是由特定的非自然的活动构成的，而是因为物理活动和器具**使思维成为智力上的**：将物理活动和器具用于特定的目的，以及这些物理活动和器具所完成的特定结果"（MW10：328；EEL：14）。

　　尽管从其他地方可以找到很好的理由，将外在于有机体的（extra-organic）的工具和内在于有机体的（interorganic）工具区分开，例如将一把锤子和转折连词"因此"区分开，但是这种区分却不适用于杜威的技术化探究理论。只要受控的思想使用了工具和设备，那么这种思想就是技术的：有些工具是概念的，有些工具是物质的，还有一些是像五金器具一样扩展了我们的手臂和感觉。对于杜威的探究理论的目的来说，各种类型的工具都发挥了作用；当把这些工具分门别类时，主要根据这些工具所操作的不同材料、它们所适用的不同材料以及手头的任务所要求的精确程度。

八

一旦最初的问题得到了满意的解决,一旦认识到认知是生产出来的,就会出现另一种情形。只要这种情形还没有出现疑难问题,那么就可以把它称为"非反思的"。但是这些情形渐趋成熟,自身也变得不稳定。杜威用创造新"生命"的两性活动来做比喻。这里的意思是"产生和孕育新的意义"(LW1:152;EN:160)。当这些情形中出现问题和困难时,产生意义的过程又重新开始。只要人类的反思发挥作用,这一模式就会持续下去。

通过制定行动方案,并在实际情形的情境中通过各种工具去验证,以此来解决疑难情形,这完全不同于哲学家所说的传统意思上的"知识"(杜威把这种"知识"称为"认识的知识"[epistemic knowledge]),这种不同不仅表现在发生的场所不一样,而且最终获得的结果也不一样。杜威意识到了这种差异:他承认自己的想法公开背叛了长期存在的哲学和宗教传统,因为在这种传统中,获得知识就等于获得最终的确定性。

杜威在吉福德演讲(Gifford Lectures)中讨论了这个问题。这次演讲的讲稿在1929年以《确定性的寻求》(The Quest for Certainty)为书名出版。杜威在演讲中指出,确定性的寻求来源于人类发现自己处在危险的自然情形中。经受到的危险引发了有效控制的欲望,生产性技能是实现这种控制的手段,但是它的介入通常却被忽视了,因为它的效果是局部性的。它还要求不断地介入到自然情形中,而一旦条件发生变化,自然情形中就会出现新的问题。在技术化的探究中,人们提出了习俗、宗教以及永恒不变的真、善、美等哲学概念,当作想象中的控制手段。

一劳永逸的知识作为确定性的候选者,包括休谟的"不管我们愿不愿意,施加给我们的被动接受的印象"和康德(Kant)的"理智的综合活动"(LW4:18;QC:22)。它们还包括柏拉图的完美的、永恒的和不变的形式以及黑格尔的绝对精神。但是在这些概念中所缺少的,是"建构已知对象的实践活动的因素"(LW4:18;QC:22)。杜威认为,不管是在观念论和实在论中,还是在康德的综合认识论和休谟的实在认识论中,都存在这个问题。"因此按照他们的看法,'心灵'构造已知对象不是通过观察的方式,也不是通过具有时间性的实际的公开活动,而是通过一些神秘的内在操作完成的"(LW4:19;QC:22-23)。

杜威提出了一种"哥白尼式的"革命,对抗这些传统的哲学观点。这种革命的意思是说,我们经验的世界是一个真实的世界,但是这个世界需要一种转化,以便使世界更具有连贯性和更加稳固。认知一个被经验到的世界就是用工具重新安排这个世界,把一种更有利于我们意图的形式赋予这个世界。但是,这种意思上的认知不是脱离世界来进行的:它是在被经验到的情形中通过实验来完成的。用杜威的术语来说,认知不同于其他的生存交往方式,这种差别"不是发生在自然内部,并作为自然之一部分的事情和在自然之外发生的事情之间的差别,而是受控制的变化过程和不受控制的变化过程之间的差别。在知识中,原因变成了手段,效果变成了后果,因而事物才有了各种意义"(LW4:235-36;QC:295-96)。

如果对杜威来说,认知不再只是处在表面上,如果认知不再追求一劳永逸的确定性,而是部分地和不断地试图参与对疑难情形的恰当的和有效的控制,那么认知也就不是与"经验到的现实存在共同扩张"的事件。疑难情形并不是在任意的现实存在的地方发生,因此知识是受其他方式制约的(LW4:236;QC:296)。杜威告诉我们,知识"严格履行自己的职责",有一些现实存在领域既不要求被认知,也不要"得到思维的允许才能存在"(LW4:236;QC:296)。

在杜威看来,甚至以前的哲学家所说的"直接的知识"、"简单的理解"和"熟知的知识"都不是最高等级的知识,而是他所说的"批判性的技能"。可以肯定,"批判性的技能"是过去进行的反思性探究的结果,但是眼下却不能符合逻辑地发挥作用。

杜威倾向于为他所说的"富有成效和受控制的探究的结果"保留"认知"和"知识"这些术语(LW12:15;LTI:8)。但是探究是针对特定的情形进行的。杜威认为,哲学中长期存在的一个最严重的错误,就是试图把知识和在每一个特定情形中产生知识的实践分离开。当然，杜威也愿意抽象地谈论知识，就像谈论从各种富有成效的探究中概括出来的结果一样(LW12:16;LTI:8)。但是当这样来做时，一定要记得，探究是一个不断进行的过程，从来不会彻底地解决问题。"用特定的探究来'解决'特定的情形并不能保证**这种**解答总是能解决问题"(LW12:16;LTI:8)。杜威在1938年出版的《逻辑：探究理论》中指出，也许应该用"被认可的断言"(warranted assertion)代替"知识"，这样就可以避免传统哲学的错误。

不管名称是什么，疑难情形的解决"目的在于将意义赋予事物和事件——在于理解它们"(LW8:226;HWT:138)。这些意义是什么呢？我前面已经提到，杜威认为意义不是"站在原地不动"：它们因时、因地、因分组的不同而发生变化。即使当它们最大程度地标准化之后，它们也只是作为探究的功能，而不是在任何绝对的意思上发挥作用。更具体地说，意义是一种**代表物质存在的功能（function），它是语言的组成部分**(LW12:52;LTI:46)。但是杜威所说的"语言"的意义是什么呢？

简单地对比一下维特根斯坦后期的语言理论将有助于回答这个问题，而具有讽刺意味的是，在当今美国，维特根斯坦的著作要比杜威的著作有名。杜威在1925年出版了《经验与自然》，大约在此4年之后，维特根斯坦重返剑桥，开始重新研究他的《逻辑哲学论》(*Tractatus*)，这使维特根斯坦最终推翻了该书中的语言理论。《经验与自然》出版8年之后，维特根斯坦的讲稿结集成《蓝皮书》(*Blue Book*)和《褐皮书》(*Brown Book*)。《经验与自然》出版11年之后，维特根斯坦开始写作《哲学研究》(*Philosophical Investigations*)。杜威在《经验与自然》中提出了一种语言观，这种语言观的大部分内容已经非常接近维特根斯坦后期的语言理论。维特根斯坦的后期思想非常有名，成为语言哲学中的革命性理论。详细对比杜威和维特根斯坦的语言理论就远离了目前的讨论；然而，我将指出下述几点：

首先，至少从1916年开始，杜威就提出了一种关于语言应用的社会维度和文化维度的完善理论，而在1934年他还特别指出不可能存在

"私人语言"。正如我前面所说的那样，杜威的"组合活动"（conjoint activities）这一术语尽管没有维特根斯坦的"语言游戏"的说法有魅力，但本质上表达的是相同的内容。

第二，从1916年起，杜威就反对语言的"图象理论"。"图象理论"认为，从字面意思上来说，句子是"实在的图象"。维特根斯坦在1922年的《逻辑哲学论》中提出了"图象理论"，在《哲学研究》的开篇段落中，他明确重申了这一点。

第三，在20世纪30年代，当维特根斯坦放弃了"图象理论"，他恰好转向了一种工具论。他在《哲学研究》第421节中宣称，"请把句子视作工具，把句子的意思视作其使用！"[32]

第四，即使在《逻辑哲学论》中，维特根斯坦的立场也接近杜威的立场。1893年，杜威在一篇名为《必然性的迷信》（The Superstition of Necessity）（EW4:19-36）的文章中指出，对存在必然性的信奉是一种迷信。维特根斯坦在1922年写道："对因果关系的信奉是一种迷信。"(5:1361)[33]

理查德·罗蒂（Richard Rorty）也看到了杜威的工具论和维特根斯坦后期转向之间的相似性，但是罗蒂在表达这一观点时，从字面的意思来说，把年代顺序搞反了。罗蒂写道："我想指出，后期维特根斯坦和杜威是同道，就像早期维特根斯坦和康德是同道一样。杜威揭穿传统哲学观念的真相，试图打破艺术与科学的分界……这是维特根斯坦批判笛卡尔传统的**自然结果**。"[34]

与杜威的哲学前辈相比，杜威认为语言的范围更广，内容更丰富。就像这些哲学前辈一样，杜威也把口语和书面语言作为语言使用的例子，但是他认为语言的使用"不仅包括手势，而且还包括习俗、仪式、纪

---

[32] Ludwig Wittgenstein, *Philosophical Investigations*, G. E. M. Anscombe, trans. (New York: Macmillan, 1953), 126, 126e.

[33] Ludwig Wittgenstein, *Tractatus Logico-Philosophicus*, C. K. Ogden, trans. (London: Routledge & Kegan Paul Ltd., 1986), 108 (5.1361).

[34] Richard Rorty, *Consequences of Pragmatism* (Minneapolis: University of Minnesota Press, 1983), 28. 黑体字是我标注的。

念碑、工业和精美艺术的产物。例如，工具或机器不仅仅是具有自身物理属性和效用的或简单或复杂的物理对象，而且还是一种语言的模式。因为它向能理解它的人**述说**了一些使用操作和操作后果的东西"（LW12：52；LTI：46）。

一种语言中现存的对象"在功能使用的组合中、并通过这种功能使用的组合"（而不是因为它们是实在的"图象"）而获得它们的意义。但是功能的使用是一个不断进行的规划，这就像使用中的工具也有一个发展过程一样。语言的要素和工具一样，都具有"操作的"力量。它们"作为激发由不同的人所完成的不同活动的手段"而发挥作用，"以便产生为所有共同参与者所共享的结果"（LW12：54；LTI：48）。意义作为话语的固定因素，通常是实验的对象。杜威认为，逻辑的普遍性"产生和孕育新的意义。辩证法（或者用现代的话来说是演绎）产生新的对象，这一点也不奇怪；用康德的话来说，辩证法是'综合的'，而不仅仅阐释了已经具有的东西。不管是口头的话语还是书面的话语，它们并不仅仅是一种说话习惯的例行公事，而是说出了一些令说话人惊奇的东西，实际上通常还有更深的寓意"（LW1：152；EN：160）。

为了澄清这一点，需要回想一下杜威在外在意义和内在意义之间所做的区分。正如我前面所指出的那样，外在意义或工具性是探究的主要特征。在探究的情境中，使用中的气压计指示了一些状况。它是一种科学的工具。但是如果气压计在探究的情境中失效了——这也许是因为气压计坏了，或者也许是因为使用者不需要它或者不知道如何解读它——气压计的意义就变成内在的。它就成了审美的对象或者情感价值的承担者。

正是通过这种方式，很多以前作为工具使用的对象就成了古董，也就是说，对象的内在意义占了主导。当超级市场、电灯和现代管道设备出现之后，搅拌器、油灯和陶瓷盥洗盆这些一度经常使用的工具就失去了它们的效用。它们就作为"手艺"（craftsmanship）的象征，或者因为附加在上面的情感而得到珍视。

九

在探究中,**每一个反思性的经验对于意义的进一步产生来说都是一种工具,这就是说,反思性的经验是技术性的**,杜威认为这一点对于探究来说很重要,同时他认为这揭示了探究的技术特性。事实上,这从两方面的角度来讲都是正确的。不管是使用内在于有机体的工具还是使用外在于有机体的工具,反思经验都是用来有效控制疑难情形的工具(MW10:330;EEL:17),因此就具有实践的力量;但是,它们同时也是用来"扩充后续经验的当下含义"的工具(MW10:330;EEL:17)。换句话说,不管我们使用的是外在于有机体的工具还是内在于有机体的工具,都是用来解决一些难题。但是在这样做时,我们往往会发现,我们实施的控制产生了比我们的期望还要多的东西,这就是说,能够带来我们没有预料到的内在意义。以这些内在的意义为契机,可以建构其他的外在意义。

关于反思性经验的这种双重工具性,有一个很恰当的例子,那就是让·吉姆佩尔(Jean Gimpel)在《中世纪的机器》(*The Medieval Machine*)中阐述的机械钟表的发展。吉姆佩尔指出,第一台机械钟"最初不是用来报时的,而是用来预测太阳、月亮和行星的运动。不同寻常的是,主导我们日常生活的报时钟仅仅是天文学时钟的副产品。"㉟这个故事说明,解决特定问题的技术探究在达到预期目的的同时,也获得了一些其他的内在于它的东西,这些内在的东西就有了新奇的用途和重要的含义。天文学时钟具有预想不到的意义,这最终使它成为进一步探究的工具,而这种探究最终产生了将一天划分为固定时段的能力。最初的用途现在已经过时,天体时钟的模型如今保存在史密森研究院*和其他类似的地方。但是副产品为进一步的探究创造了条件,这就导致了现代遵守时间的习惯,而这个习惯是工业社会的基础。

㉟ Jean Gimpel, *The Medieval Machine* (New York: Penguin Books, 1977), 153.

* 史密森研究院(Smithsonian Institution)位于美国首都华盛顿,于 1846 年由英国科学家 J. 史密森捐款建立,下设各种艺术馆、博物馆和研究所。——译注

第二章 认知作为一种技术人工物

因此,之所以把探究称为技术性的主要原因,在于它是有效控制环境的手段,而这一点是我们未曾预料到的。从这一点来看,探究不同于其他形式的活动。它产生了一些新的东西,以便作为改变情形的手段,而这是我们未曾预料到的。

例如,探究不同于原始的巫术和宗教,因为尽管这些活动也意图实现控制,但通常来说,这些意图更多是审美、纪念性和装饰性的,较少是工具性的。对于巫术,杜威指出,"巫术不是使人们忠实于礼拜和仪式、效忠部落神话的保障。就巫术不是必须要做的事情而言,它是生活的享乐,没有礼拜、仪式和神话所具有的在死亡面前保持虔诚的责任……当仪式和神话自发地展示出实际需要和行为的影响和进程时,它们必然也具有实际的力量"(LW1:70;EN:68)。但是,杜威接着说,"反思一下就会知道,这个阶段的经验展示出来的对象就是最终目的。评价它们的态度是审美的"(LW1:70;EN:68)。

换句话说,恰恰因为原始巫术和宗教活动关注内在的意义,将此作为最终的目标,而不是作为产生进一步含义的手段,它们才不是探究性的:这些活动仅仅是碰巧才具有外在的意义或工具性。因此,它们不同于有效的技术探究模式。

杜威认识到,由于实施巫术的人的这些主张,任何对技术的综合批判都被迫要考虑这些主张。杜威意识到,巫术与技术有很亲密的关系,因为巫术中最初的内在意义可以转变为工具性的意义。但是从公众和统治者的角度来看,这些工具性的意义往往是深奥的,因为公众和统治者认为巫术的意义纯粹是内在的。在这些情形中,巫术实施的工具性意义只有一小部分人群才能分享,由于这样或那样的原因,这些群体中的成员不参与更大的共同体的活动。

例如,正是在这种意思上,马西略·菲奇诺(Marcilio Ficino)把自然的(与超自然的相对立)巫术称为技艺,认为它具有四种力量:词语的力量、音乐的力量、图像的力量和事物的力量。菲奇诺指出,这些对象和事件的范畴都具有公开的和深奥的生命。例如,图像的力量在视觉艺术的意义和优美中具有公共的生命,在护身符的形状和特征中具有隐藏的生命。菲奇诺对巫术的描述完全是工具性的,因此也就完全是技术性的：他指出，利用公共的和私有的事物的属性或力量来影响自身的变化，他把这种功能称为"主观的巫术"（subjective magic），而在其他情况下，他称为"传递的巫术"（transitive magic）。㊱

也正是在这种技术的意思上，威廉·蒙特尔（E. William Monter）谈到了英国都铎王朝和斯图亚特王朝时期各式各样"狡猾的人"（cunning folk），这些人实施一种巫术，把药理学上有效的治疗与口头上的和其他形式的仪式混杂在一起。㊲ 威廉·蒙特尔指出，这些人的活动是"非官方的、甚至明显是非法的，但是这些活动并不必然是欺诈的。"这些活动之所以是非法的，是因为从当时的宗教法规来看，这些活动是"不受约束的"。但是从效果来看，它们又不必然是欺诈的：它们是对动植物药用效力的技术应用。它们以天然材料作为工具，以便改变疑难的和不良的情形，从而获得更多的满足。

从技术的角度，也就是说，从将生产性技能用于管理有效控制的角度来看，探究不仅可以跟巫术作对比，而且还可以跟诗歌作对比。然而，由于巫术倾向于把内在的意义当作外在的意义，因而通常可以替代探究（或者说，在菲奇诺所描述的情况中，向权利机关保证，这就是所要做的事情），但是大部分诗歌并没有寻求对这种环境的有效控制，而是产生了替代性的环境：并行的想象的世界。杜威曾写道："诗意……浓缩与简化，因而给予词语一种几乎要爆炸的扩张能量。一首诗使材料呈现出来，使其本身就成为一个世界，它甚至在作为整体的一个缩影时，也不是一个胚胎，而是一个通过论争形成的。在诗歌中，存在着某种自我封闭、自我限制的东西，而这种自我满足不仅是声音的和谐与节奏，而且是为什么诗歌仅次于音乐，在艺术中最具有催眠效果的原因"（LW10：246；AE：241）。

诗歌在双重意思上是工具性的：它产生了展示内在丰富性的语言人工物，同时它还产生了新的、替代性的感情世界。但是与科学的探究

㊱ D. P. Walker, *Spiritual and Demonic Magic from Ficino to Campanella* (1958; reprint, Nendeln, Liechtenstein: Kraus, 1976), 75ff.

㊲ E. William Monter, *Witchcraft in France and Switzerland* (Ithaca: Cornell University Press, 1976), 173.

相比,诗歌的工具性还是弱一些(尽管并不因此就比科学探究"档次低"),因为它所产生的内在意义不允许最大程度的替换,而科学的意义却允许这样做。

十

针对杜威将探究视为一种技术活动,可以提出很多异议。首先,有很多工具说不清是外在于有机体的还是内在于有机体的,或者说分不清是心理性的工具还是物质性的工具。正是由此出发,很多技术哲学家和一些从社会科学的角度理解技术的人,倾向于用"技术"来指工具和方法的使用,这些工具和方法完全是外在于有机体的,或者说都是物质性的。

其次,也可能提出异议,认为将杜威所描述的探究称作"技术的"有还原论的色彩:与其说把不同类型的工具"组合起来",不如说把很多工具的功能还原为一种特殊类型的功能,也就是还原为一种外在于有机体的工具的功能。换句话说,这种异议的意思是说,内在于有机体的工具的功能被外在于有机体的工具所发挥的作用同化了。

但是这些异议都假定了有机体与环境之间,或者说身体与心灵之间存在明确的界限。但是恰恰针对这些二元论,杜威进行了大量和有效的论证。例如,早在梅洛-庞蒂(Maurice Merleau-Ponty)之前,杜威就指出,有机体和环境之间的划界也许适用于其他地方,但却不适合于探究。出于探究的目的,皮肤并不能指明有机体终止于何处和环境从什么地方开始。"有内在于身体而不属于身体的东西,也有外在于身体但却属于身体的东西,即使实际上并非如此,但理论上也是如此……在较低层次上,空气和食物就是这样的东西;在较高层次上,不管是作家用的钢笔,还是铁匠用的铁砧、器皿和家具、财产、朋友和制度都是这样的东西——如果没有这些支撑和维持生机的东西,文明的生活就无法进行。"(LW10:64-65;AE:58-59)

杜威不避讳将身体运动的技能称作"设备",这些"设备"就是工具。"知道看什么和怎么看,从运动设备方面来看,是需要做准备的"

（LW10:103;AE:98）。

探究也不允许在身体与心灵之间划出界限。杜威为《经验与自然》的第七章选定的标题是"自然、生命和身心"，就是有意避免传统的划分。杜威指出，在非人类的动物中，活动是"心理—物理的，但不是'精神的'，也就是说，没有意识到意义"（LW1:198;EN2:11）。在这一论证中，杜威的达尔文式的自然主义体现地非常明显。人类拥有的心灵是一种更高级的组织，在这种组织中，与其他有机体的交流是通过语言来实现的，杜威把这种语言称为"工具的工具"（LW1:134;EN:140）。"身心"中的"身体"是指有机体中"延续自然的其余部分"的方面，而"心灵"是指"当'身体'参与一个范围更广、更复杂和相互依赖的情形时所出现的独特的特征和后果"（LW1:217;EN:232）。

把技术完全视为物理身体的活动或外在于有机体的器具，这对杜威来说完全没有意义，就像把探究完全视为精神的或内在于有机体的活动和结构一样没有意义。这样说的原因很简单，那就是两者是连续的，对于实际的目的来说，两者是相同的。杜威在《经验与自然》中对这个问题有精确的表述：

> 因为意义和本质不是心灵的状态，因为它们独立于当下的情感，是物理事物的意象，而且因为它们不是物理事物，因此就假定它们是一种特殊的事物，可以称它们为形而上学的，或者从逻辑与自然相区别的角度称它们为"逻辑的"。但是还有很多其他事物既不是物理的存在，也不是心理的存在，它们显然依赖于人类的交往和相互影响。这些事物更多地在释放和调控随后的人类交流中发挥作用；它们的本质在于有助于使这种交流更加具有含义和更直接地得到回报。（LW1:153;EN:162）

杜威举的例子是技术的：交通规则、法人和专利权。

十一

那么，杜威对"技术"的定义是什么呢？杜威没有为这一术语提供单一的定义。就像我此前指出的那样，杜威用这个词描述各种活动。但是至少从一个重要的意思上来讲，技术可以说是以各种探究的工具作为手段，对疑难情形实施恰当的转化，所采用的工具可以是各种形式的。

换句话说，探究是一种技术活动，因为当发生探究时，就从对自然的开启和终止，也就是对自然的偶然性的被动顺从，转向了通过主动建构人工物来左右对自然偶然性的控制。直接的使用和享用让位给结果的产生。当人们满足于仅仅只是享用火，或者将火当作神赐的礼物时，那就没有探究、没有技术、没有对火的有效控制。但是当他们开始**生火**，他们就开始实施一种"程序方法"（method of procedure）（LW1：181；EN：193）。当这种变化发生时，单纯对火的享用和考虑火是"什么东西"（whatness），就被对火是"如何"产生和使用的技术关注所取代。

杜威很少明确地下定义，但是他却根据这种控制对探究下了定义："**探究是受控的或导向性的转化，以便把不确定的情形转化为一种在组成要素的差别和关系上都确定的情形，从而将最初情形中的各种因素转变为一个统一的整体**"（LW12：108；LTI：104-105；**着重号**为原文所有）。此外，杜威还特别指出，"上面所说的'受控的和导向性的'是指下述事实，即当一种从客观的角度来说是统一的生存情形建立起来时，探究在任何情况下都能够中止它的各种操作"（LW12：109；LT：105）。

在《确定性的寻求》第4章中，在一个把技术活动视为最基础的人类事业之一的段落中，杜威将对有效控制的寻求描述为"一种在整个生活精神方面的革命，一种对于在生存中所发现的一切事物的整个态度方面的革命"（LW4：80；QC：100）。杜威在这里指出，我们的感觉对象更恰当地说是一些疑问而不是最终的答案，这些疑问提供了将自然的限制转化为有利于提高人类生活的惟一恰当的手段。自然就变成了"需要改变和有意控制的东西。它是采取行动的材料，以便把它转化为一些新的对象，更好地满足我们的需要。任何特定时期存在的自然界都是一种挑战，而不是一种完满的东西；它提供了可能的起点和机会，而不是最终的目的"（LW4：80-81；QC：100）。

当这种情况发生时，"这个变化是把认知当作对于作为神圣艺术作品的自然属性所进行的一种美感上的享受,转变成为把认知当作一种世俗的控制手段——这就是说,当作是一种方法,有目的地引入一些变化,以便改变事情进程的方向。在一定时期内存在的自然不是一件已经完成的艺术作品,而是一种需要技艺(arts)去进行加工的材料……控制的态度关注的是未来和生产"(LW4:80-81;QC:100-101)。

然而,对于杜威将探究视为一种技术活动的形式和将两者都当作借助工具手段实施有效控制的观点,也可能提出另一个异议。有人可能会认为,探究不是技术,而是科学——也就是说,杜威不是把技术生产,而是把科学方法视为他所描述的成功探究过程的模型。对这一观点的详细讨论将在后面杜威看待科学和技术关系的章节中来进行。但是在这里我要说的是,这种异议既没有击中目标,也错失了目标。

在目前讨论的问题范围内,杜威确实认为科学是他所说的探究的模型,探究的理论或逻辑是对科学方法的研究。在1938年的《逻辑:探究理论》中,杜威提出的实验逻辑是"与实际的科学实践相一致"(LW12:389;LTI:392)的逻辑。另外,杜威宣称,他在这里提供的逻辑素材代表了"分析逻辑体检的结果和科学方法的含意"(LW12:390;LTI:392)。

但是这种批评错失了批判的目标,因为杜威明确主张,**科学是技术的分支**。这一观点是杜威思想的组成部分,因为起码在1916年,他就提出"科学(是)技术的一种模式"(PM:291n)。但是在1946年,杜威却慷慨大度地把发现这一观点的优先权让给了他的学生艾尔斯。

杜威去世后,艾尔斯在其出版的《工业经济》一书中写道,技术是"人类技能的总和……",就像是"人类工具的总和"一样。㊳ 但是技能是一种工具行为,并且一直都是如此。数学家的工作是一种最抽象的科学技能的使用,艾尔斯以此作为例子,阐明他的观点。尽管数学思维总是在缺少有形工具的情况下进行的,但是数学家就像使用锤子或显微镜这样的工具一样来使用抽象观念和符号。就像其他的有形工具一样,这些抽象观念和符号是作为工具构造的,以便达到一定的目的。还

㊳ C. E. Ayres, *The Industrial Economy* (Boston: Houghton Mifflin Co., 1952), 52.

是像有形工具一样，当抽象观念和符号不再有效时，就会废弃或改进它们。㊴

艾尔斯正确地认识到，杜威的工具逻辑是“对技术功能的最纯粹的描述。科学家所说的‘仪器’就是工匠所说的‘工具’；两者在功能上是一样的。”㊵

十二

我此前曾经提到，1916 年杜威在哥伦比亚大学的“哲学俱乐部”发表的演讲中，在讨论“逻辑实体”的本质时，阐述了他对“抽象”工具和“具体”(concrete)工具的关系。杜威在那次讲座中指出，逻辑学的对象——也就是用“如果”、“或者”、“数字 2”这些词语所指称的事物——不是一些我们在某些类型的“理性理解”中把握到的事物的物理属性。它们并不存在于“精神中”，它们也不存在于一些既不是物理 47
的也不是精神的形而上学的领域中。与此相反，它们就是一些工具。就像拐杖、冰鞋和滑板一样，它们就是一些先前存在于自然中的事物(在某种意思上也许作为原始材料而存在)，它们能够被重新塑造，以便我们能够用来更有效地控制特定任务的进程。

这种看法也适用于没有广延的点和没有绵延的瞬间。这些点和瞬间都不具有模糊的形而上学的现实存在，它们是在控制一些特殊的推论中已经做出的工作和将要做的工作的明确指示。就像其他工具一样，它们不是**由**(by)推论得出来的，而是**从**(from)推论中得出来的——这就是说，就像在农业生产的过程中引入农业器械一样，点和瞬间是在推论的过程中引入的(MW10:93-95)。

杜威又一次使用了奥卡姆剃刀：诉诸精神实体、形而上学实体、或者事物的抽象属性的要求可以被废止，因为这些东西都不是必须的。逻辑实体是来源于技术控制的工具。科学家和逻辑学家进行的探究是

㊴ C. E. Ayres, *The Industrial Economy* (Boston: Houghton Mifflin Co., 1952), 52.

㊵ 同上书，第 54 页。

一种使用工具的活动,因此,甚至在最抽象的阶段中,这也是一种实际生产技能的形式。

杜威在哥伦比亚大学阐发和表述这种工具观时,哈里·科斯特洛(Harry T. Costello)当时也在场。[41]他回忆说,1918 年在哥伦比亚大学"教员俱乐部"举行的是一个"非正式的哲学团体"的会议。那天午饭后,轮到杜威宣读他的论文,他的论文题目是"作为发明的逻辑实体"(*Logical Entities as Inventions*)。杜威不是把逻辑实体看作永恒完美的,而是看作发明的工具。科斯特洛描述了他亲身经历的那次活动:

> 它们就像汽车一样是制造出来的。我记得我想知道它们是否是无中生有制造出来的,杜威是否认为我们能用我们喜欢的任何方式来假定它们。杜威回答说:"不多不少正好像汽车。"当时的汽车甚至比现在的汽车还要难以驾驭,必须对付路面上车轮用的两条并行沟槽和马匹用的一条单向沟槽,这两种沟槽之间到处都是碎石堆。你要随时带着活动扳手,"从车上下来和钻到车底下修车"是行车中常有的事。我说:"汽车是由钢铁和橡胶制成的,这些钢铁和橡胶各有各的用处,但是逻辑实体是由什么构成的呢?"杜威回答说:"仅仅是由经验材料构成的,为了特定的应用,这些经验材料得到了精炼和验证。"——他大概就是这么说的。蒙塔古(Montague)教授想知道,在我们计算之前,一堆谷物是否就没有蒲式尔*这样的数学体积。杜威回答说,他可以认同一定的立方体积,但是"蒲式尔"是由人发明的——事实上,这是一个很好的例子。康德似乎说过,"我们**创造**了我们能够彻底认识的东西",但事实上并非如此。[42]

对杜威来说,反思性思维或探究是作为"努力摆脱一些实际的或有威

---

[41] Harry T. Costello, "Logic in 1914 and Now," *Journal of Philosophy* LIV (25 April 1957), 245-64.

* 蒲式耳(bushel)是容量单位。美国以蒲式耳作为各种谷物的计量单位。但蒲式耳所代表的重量则因谷物不同而有差异,例如,每蒲式耳亚麻籽为 56 磅,燕麦为 32 磅,大豆和小麦为 60 磅。——译注

[42] 同上书,第 251—252 页。

胁的困境"(MW10:333;EEL:23)开启的。巫术或诗歌主要不是技术性的,尽管巫术或诗歌也使用了技术人工物,在特定的环境中也作为工具来发挥作用。但是不同于巫术或诗歌,反思性思维或探究"将已有的东西分门别类";它在特定的情形中将此前不存在的东西创造和规划出来,并加以完成,成为自身的组成部分。

十三

杜威意识到,他的一些批评者指责他是一个潜在的观念论者,因为他认为,"反思性探究的过程在塑造探究对象的过程中发挥了一定的作用"(MW10:338;EEL:30),而这里所说的探究对象就是科学知识。杜威直面这种指责,坦率地承认在他观点中理智并不是"多余的"。他很愿意承认观念论的指责,只要这种"观念论认为,知识的对象**作为一些与众不同的知识对象**,它们是由理智决定的"(MW10:338;EEL:30)。但是,他用几种方式阐明他的观点**不是**观念论。

首先,思想(thought)是根据"功能、已经完成的工作和产生的后果"(MW10:338;EEL:31)定义的。他的观点中没有假定一种已经发挥作用的力量,除非自然事件的终结变成了环境的结构性特征,从而具有持续的影响。这里并不需要一种超越于个体之间相互交流的现实活动之上的"思维着的精神"(thinking spirit)。思维是一些在世界中进行的现实的、自然而然发生的事情。与其说事情是由思维构成的,不如说思想问题是由**事情的**困难和目标提出来的。

其次,思维的效果是现实存在的(existential)。实验终止于出现了一种现实的、而不是理想的替代疑难情形的形式。(另外,并不是思想家有了疑问,也不是一些"现实"脱离了思想家,而是"情形"本身包含了一个与环境相互作用的反思的有机体。)

但是,杜威关于探究的工具论观点也不是"实在论的"。杜威的观点不同于实在论,他认为实验对于知识来说是必须的。另一方面,杜威所说的"分析的实在论"认为,"尽管(实验)对于**获得**知识(或学习知识)来说是必须的,但是这与知识本身没有关系,因此也就与已知对象没有关系"(MW10:339;EEL:32)。

杜威与实在论者的分歧在于,实在论者像希腊的科学家和哲学家一样,似乎满足于把知识的对象当作"镜像"。当科学家在实验室中完成了长期的理论思考,例如对锡的考察,用术语和命题的形式得出答案时,与其把这个过程说成科学家在对锡进行沉思,不如描绘成科学家用特定工具作用于锡时将会在特定环境中发生的一系列事件。

杜威的论述中没有"实在论的"因素,因为他坦率地承认,"由思维发现或揭示出来的、而决不是由思维或其他心智过程构成的原始材料,为反思提出了每一个问题,并因此用来检测其他仅仅是思辨的结果"(MW10:341;EEL:35)。另外,既没有一个探究得以开始的情形,也没有一个探究得以结束的情形。

按照这种意思,杜威提供了一个有关技术的有趣例子。他让我们考虑三种事物:1)在原产地没有开挖出来的铁矿石;2)在天然条件下从其他物质中提炼出来的大块生铁;3)制造出来的钢铁零件,例如手表的发条。

铁矿石好比在先存在的东西,或者在特定思维之前预先存在的条件。生铁就好比呈现给思维的资料或"直接的材料"(它也可能具有其他属性,例如与朋友共度一晚所具有的整体属性)。最后,手表发条就好比思维努力获取的东西和思维赖以发生的地方。它是"任何思想—功能中实际发生的过程;只要探究满足了自身的目的,它就是由探究所组织的材料"(MW2:317;SLT:24;EEL:104-5)。

在这种情况下,就像制造工人在机器制造的过程中手边总是常备生铁一样,每一个普通人都生活在由习惯、以前完成的工作所组成的环境中。杜威依然沿用他长期使用的技术比喻,把这种环境称作"提取出来的材料"。这些提取出来的材料不仅是思维操作的原料,而且也是"提取所用的现成工具"(MW10:341;EEL:35-36)。例如,当我与小圈子内的朋友共度一晚时,我通常能记住我所经验到的快乐。与此类似,生铁能够用来制造手表发条,但是它也可以作为分析的工具,用来规划出更好的冶炼方法。与朋友共度一晚的特定感觉既可以作为探究所操作的材料——例如,可以与跟其他朋友共度一晚进行比较,或者跟自己独守长夜进行比较——也可以作为分析的工具。在这种情况下，我能以此来探查此前还不明确的关于夜晚的经验，探究此种经验的其他方面。总之，我可以利用刚刚获得的东西，将此作为工具，用来分析不明确的经验是从何处成为提炼过的材料的。

像宠物、汽车、房屋和计算机（我们大部分人都与这些东西打交道）这些日常生活中的物品都很常见；它们都有很多用途。就像生铁能用来制造手表发条、汽车挡泥板或者计算机的机箱一样，上述物品也可以用来做很多事情，换句话说，它们具有很多意义。从这些物品的复杂性来看，它们可以沿着很多方向发展。从这些物品的统一性上来说，它们只是发挥原有的功能，在一定生活方式中成为我们最熟悉的东西。正是在这个意思上，日常生活的对象不具有科学对象所具有的"含义"。它们"既不是科学的材料，也不是科学要获得的对象"（MW10：343；EEL：37）。

杜威没有在他所说的"常识的"或"习俗的"（institutional）意义和"科学的"意义之间做出明显的区分，他用这种类比阐述了更重要的东西。借用这一用法，他启发我们思考日常经验的物品是什么。桌子、椅子和我们日常世界中的其他常见物品是什么呢？它们恰好是受控的常识探究发现的实际存在的东西。没有理由认为这些物品独立于相关情境而存在，就像不能认为生铁能脱离矿山而存在一样。在分析之前，有些东西在某种意思上"在那里"，但问题是"以什么方式"在那里？这肯定不是作为科学的（也就是说，知识意思上的）标记（sign）而在那里。

因此，当我们日常经验的物品作为标记而发挥作用时，它们的标记属性必然来自一种反思的情形，正是这种标记功能最终使得它们作为科学探究中的证据而发挥作用。另外，在探究情形之外，这些物品不能够像在探究情形之中时那样，维持那种单纯度和"外在的排他性与内在的同质性"（external exclusiveness and internal homogeneity），这就像用来制造手表发条的生铁不同于山里的铁矿石一样。

当然，把铁矿石中的铁熔化成生铁也不是件容易的事情。这包含复杂的技术，但是如果具备足够的资本、兴趣和教育，任何人都能掌握这种技术（MW10:345;EEL:41）。与此类似，借助一定的技术，我们"原始"经验的物品也能够提纯和精炼成确定的材料，从而用于进一步的建构。主管手表发条制造的工程师没有义务对从矿石中提炼铁矿的历史感兴趣，尽管他的业余爱好恰好是采矿的历史或地质学。杜威进一步指出，使用逻辑的人也确实没有义务探究获得这种技艺形式的条件：这是哲学家和逻辑学家的工作。

杜威不断使用采矿的类比，他的中心意思是，思维就像其他的工业形式一样，包含了提取、精炼和制造的过程。思维作为知识对象的生产和建构，是一项技术工作。

十四

我曾经说过，杜威是首先一直对技术进行批判的哲学家之一。这样说的原因是因为，杜威是首先把探究看作一种公共的制造形式的哲学家之一。实在论者不会这样来描述技术；他们认为，世界就在那里，等着我们去发现；这就是说，当我们了解世界时，我们所"做的"就是把世界"镜像化"为一些已经完成的东西。对于实在论者来说，生铁已经存在；我们不需要精炼它。

但是观念论者也不会对技术做出恰当的描述，因为对他们来说，世界仅仅是由思维构成的，除了原始材料自身的活动，似乎没有任何原始材料存在的证据。他们认为，不管有没有铁矿石，都能够造出生铁。

如今，当被给予的东西作为"当下考虑的因素"而发挥作用，"由此使得受控的推论得以进行"时（MW10:346;EEL:43），它就不再仅仅是"被给予的"，而是开始作为手段和工具发挥作用。在这种新的作用中，以前我们仅仅"接受"的东西就成了一种工具，成了我们认识的手段，而不是已知的东西（MW10:346;EEL:43）。我们通过着色来认识细胞的结构，我们通过纸上的记号来获知一个人的想法。对杜威来说，在探究的这个阶段中，认识到"材料"（data）是干什么用的至关重要，这就是说，现在把这些事物称作工具而不是对象有很大的区别。这是因为，如果它们还是对象，那么变化在某些意思上就是不真实的：我们将倾向于静观它们,想查明我们是否恰当地将它们"镜像化",而不是将它们作为工具来使用,以便改变我们的环境。

由于这个原因,杜威关于知识的工具论的(技术的)观点就是"一种思维和认知的行为主义者的理论。这就意味着,从字面上来说,认知是有关行为的事情;这种分析最终是物质的和主动的;这些意义从它们的逻辑属性上来说,是面向事实的行为的立场、态度和方法,这种主动的实验对于验证来说是必不可少的"(MW10:367;EEL:331-32)。另外,"认知作为一种活动,是受控的生成物和更有含义的情形的工具:这并没有涉及到后续情形的任何内在的或工具性的特征。在一种给定的情况中,情况都是这样的"(MW10:367;EEL:332)。㊸

对杜威来说,探究过程的终止和最终形成知识,都是为了确保控制。正是由于这个原因,我们可以说认知是一种技术的胜利。

事实上,大部分事物都暗示了其他事物。被暗示的事物不像暗示的事物那样在"这里";否则它们就不需要被暗示。但是,暗示倾向于成为一种对人的刺激。例如,与可见的火相比,仅仅暗示出来的火可能引起更大的反应,因为我们可以确定可见火的位置或者能够控制它。

有一些暗示很简单;一片烟尘云雾可能暗示一匹马或一头鲸鱼。但是有些暗示更丰富一些;它们具有杜威所说的含义的或指示的功能。因此,烟雾并不仅仅暗示了(suggest)火;它显示了(indicate)火,或者意味着(signity)火。

杜威认为,澄清做出的暗示属于哪一类是探究的重要组成部分,因为在选择我们如何行动时,这有很大影响。杜威把这部分探究称为实验分析或检查,这涉及到身体运动和工具设备的使用。有关暗示的实验可以导致其他更适用于一定情形的暗示,而它的"物质"成分可以用来"探测其他因素,这些因素是一些更可靠的标记、指示(证据)"(MW10:350;EEL:49)。当我们用这种方式来看待暗示时,我们就是**在构造意义**。

㊸ 参见这一卷的卷末中马克斯·霍克海默(Max Horkheimer)对这一观点的批评。

例如，自来水中的异味暗示了这种水不适合饮用。我可以弃之不用，或者寻找其他的水源，但这两种行为都会产生进一步的问题。然而，为了更恰如其分地达到我的目的，我可以用各种化学制剂来检测和分析水。这样我就能发现一些更可靠的暗示，也就是一些标记和指示。我把一些化学制剂放到水的样本中，发现水的颜色改变了，这就不仅仅暗示了，而是意味或指示了硫的存在。化学制剂的检测构造了一种更可靠的标记，事实上，它构造了气味的意义，我由此就可以决定是继续喝这种水还是用这些水来洗澡。

在实验中利用尽可能多的意义和按照有效操作的方式将它们组织起来是很有用处的。这就是为什么我们比较看重此前那些能转化成意义的暗示。图书馆里有哪种化学制剂能够测试出水中硫的成分的信息，这一点是非常有帮助的。但是有些人认为，这些意义太高深，他们就把这些意义实体化——这就是说，将这些意义转化为固定的、已经完成的本质，在任何时候都不能更改。

例如，在达尔文之前，人们认为自然包含了固定本质的秩序或"自然种类"。达尔文认为这种观点表明了一种懒惰，或者也许与下述看法是一回事：一种傲慢，过于夸大了已经完成的研究的重要性。用中世纪亚里士多德主义者的话来说，固定本质的教条包含了一种脱离现实的本质领域的建构。杜威认为，意义是在使用中而不是在静观中获得价值的，因为把意义看作一劳永逸完成的东西而不是一种工具，就赋予了它们不应得的东西，从而窒息了探究。对杜威来说，实验是作为本质和现实存在之间的桥梁和检测机制而发挥作用的。

如果在探究中，**材料**或本质性的给予（或获得）是作为**指示**其他现实存在（烟雾作为一种材料，可能指示了已经存在的火）的标记而发挥作用，那么**意义**就是**蕴涵**其他意义的标记。杜威用另一个技术的例子阐述了这一观点。各种各样的轮子、凸轮和杠杆所完成的工作，是这些工具单独无法完成的，或者把这些工具堆积到工作台上也不能完成的。

一些相互关联的术语也同样具有这种情况。按照一定的方式将这些术语联系起来会产生新的、意料不到的东西。㊹ 例如,"兄弟"这个词的含义是根据此前其他一些情形获得的,也就是说,是从"作为……的兄弟"(brother of)中获得的。因此,在像"查尔斯王子(Prince Charles)的兄弟"或"爱德华·肯尼迪(Edward Kennedy)的兄弟"的情形中,"兄弟"才具有了含意。这些例子表明了"兄弟"具有某些含意的情形:它"表明了不同术语之间的相互交流,由此出现了一些新的东西"(MW10:353;EEL:54)。但是一旦脱离这种情境的机制,"兄弟"就不再暗含一种关系,而是成了一个相对的语词:就像桌子上的凸轮轴一样,它是没有生气的,直到它再次"在一些其他情形中开始发挥作用"(MW10:353;EEL:54)。

杜威认为,我们根据明确的安排,将这些意义贮存在一个像储藏室一样的地方(这个比喻海德格尔也用过,不过使用的情境稍有不同),这样一来,就能更容易地获得这些意义和把它们联系起来。但是对于特定的任务来说,所有这些意义并不是等同使用的,"选择恰当的属性来完成工作就是一种技艺(art)。**这就类似于将原材料当作一种有效的工具来使用**"(MW10:354;EEL:55;黑体是我加的。)此外,尽管这些贮存起来的意义是此前规划中构造出来的产品,但是相对于目前正在进行的规划而言,它们并不是最终完成的产品。如果不是从最终完成的产品的角度,而是从未来应用的角度来看,贮存起来的东西就相当于手表发条的原材料(生铁),或者也许就是发条本身。知道从储藏室里提取哪种材料,这是一项重要的技术技能,因为这是制作的一个阶段。或者这就像走入一个陈列着各种发条的储藏室:选择恰当的发条来组

㊹ 吉迪恩(Siegfried Giedion)在他的书中(Giedion, 1969)提供了一个与此有关的有趣例子。1813 年,奥利弗·埃文斯(Oliver Evans)因发明机械磨面机而获得了专利,但是他的这项发明却遭到了其他磨坊主的质疑。"托马斯·杰弗逊(Thomas Jefferson)以专家身份对此进行了评估。他对奥利弗·埃文斯的发明评价很低。他只看到了细节,而没有把这项发明看作一个整体。他说,'升降机只不过是埃及人用的老式的波斯轮,传送带跟阿基米德(Archimedes)的螺杆一样的'"(p. 84)。吉迪恩承认,如果把埃文斯的磨拆开来看,杰弗逊的评价是正确的。然而,关键之处在于,这些零部件协同运作,将新的意义赋予了整个生产流程。"对于奥利弗·埃文斯来说,起重和传输具有了另一种意义。它们在连续生产的过程中链接起来:从原材料到最终的产品,机器代替了人力"(p. 85)。

装手表是成功组装手表的技艺的组成部分。

顺便说一句,这种类比暗示了探究情境中"恰当"或"适当"的意义。在后面讨论杜威对社会领域中的价值进行批判时,这个问题将变得非常重要。但是目前把这个问题暂时搁置,就很容易看出,为什么架子上的发条将作为工具,对恰当地控制手表组装发挥了作用:发条是为了组装成手表而制造的,一旦手表的设计(杜威称为"可见可即的目的")发生了变化,就必须重新设计发条。这样一来,为什么精炼的金属适用于制造发条,或者反过来说,发条为什么适合用精炼的金属来制造,我们对这类问题就不会有疑问。每一种材料都是用来完成某一项任务的。

十五

杜威在金属人工物的制造和我们所说的观念人工物的制造之间进行了详细对比,这补充了他对"与"(and)和"因此"(therefore)这些所谓的逻辑"连接词"(这个术语揭示了它们的技术的或工具的功能;它们的功能类似于机器中的连接杆)的看法。就像逻辑连接词来源于推论而不是由推论给出的一样(MW10:94),手表的材料和组成部分也是来源于金属加工技术的应用,而不是简单地由它们给出的。

杜威这句话的意图所表明的立场由伯兰特·罗素(Bertrand Russell)在他的《我们关于外部世界的知识》(*Our Knowledge of the External World*)中得到了辩护。罗素认为,逻辑连接词所代表的知识,"不是由推论得出来的,而是此前就已经存在。"㊺罗素的意思似乎是说,因为要进行推论,必须已经具有逻辑连接词,而且因为确实进行了推论,所以逻辑连接词必须是**先天的**(a priori)——也就是说要先于经验而存在。杜威让温文尔雅的英国人面对粗俗的农业语言。他把推论比作农活,

---

㊺ Bertrand Russell, *Our Knowledge of the External World*, 2nd ed. (New York: W. W. Norton & Co., 1929), 60. 提及杜威的地方在第一版的第56页。第一版在1914年由Open Court Publishing Co.在芝加哥出版。

而逻辑连接词就像农业用具。不管是逻辑连接词还是农业用具,在技能将它们用于解决某些具体问题之前,它们都不可能存在。

不管是逻辑工具还是金属工具,我们并不是通过它们的最初来源来衡量它们的价值。我们研究的是它要完成哪类工作,它要引起的是哪类行为的变化。杜威把这种行为的变化称为"一种公开的、能够明显确认的事实,这些事实就像走路、溜冰或锄地的现实存在和特征一样能够得到确证"(MW10:91)。铁犁的自然原型是从树上砍下来的树枝。但是,我们不是根据铁犁的自然来源来衡量它的价值,而是根据用它所完成的工作效率来衡量的。与此类似,数学关系和电话一样,都是头脑的发明。"它们适合于自然,因为它们就是从自然的条件中产生的。"此外,我们可以把开发出各种工具用于不确定的情形,以便实施有效控制的过程称为理智,这种理智是专门用技术语言定义的:"可以这么说,事物是自然而然突现出来,自然而然发生改变的。人类理智的已有的胜利,就是把握这些属性,将这些属性发展成为发现粗糙的、孤立事件的意义的关键手段,通过有效地实现这一目标,发展和整理这些意义,直至这些意义成为将未知的和不确定的情形转化为已知的和确定情形的有效工具(和工具之上的工具)"(MW10:355;EEL:56-57)。

每一种理智行为都有两种重要的效应。除了直接的组织和控制明确的结果以外,它还有一种间接的效应:它引发了一种内在的意义,这种意义可以贮存起来,以便用于随后合适的探究。这就是说,意义像手表发条一样,当可见可即的目的(或手表的设计)发生变化时,将被废弃或重新组装。但是也可能意义所适用的情形还没有发生,而当从储藏室内将意义取出时,才会发现这种意义正是所需要的。

杜威关于探究中工具使用的观点困扰了科斯特洛。他认为,杜威的意思是说,工具是用来解决临时困难的,思维是一种危机管理,以便把事物保持在一种平稳状态中,让不稳定的事物恢复原状。

对杜威来说,思想就是用来解决碰到的问题,就像打电话给消防队来灭火一样。对杜威来说,他关心的问题似乎是避免过多错误的警报,只在今后真正发生火灾时发出警报。当火熄灭后,你又回到消防站,抽根烟,玩会儿牌,然后睡觉。但是对我来说,好的思想不仅仅是解决临时问题。思想是文化自身的发展,如果思想能够承前启后,那么它就能够延续和扩展。我能肯定杜威实际上不会否认这一点——他后来说,如果重新阐述这一观点,他将讨论文化的发展而不是经验的调整。㊻

但是,从1916年杜威在《论文集》中就已经给出的铁矿石、生铁和手表发条的例子中可以明显看出,探究不仅不是休闲(抽烟、玩牌和睡觉),而且在解决问题时还会发现,重新返回时的消防站完全不同于离开时的消防站。

十六

到目前为止,我已经指出了杜威从工具的角度看待认知的一些用意。我试图表明,按照杜威思想中隐含的对技术的批判来看,杜威从工具的角度看待认知到底意味着什么。工具论认为,从最基本的层面上来看,认知是一种技术活动、一种生产和建构。这就解释了为什么传统的实在论和观念论都不能恰当地看待工具:传统的实在论认为,我们的知识必须符合一些外在的条件;而传统的观念论认为,我们的知识实际上是由一个超自然的或超越经验的思想者按照连贯的方式构造的,或者说我们的知识是由主体决定的,无需借助客观的检测和提示。此外,就像认识到"限定意义是为了将它用于未来和可能的情形中"一样(LW12:55;LTI:49),工具论使科学成为一种特殊的技术,使理论成为一种实践。

尽管详细讨论技术和科学之间的关系要在第五章中进行,这里非常适合来讨论杜威关于"习俗的"和"科学的"这两种基本知识领域的观点。

杜威在1908年发表了论文《实用主义的实践意味着什么》(What Pragmatism Means by Practical),这篇文章评论了威廉·詹姆斯的《实用主义》,后来收入1916年的《论文集》中。在这篇文章中,杜威确定了

㊻ Costello(1957),252.

三种意义的发生地：事物的意义、观念的意义和真理的意义。

事物的意义"意味着事物的**概念内容或内涵**"（MW4：102；EEL：309；黑体为原文所有）。此外，事物的"实践意义"意味着"**事物要求我们或让我们在未来做出的反应**"（MW4：102；EEL：309；黑体为原文所有）。然而，观念的意义"在于当现实发生变化时，观念所意谓的东西"（MW4：103；EEL：310）。通过将这些不同的意义相互对照，杜威提出，"事物的意义是事物所要求的我们在态度上的变化，而观念作为我们的态度，其意义是观念对事物所产生的影响的变化"（MW4：103；EEL：310）。最后，一旦确定了事物的意义和观念的意义（通常所说的有关一个术语的外延和内涵是与事物和观念相关的），就可能会问到"真理"的意义问题。杜威认为，如果我们关心的是真理的意义而不是事物的意义和观念的意义，那么真理的意义将不同于其他两种意义。换句话说，真理的意义才是问题的价值和重要性之所在（MW4：103；EEL：311）。所有重要的相关意义集群（也就是语言）都涉及这三个因素。只有在这些情境中，意义才成为意义。

然而，除此之外，杜威还区分了两类重要的语言。它们对应着两种不同的研究技术问题的方式。在第一种常识和习俗的领域中，意义"分别是由当下的或手头的情形中直接相关的行动所公平决定的"（LW12：55；LTI：49）。在第二种科学的领域中，意义是"由用于未来的和可能的情形中的因素决定的"（LW12：55；LTI：49）。（探究的目标可能是遥远的，但这决不意味着探究因此就是"无用的"）这两种意义的集群或语言都是工具性的，但是它们却是以不同的方式成为工具性的。

常识或习俗的语言有点随意。它们是一组期望、习惯和活动的一种函数（function）。这种集群中的意义包含了一些"不相关的因素……去除了一些需要理智控制的活动的因素"，换句话说，这是一种生产性技能的应用。杜威把这些意义称为"没有经过组织的"，认为它们之间相互不协调。例如，在任何一个复杂的社会中，有一些词语在宗教、金融或家庭习俗的情境中具有不同的意思。美国人关于种族和文化起源的多样性经验有时候会极大地加剧这种混乱。

科学的语言完全不同于习俗的语言。术语一旦成为科学语言，就从属于更高层次的结构:它们必须与语言中的其他因素具有特定的关系。这是根据推论实现的,通过使用一种被称为"符号"(symbol)的特殊类型的标记和指示,可以很容易实现推论。这并不意味着符号在习俗语言中不发挥作用,而是说符号在科学中的使用更精确。杜威用"标记"(sign)一词来表示自然的含义(signification)。在这种用法中,一个实际存在的事物指向了或证明了其他事物的存在,例如烟雾是火的标记。杜威用"符号"这一术语来指人工构造的含义。在这种用法中,含义依赖于社会的应用。*

十七

我想就杜威对"意义"和"技术"这些术语的多种意思的改造多说两句,以此来结束本章。我前面曾经说过,杜威的这种改造方式在他生前使很多批评者困惑不解,但是从我们现在所处的"后维特根斯坦"时代来看,这种建构方式已经显得不太激进。至于杜威所说的"更广义"的对探究的探究这一分支,他的意思是说,意义在某些情况下能够"以多种方式标准化";这就是说,在一个特定的使用语言的群体中,意义能够像"习俗"或"仪式"一样成为一种习惯。对杜威来说,相同一个词语(例如offering**)在宗教和金融领域的情境中可以有不同的使用方式。古典哲学家和中世纪的哲学家都认识到了这一点,他们对词语的歧义用法表现出极大兴趣。

然而,对于杜威所说的"更狭义"的对探究的探究这一更特殊的分

---

* 关于 symbol 和 sign,学者们看法不同。瑞士语言学家索绪尔(Ferdinand de Saussure)在《普通语言学教程》(商务印书馆2004年版)中严格区分了 symbol 和 sign,认为 symbol 不能是任意的,例如可以把天平作为法律的 symbol,但是不能把汽车作为法律的 symbol。sign 的一个特点是任意性,语言作为一种 sign,它的所指(概念)和能指(声音)是任意的。有的学者认为 symbol 和 sign 之间没有明显的界限,还有的认为 sign 是"符号"的总称,而 symbol 是 sign 的下位概念,是众多"符号"类型的一种。杜威在这里有自己的用法,认为 sign 表示的是现实存在的事物之间的关系,而 symbol 是一种特殊的 sign,表示的是意义之间的关系,因而是一种逻辑关系。——译注

** offering 这个词既有"祭品"的意思,也有"上市证券"的意思。——译注

支,杜威的意思是说,一个命题的意义不是由它的语法结构决定的,或者说不仅仅与它的语法结构有关,而是由它在探究中所发挥的作用决定的。在科学中,这种标准化是在推论中将意义相互联系起来所造成的结果,而这种活动就为科学的客观性奠定了基础。科学的意义被证明是有用的工具,因此就不会发生变化;与此同时,当新的任务出现时,科学的意义要定期地重新组合,以便完成新的任务。

不管怎么说,对于杜威来说,词语的意义总是依赖于上下文(contextual);它们不只是与对象或事件相一致。早在维特根斯坦在他的《哲学研究》(该书出版于杜威去世后的1953年)的前20个段落中领会到和阐述这一观点之前,杜威就提出,"根本不可能有与现实存在的事物直接一一对应的名字;词语是在与相关活动的联系中获得意义的,这些活动导致了一个共同的或相互参与的后果"(LW12:59;LTI:53)。维特根斯坦后来用"语言游戏"和"生活形式"这些如今更熟悉的名字来称呼这些相关的活动。

因此,在不同的群体之间,在一个特定的时间段中,意义可能有所不同,这要取决于兴趣和目标;在同一个群体或对于个人来说,当旧的结论不再有效,意义就会随着时间而变化,由此为新意义的发展奠定基础。

对于"技术"这个词的意义来说,情况同样如此。我可以很有把握地说,本书的目的就是按照杜威对"技术"及其同源词的使用和改造,来解释这些词的意义。但是,如果这项任务要贴近杜威工具论方法的精髓,那么技术的意义必须始终切合杜威使用这些术语的众多情境。然而,通过事先的解读,我们可以说,杜威是从不同的角度看待技术的:技术是主动地应用生产性技能;技术是探究的最令人满意的方法;技术是精美艺术、地方性艺术和工业技艺等领域中的生产;技术使伽利略时代的科学革命不同于以前的科学;技术是通常使用的工具(其中包括语言,因为杜威把语言称为"工具的工具");技术是工业和商业贸易;技术是教育中的根本性要素;技术是人出于特定的社会和政治目的而进行的各种形式的规划。此外,就像我们将会看到的那样,这份清单还远远没有穷尽技术的意义。

杜威把他的方法称作"实用主义"(他在1938年出版的《逻辑：探究理论》中回避了这个术语，因为他担心会被误解)、"实验主义"和"工具论"，这就意味着他的方法是技术的产生和建构。技术从产生之后，就意味着工具和设备的使用。科学化的技术，或者通常所说的"现代科学"，它的独特之处在于使用了工具，以便进行有秩序的和生产性的实验。

杜威在晚年出版的《人的问题》(*Problems of Men*, 1946)中，明确将他的工具方法等同于技术。杜威说，"如果我在提出科学作为一种知识的特性时，彻底地用'技术'代替'工具论'，我就有可能避免大量的误解"(PM：291n)。这段话提供了一把钥匙，由此就能够理解杜威毕生为之努力的方法。

杜威的这种观点在他的其他著作中体现地更明显。他在1916年出版的《论文集》中提出，科学是作为一种"控制和发展其他实践模式的关键因素"而发挥作用的(MW8：81；EEL：439)；杜威在《艺术即经验》中强调指出，"科学是为了辅助引发和利用其他艺术的核心艺术"(LW10：33；AE：26)。

正是从这个意思上来说，技术是一种工具，杜威以此来表明，哲学史上大部分所谓的"知识问题"都是没有意义的。不管是把这些问题等同于感觉的不可靠、难以获得"确定性"还是"难以与'其他人'沟通"，之所以存在这些问题，只是因为没有应用"各种显微镜、望远镜和存储设备这些实验资源"来"调整"逻辑和控制推论(MW8：63；EEL：412)。当科斯特洛指出，消防员的一项任务就是能够识别出虚假的警报和真正的火灾时，他的话完全正确。

第三章 艺术中的生产性技能

艺术是一个生产过程。在这个过程中，能够通过调控自然界中比较混乱的事件发生的序列，将自然的材料按照圆满完善的要求得以重新塑造。(LW1:8;EN:xix)

我们甚至可以说，所有的技术性的艺术综合起来所起到的作用，也不仅仅是提供一些单独的方便与便利。它们能够共同构成一个整体，决定兴趣与注意力的方向，从而影响欲望与目的。(MW10:347;AE:345)

一

我在上一章中研究了杜威的探究理论，这种探究理论描述的是人与各种经验之间的相互作用。杜威跟他的前辈威廉·詹姆斯和查理·皮尔士一样，区分了两种类型经验：一种是处于静态阶段的经验，在这个阶段中，经验与周围的情形协调一致；另一种是处于动态阶段的经验，在这个阶段中，由于经验与周围的情形不能强行获得统一，就需要主动地恢复协调与平衡。

但是这种描述也表明，静态阶段的经验也分两种，而探究都主动地参与了这两种经验：一种是仪式、传统、习俗和习惯的不断重复，另一种是由新近解决的问题、新的富有意义的情形和享受最新成就所引起的新奇感。经验在这两种同样都是静态的单调重复和最新扩展之间更替。当习以为常的东西得到充实时，那是由于探究的原因，否则只能归功于运气。当新的成就变成静态的，或者当运气消失后，通常就需要探究了。这两种不同的静态经验是同一个硬币的两面，它们之间的转换媒介就是我们称为探究的生产性技能的活动。

杜威关于探究的阐述就是他的逻辑学。不管出于什么原因，当能够重复的东西变得不稳定或者不适时，杜威的逻辑学就是寻求重新获得统一和重新综合的手段。杜威把这些手段称为工具、生产性技能或技艺。按照这种解读方式，不管是通常意思上的探究，还是科学、逻辑和形而上学中的探究，技术都是探究的普遍模式。

然而，技术不能被视为一种固定不变的和已经终结的方法，也不能被视为一组这样的方法，仿佛技术不经转化就能适用于它所应用的各种新的情形。"生产性技能"尽管是**技艺**(*techne*)的最初意思的完美体现，但是它在内涵和含义上还不够丰富，还不足以成为当代逻辑的和科学的方法，这就像使用原始的锤子和凿子仅仅是现代木工行业的一个组成部分，或者像荒草牧场上的大树枝也仅仅是现代农业的一部分一样。

因此，技术应该被视为一组方法和工具，它们随着服务的需求、目标和用途而不断得到发展。由此出发，杜威着力阐述了很多观念，例如他认为，生产性技能中的巨大发展是不断使用工具的结果导致的，而不断使用工具是现代科学和工业兴起的重要组成部分。

然而，杜威在这一点上不同于海德格尔。杜威认为，先于现代科学兴起的生产性技能，与促进和参与现代科学和工业兴起的生产性技能之间没有清晰的界限。在这个问题上，杜威的立场在有关美学和艺术经验的著作中阐述得最清楚。对于杜威来说，前科学的生产性技能和科学的生产性技能共属一体，都属于更复杂和内涵更丰富的广义上的工具，这包括工具、方法、手段、意义甚至语言(杜威把语言称为"工具的工具")。

对杜威来说，对探究的探究(也就是逻辑学)，是对生产性技能的扩展和改进的来源(也就是历史)的描述；这是技术精确性得以改进的历史，是精密工具扩展的历史，是有效假设扩充的历史，是改进的工具证明旧的问题和观点是不相干和不合理的，从而加以废弃的历史。

二

在1925年出版的《经验与自然》的第九章和1934年出版的《艺术即经验》中，杜威扩展了对作为生产性技能的探究的分析，着重分析了制造和享受通常被称为"艺术的"人工物品的经验。但是，因为探究是一种生产性技能，同时还因为古代和现代都具有艺术和生产性技能，因此，杜威将逻辑学用于艺术中的生产和享受的问题就进一步阐明了探究的本质和功能。

在阐述逻辑学时，杜威着重强调了情形中出现的疑难问题。当情形中出现疑难问题时，就不能发挥有效作用，因此就需要探究活动。在阐述审美享受和艺术生产时，杜威遵从了相同的思路，但是把范围扩大了。情形酝酿成熟，为享受提供了新的可能性；在美学情形中不存在觉察到促成探究的困难所引起的明显痛楚，它只需要在各种疑难情形之间做出选择，因为这些疑难情形差不多同样都是令人愉悦的。

杜威在这里的一个主要目标是指出，传统上将艺术划分为"美的"(fine)艺术和其他艺术——不管称它们是"实用的"(useful)、"实践的"、"工业的"还是"地方性的"(vernacular)——导致了一种贫乏的经验，没有看到意义可以扩展和进一步发展。杜威通过进一步改造"美的"和"实用的"这些术语来达成他的目标。杜威指出，这些术语是"一些形容词，当我们把它们作为前缀放在'艺术'的前面，就会毁灭和破坏'艺术'的内在含义。因为仅仅具有实用性的艺术还不是艺术，而只是机械习惯；仅仅是美的艺术也不是艺术，而只是消极的娱乐和消遣，它不同于其他的纵情享受之处，仅在于它还需要一定的精炼或'修养'"(LW1:271;EN:293)。

杜威的想法是，通常所说的"技术的"艺术——这种艺术生产出鞋、汽车、冰箱和计算机——在大部分情况下通常被称为"实用的"，这样做的目的是为了避免考虑这类艺术的所有后果。"实用的"这一术语的最高等级的意思是为了满足需要，为此必须有探究的参与。就像在其他地方一样，探究试图满足人的特殊需求，提高对事物的所有意义和含义的鉴赏和洞察。

但是杜威认为，当生产汽车的艺术被称为一种实用的艺术时，这通常意味着不再充分考虑汽车生产的后果。在此省略了对意义的探究，问题被孤立和废弃了。

被称为"美的"艺术作品也受到了同样的待遇，因为"美的"通常意味着"最终的"。"美的"艺术变成以自我为中心,这是它不能成为艺术的一种主要方式。当艺术家孤立地和脱离了对材料进行探究的情境来自我表现时,这种情况就会发生。在这种情况中,通常总是没有考虑到传达探究结果的必要手段。为了避免机械的重复,有可能进行一些改进,但是这已经防碍了探究,因为艺术家忽视了源初情境的约束和结果的社会特性。由于这些原因,将艺术产品与艺术家的情绪表达结为一体的理论也失效了:这些理论忽视了情境和结果之间的必然联系。

然而,杜威认为,有意义的艺术之所以是有意义的,并不是因为将注意力集中在现有的观看者身上,或者说这种可传达性是艺术家的必然企图。与此相反,与其说可传达性是艺术家完成的,不如说是深具美感和表现性的人工物达成**这项**任务的。可传达性是这种人工物的对象,或者说是由这种人工物制造出来的。"就所有要说出点新东西的艺术家而言,对现场观看者的反应漠不关心是一个必要的特征。但是,他们为一个深层的信念所鼓舞:因为他们只能说出自己不得不说的东西,出问题的就不是他们的作品,而是视而不见、听耳不闻的观众。可传达性与普及性无关。"(LW10:110;AE:104)

艺术家如果专注于一种特殊的信息,并由此不向使艺术家的材料得以表现出来和具有表现性的手段开放,那么艺术家实际上就没有传达什么东西。可传达性是艺术作品的后果,而不是意图(intention)。换句话说,可传达性是艺术作品的目的(purpose),而不是动机(motive)。

韦伯斯特·胡德在《实用主义的形而上学》中指出,区分动机和目的是理解工具论的关键因素。胡德在这个问题上的看法试图阐明一般意思上的探究的工具本质;但是既然工具论没有在一般意思上的探究和特定的探究(除了根据材料和工具之外)之间做出区分,因此,胡德的观点可以有效地用于艺术的探究。

因为思维(包括艺术家对材料进行的思维)"发生在不完整的情形中,目的是为了整合或统合那些不协调的方面,如果不参照思维所致力达成的特殊目的或所服务的主题(subject-matter),那么任何时候都不能完全理解思维的运作和思维的真理。"①批评这一立场的人没有区分"目的"和"动机"。胡德指出,对工具论者来说,目的"不同于动机,就像新奇不同于惊奇一样。目的比动机更具有对象性(objective),因为目的是嵌入的,可以从主体和事物的关系中推断出来,思维就是为了缝合这一关系的裂纹、裂缝和裂口的。"②

例如,桥的目的是跨越河流。但是这不同于决定建桥的政治和经济动机。尽管动机永远是私人的,顶多是臆测的对象,但目的却是客观的。"对目的的了解使我们能够理智地进行**验证**,因此就能区分副产品和主要的结果。"③

如果这样来理解的话,目的既是自然的,也是工具性的。目的是对材料的生产性使用,以便发挥自然的功能。随着结构承担和发挥这些功能,结构就变得有意义了。

一旦理解了这种区分,我们就会明白,如果通常所说的"美的"艺术不论是由事态还是宣传的动机所引导,只要不是对情形和材料进行探究所获得的有目的的结果,那么"美的"艺术就不具有意义。在这种情况中,艺术作品就成了商品,带有了额外的和不需要的装饰,很明显是为了展示所用④,或者带有外在的政治目的。这种艺术不管是为了赚钱而生产的,还是在所谓的"社会现实主义"(social realism)中为无产阶级而生产的,强调的重点都是最终的和固定的目标,牺牲了对材料的诚实和敏锐的探究以及结果的传达性。

杜威指出,当艺术中的生产屈从于阶级利益,不管这种阶级利益是上层阶级的还是下层阶级的,也不管这种阶级利益是宗教的需要还是政治的需要,艺术又回到了历史已经证明它所不适宜的位置上(LW10:194;AE:19)。这种现象的例子不难找到:庚斯博罗的《安德鲁先生和

---

① Sidney Hook, *The Metaphysics of Pragmatism* (Chicago: Open Court, 1927), 53.
② 同上书,第54页。
③ 同上书,第54—55页。
④ 参见 Walter Benjamin, *Illuminations* (New York: Schocken Books, 1969) 和 John Berger, *Ways of Seeing* (New York: Penguin Books, 1977)。

夫人》(Mr. and Mrs. Andrews)*用各种材料所表现的,只不过是安德鲁夫妇对大批财产的所有权。⑤希特勒(Hitler)和墨索里尼(Mussolini)热衷的新古典主义的低级趣味作品和大量的美国广告,都把对材料的理智表现强行纳入到政治和经济的操控中。⑥西方宗教绘画和雕塑的历史中不仅充斥着曲解材料,用来满足狭隘的意识形态目的的例子,而且也充斥着丑化已有的形象,以便迎合意识形态中变化的立场的例子。⑦

三

因此,杜威对艺术的批判就类似于法兰克福学派对艺术的批判,特别是类似于马克斯·霍克海默(Max Horkheimer)对艺术的批判。霍克海默在论文《艺术和大众文化》(Art and Mass Culture)中认为,艺术作品是从媒介中诞生的,根据媒介来运作的。霍克海默对那些不能够真

---

* 《安德鲁先生和夫人》是 18 世纪英国画家庚斯博罗(Thomas Gainsborough, 1727-1788)的油画,是一对贵族夫妇的肖像画。画面中,大部分空间是英格兰的乡间风景。——译注

⑤ J. Berger (1977), 106.
⑥ 参见 Robert Hughes, *Shock of the New* (New York: Alfred A. Knopf, 1982), 99ff.
⑦ 参见列奥·施泰因贝格(Leo Steinberg)的《文艺复兴的艺术和现代湮灭中救世主的性事》(*The Sexuality of Christ in Renaissance Art and in Modern Oblivion*, New York: Pantheon, 1983)。该书对这个问题进行了完美的论述。

以行为规范之名对艺术的攻击是破除偶像主义(iconoclasm)的一种形式。但是还需要书写一部具体表现出来的破坏偶像的冲动的一般历史。我认为这样一部著作将把艺术的保存揭示为一种斗争的结果,间歇地受到反艺术情绪浪潮的威胁。

破除偶像主义的形态就像它所憎恶的对象一样是多种多样的。个中原因可能是教条的(例如在著名的东罗马帝国时期)、社会—政治的(例如革命分子对保皇党人肖像的破坏)、意识形态的(例如在希特勒和斯大林统治之下对"颓废"艺术的禁止)、道德观念的(例如在对审查的热衷中)、企业家的(例如为了城市发展和革新而撤迁),甚至可能是品味的,而这是最致命的原因,因为没有比近来对口味的厌恶更能威胁到艺术作品的存在(p.174)。

施泰因贝格列举了一些丑化耶稣画像的例子。在这些例子中,或者掩盖了或者去除了原作中描画的生殖器(p.174-183)。他没有考虑到杜尚(Duchamp)对艺术史上"杰作"的处理,例如杜尚画的带胡子的蒙娜丽莎。但是杜尚没有丑化蒙娜丽莎,他只是通过创造一幅全新的艺术作品,戏仿了蒙娜丽莎作为一个崇拜对象的价值。说没有"触动"原作是不对的。然而没有丑化原画。

正实现媒介潜力的艺术作品进行了尖锐的批判,因为这些艺术作品被迫承担了与其无关的政治和经济目的。霍克海默着重批判了沃特·迪斯尼(Walt Disney)公司出品的唐老鸭(Donald Duck)卡通片和整个好莱坞的电影"工业"。20世纪30年代,霍克海默留在了由法西斯统治的欧洲。他将美国的文化工业看作另一种用无关的因素篡夺审美目的的苍白阴影(pale shadow),而且这种取代更严重和更可悲。霍克海默在那篇文章中对杜威的工具论的评价明显不同于他在其他地方对杜威的批判。在那些地方,霍克海默把杜威的立场称为"仅仅是"工具论,认为杜威的这种立场是对美国工业进行无原则的辩护。

霍克海默高度评价了《艺术即经验》中关于"优美的"(beautiful)的段落。杜威在那一个段落中认为,可传达性是艺术作品的结果,而不是艺术作品的意图。⑧ 但是尽管"假想中的未来观看者已经变得靠不住,因为人类再一次像无限宇宙中人一样,变得孤独和自暴自弃,"霍克海默依然对杜威在他的著作中阐述的观点抱有希望。⑨ 他认为,效忠法西斯主义的大众就像"患有紧张性精神症患者一样,只有在精神恍惚的终了才会发现,他们什么也逃避不了。"⑩他从杜威的观点中找到了支持,认为艺术家"不断在言说一种不能轻易被理解的语言"并不是完全没有意义的。⑪

但是杜威进一步提出了另一种观点,我相信霍克海默是不会接受这一观点的。在杜威看来,对无产阶级、商业或宗教的关注可以合情合理地和富有成果地促进艺术的发展。事实上,这些兴趣标志着"一种新的关注方向,并能够注意到以前被忽略的材料……"(LW10:194;AE:190)。在这些情况中,它们"调动起那些没有被以前的材料所感动而进行表达的人的积极性……揭示并进而帮助打破过去没有意识到的界限"(LW10:194;AE:190)。就像在其他情况中一样,这时候的艺术作品仍然只是根据它们所满足的客观目的来得到有效的评价,而不是根据创作艺术作品时的隐藏动机来评价。

---

⑧ Max Horkheimer, *Critical Theory* (New York: Continuum, 1986), 290.
⑨ 同上。
⑩ 同上。
⑪ 同上。

为了更清楚地阐明这一点，我们似乎可以说，霍克海默认为唐老鸭的卡通片和爵士乐是不可救药的，因为它们被过度开发利用了，但是对杜威来说，它们不仅为审美愉悦提供了机会，而且也为探究增进审美的可能性提供了机会。

杜威认为，所有有意义的艺术作品都是以一些特殊的利益或其他类似的东西为标志的，否则它们就没有了来源、情境和推动力。但是，就像在其他形式的探究中一样，兴趣必须相互检测，手段必须与目的相互检测，狭隘的利益必须与广泛的利益相互检测。心灵的纯净、意识形态上的正确性、奉行自由放任的经济政策、宗教或道德上的正直——所有这些动机都不能保证成功地完成一件艺术作品，不管是从生产的角度来看，还是从鉴赏的角度来看，情况都是这样。

对杜威来说，具有讽刺意味的是，牺牲更广泛的利益、屈从狭隘利益的艺术通常被称为"工具的"艺术；这就是说，这样的艺术是实现或展示地位的工具，或者是政治结果的工具。杜威在提及艺术作品时使用的"工具的"一词，是与他对艺术作品必须具有卓越性的要求的理解相关的。他指出，"当活动能够产生一个足以激起不断更新的愉悦心情的对象时，就会产生这种卓越性。这种情况要求对象及其后继的结果要具有无限的工具作用，以产生**新的**使人满意的事情。如果不这样的话，对象很快就会枯竭，人们对它就会感到餍足"（LW1：273-274；EN：295）。

杜威指出："如果一个圆满终结的对象也不具有工具作用，它不久就会变成枯燥无味的灰尘末屑。伟大艺术所具有的这种'永恒'性就是它的这种不断更新的工具性，以便进一步产生圆满终结的经验。"（LW1：274；EN：296）这一点对于迪斯尼的卡通长片《白雪公主》(Snow White)和毕加索的名画《阿维尼翁的少女》(Le Demoiselles d'Avignon)*

---

* 毕加索（Picasso，1881-1973）的《阿维尼翁的少女》描绘一群花枝招展的妓女与静物。他在这幅画中放弃了长久以来主导西方绘画方法的写实描绘和透视空间传统，为此后的艺术发展注入了新的活力。——译注

来说是正确的;对于奥尔登堡的《晾衣架》(*Clothespin*)*、杜尚的《泉》(*Fountain*)**、弗兰克·劳埃德·赖特***为庄臣公司设计的总部大楼来说也是正确的;或者说对于工艺良好的"长柄镰刀和斧子的把手"所具有的"无与伦比的精确性"来说也是正确的。⑫ 正如乔治·伯恩(George Bourne)所说的,"工具的美是一种永恒的标志,如果恰当地掌控它,就会有技艺出现。"⑬ 按照杜威的工具论,只要我们拥有了必要的技艺,我们就像掌控精美的工具一样来"掌控"奥尔登堡的《晾衣架》和杜尚的《泉》。另外,掌控(handle)并不仅仅是简单地把握(grasp):掌控意味着操纵。

四

杜威认为,从探究的角度来看,通常所说的美的艺术和实用的艺术是不可分的,如果从他对手段(means)和目的(ends)的阐述出发,可以更好地理解这一点。在杜威看来,手段经常和前提相混淆,而目的经常被误认为是一个序列中最后出现的结果。当按照这种方式来理解时,自然而然发生的事件就不仅取代了艺术,而且被认为是艺术。换句话说,在这种情形中就把经过技术转化的经验,也就是那些生产性技能应用的结果,当成了自然的和不受控制的经验。

一方面是纯粹的前提或"因果"条件,另一方面是纯粹的后果或"效果",除非事出偶然,否则两者都不属于受到恰当控制的探究。两

---

* 奥尔登堡(Claes Oldenburg, 1929-),美国雕塑家。他通过将日常生活用品巨型化的方式,使世俗的东西转化为一种场所化的雕塑,他称之为"雕塑纪念碑",并希望通过它们来取代那些传统的古典庄严的纪念性雕塑,比如他把晾衣架变成巨大的景观雕塑。——译注

** 杜尚(Marcel Duchamp, 1887-1968),法国艺术家。《泉》是杜尚1917年的作品,由一个倒转放置的小便器构成。他解释这件艺术品的背后意念时说,"除去一件日常用品的最主要功能,给它一个新名字,从另一个角度赋予它崭新和充满美感的内涵。"——译注

*** 弗兰克·劳埃德·赖特(Frank Lloyd Wright, 1869-1959),美国建筑家。他在1939年为美国庄臣公司(Johnson Wax)设计了总部大楼。——译注

⑫ Hook,(1927),58n.

⑬ 同上。

者不同于手段和目的的地方在于,手段和目的是相互依赖的,它们各自为对方的工具,同时它们也是特定的探究过程的工具。

杜威一贯拒绝将手段视为服务于或屈从于目的。如果这样做了,就犯了传统哲学的错误。传统哲学总是在讨论至善(summum bonum),讨论衡量所有手段的最终的和一成不变的目标,或者在讨论价值的超验的或超自然的基础。在美学理论中,手段总是比"美"(Beauty)或"崇高"(The Sublime)低一个等级。

手段和目的在富有成效的生产中融合了;它们相互检测;⑭它们经历了更替,相互适应对方;对探究来说,它们之间的相互影响是很正常的。(这是杜威对技术的批判区别于直线工具论的特征,大多数杜威的批判者们都忽视了这一点。)这一点在绘画中是正确的。在绘画中,颜料、画笔和技能(technical skill)与依赖它们的作品相互影响。这一点在烤面包中也是正确的:面粉、水和面包师的技艺(art)是最终做出的面包结合和体现这些因素的媒介。这对于我们所说的司法系统、立法机关、执法机关这些社会和政治机构来说也是正确的。"一个主动的过程是在时间中展现的,但是在每一个阶段和每一点上总有一种积累,逐渐地积累和组合最终的结果。一个**对于**产生一个目的具有真正工具作用的东西,也总是一个目的**所具有的器具**。它对于它所体现出来的对象继续具有效能。"(LW1:276;EN:298)

人工物的失效——也就是说不具有意义,不管这些人工物是属于"美的"还是属于"工业的"——就是没能恰当受到探究的引导;这是一种技术的失效。探究失效的一个主要原因是忽视了手段和目的之间的相互联系。这些联系有可能很紧密,也有可能比较松散。当这些联系构成了一件艺术作品,也就说成了一件**能发挥作用**的人工物时,意义就很丰富,能够产生进一步的意义。当缺少生产性技能时,当艺术失效时,当目的和手段的联系薄弱或缺乏时,意义就被穷尽,人类的经验就

---

⑭ 参见 LW1:36-37(EN:31-32)。杜威有意识地使用了银行业的隐喻。理论或目的从它们得以产生的实践或手段那里"获取支票",并且根据实践或手段获得检验。按照字面的意思来说,这叫做"支付"(payoff)。也可参见(EW5:6):"当哲学家从行动的世界中接过了他的问题,他必须回到行动的世界中来稽核和清算帐目。"

受到了限制。

杜威反复强调,人工物不能发挥有效作用,不一定是由于艺术家缺少生产性技能,这也可能是由于实际需要使用这些生产出来的人工物的人缺少这种技能。这个观点是霍克海默在《艺术即经验》中发现的,他认为这一观点具有很大价值。实际上,杜威在完成1916年出版的《实验逻辑学论文集》(*Essays in Experimental Logic*)的导言之后,一直在阐述这一观点。

生产性技能对于采矿工程师和熔炼工人来说是必须的,以便有效地转化自然材料,例如把矿石转化为人工物。这个过程既具有内在的意义,也具有外在的意义。生产性技能对于从事日常工作的人来说也是必须的,以便有效地将具有焦点和情境、享乐和日常使用的原材料和当下材料,转化为**一种**能展示更多意义和含义的经验。生产性技能对于那些鉴赏和使用艺术对象的人来说也是必须的,以便把这些对象有效地转化和开发为更新的乐趣和深邃的洞见的来源。

我们继承了生物体所完成的生产性的成果,这些生物体的遗传物质变成了我们的组成部分,从这个意思上来说,审美鉴赏力是天生的。身体如果确实没有继承体验愉悦的结构性的和功能性的机会,那么身体就无法学会观看或者发展出其他的感觉。但是,如果我们不想一直处在孩提状态,那么就必须在新的技能和能力的生产中开发出这些机会。每个人都应该尽量使自己能够享受审美愉悦;在人类经验的这一领域中的生产,就类似于那些生产出通常被称作艺术的人工物的人所发展和实施的生产能力。有能力享受也是人为的。

杜威坚持主张,从生产和鉴赏的角度来说,不能够在"美的"艺术和"实用的"艺术之间做出有意义的区分。尽管在这个问题上爱默生(Emerson)和惠特曼(Whitman)已经有所阐述,尽管这个观点在某种程度上已经被像赫伯特·里德(Herbert Read)、约翰·考文霍文(John Kouwenhoven)这些评论家和林恩·怀特(Lynn White)这样的历史学家所接受,但是这个观点在今天看来依然很激进。然而,仍然有人将现代艺术分为"艺术"和"技术",仿佛艺术对象不是生产性技能的例子,"技术"反而成了"艺术"的敌人。杜威对此的回应就是,绘画和制造鞋子只不过是技术生产的不同种类。

杜威在这个问题上的观点非常明确。按照他的理解,"技术"根本不是艺术的敌人。技术**就是**艺术。当艺术受到威胁时,那不是由于"技术"的原因,而是因为艺术生产所需要的理智探究活动失效了,是因为没有具备鉴赏艺术所必须的技能。

五

认识到技术**就是**艺术并不意味着就不需要再用各种方式来确认这一观点。有人可能会说,绘画使用了技术手段,例如可买到的颜料,如此而已。或者有人会说,绘画解决了技术问题,因此绘画就包含了对问题的解决,此外再没有其他技术问题了。然而,在杜威看来,这是一种对艺术完成它们作品的低层次的分析。

事实是,有些艺术的对象可以按照很多方式成为技术的对象。我在这里只提供四个例子:(1)艺术产品可能是生产性技能的扩展和应用的结果;(2)艺术产品可能代表了、甚至(例如在抽象派艺术中)包含了作为生产性技能结果的其他对象;(3)艺术产品能够利用生产性技能来批评或评论它们所代表或包含的生产性技能的对象;(4)艺术产品能够利用生产性技能来评论自身在表达时所使用的生产性技能。

尽管这方面的例子有很多,我在这里只讨论一个例子。雷尼·马格里特(René Magritte)的名作《图像的背叛》(*The Treason of Images*)再现了一个烟斗和它上面的标签,标签上写着"这可不是一个烟斗"(Ceci n'est pas une pipe)。这幅画用技术上非常精致的媒介构造了一幅图像。它再现了一个比例恰当的技术人工物,在这幅画里就是一个烟斗。然而,马格里特并不是**随便**选了一个烟斗。这个烟斗是勒·柯布西耶(Le Corbusier)在 1923 年的《走向新建筑》(*Towards an New Architecture*)中仿造的,把它作为简洁和功能性设计的象征[15]——这是一个现代主义的烟斗。此外,马格里特的绘画还试图传达出象征主义在绘画

---

[15] Hughes (1982), 243-244.

中的作用。正如罗伯特·休斯(Robert Hughes)所说的那样,"从来没有画家声称'一幅画不是它所再现的东西'。柯布西耶的烟斗加上马格里特的重新表述,就成了幻觉之镜中的空洞,成了一条转向一个完全不同的世界的通道。在这个世界中,事物失去了它们的名字,或者说虽然名字还保留着,但是意义改变了。从一个方面来说,马格里特的行为领域触及到了哲学;而从另一个方面来看,这又是一场闹剧。"⑯

马格里特的绘画具有丰富的意义和含义:它们能提供连续不断的愉悦,同时它们是一个向度,能够使看到这些绘画的人,都能立刻从中感到不安和满足。但是杜威所说的有意义的艺术作品并不限于通常所说的"美的"艺术。它们不仅包括成功的绘画,而且也包括鞋子、建筑、面包、爵士乐演出和电影。像纽扣这样不起眼的东西也具有无限丰富的意义。

林恩·怀特为这种工具论的观点提供了一个例子,这个例子也许能让杜威满意:

> 13世纪的欧洲人不仅在诗歌的形式上发明了十四行诗,而且也发明了实用的纽扣,这就使得在北方地区推行文明的生活更加成为了可能。因为我们是根据传统的人文主义前提受到教育的,所以我们就重视十四行诗,但却认为纽扣仅仅是纽扣而已。寒冷地区发明纽扣的北方人能否发明与他们同时代的西西里人所书写的十四行诗,这还有疑问。用来发明十四行诗的韵律和节奏关系的才能,与用来察觉到纽扣和纽扣孔之间的空间关系的才能是否为同一种类型的才能,这也同样有疑问。因为只有见到纽扣之后,才会明白纽扣是怎么回事,甚至见过之后也没明白。中国人从来没有接受纽扣:他们一直用衣服上的绳带,通过绕圈打成结来系衣服。当葡萄牙人将纽扣带到日本后,日本人非常喜欢纽扣,他们不仅接受了纽扣,而且还接受了葡萄牙文的纽扣名字。人文主义的价值是在一些非常特殊的环境中,由一些特殊的群体,经历漫长的过程培育出来的。但是这些人文主义的价值没有足以包含可见的

---

⑯ Hughes (1982),244.

人的价值。自 13 世纪以来,成千上万的母亲用纽扣系牢孩子的衣服,抵挡冬天的严寒,她们对纽扣的热情不亚于对十四行诗的热情,她们对纽扣发明人的感激之情要超过对十四行诗的发明人的感激之情。如果历史学家不仅关注艺术形式,而且也关注人口、公共卫生以及吉尔菲兰(S. C. Gilfillan)所说的文化的"寒带进程"(the coldward course),那么他肯定都会重视这两种完全不同的创造性的表现形式。⑰

怀特认为,技术的创造力决不是"一元的";这就是说,发明吹制玻璃和发明水磨同样需要才能和禀赋。他指出,在公元 1 世纪制造出这两样伟大发明所需要的才能,不同于我们这个时代中爱因斯坦和毕加索的才能。因此,当有人认为因为**智人**(*Homo*)是**制造者**(*faber*),所以**智人**才类似**现代人**(*sapiens*)时,怀特否认了这种观点。他尖锐地指出,"**智人**同时也是**游戏者**(*ludens*)、**祈祷者**(*orans*),等等。"⑱

杜威也以一种不同的方式坚持这种观点。对杜威来说,技术的一种意思就是生产性技能。这种生产性技能是由人类在**改变**环境和使自己**适应**这些环境的规划中实施的。杜威把这两种活动合起来称作根据周围的情况进行**调节**(adjustment)和**处理**(transaction)这些情况(LW9:12;CF:15-16)。另外,除了进行调节和处理情况的规划所包含的具体活动之外,技术也可以说就是这种规划本身。然而,并不是人类所有的活动都包含着对周围环境的调节,这就是说,并不是人类的所有活动都是技术性的。杜威提醒我们注意,在有些经验领域中,认知并不发挥作用,也同样是在有些经验领域中,生产并不是主动的。人类从事一些仪式、常规和一般性活动;他们关注的是当下获得的愉悦。在这里,杜威是在相对的意思上使用"当下"(immediate)这一术语的。

---

⑰ Lynn White, "The Act of Invention: Causes, Contexts, Continuities and Consequences," in *The Technological Order: Proceedings of the Encyclopaedia Britannica Conference*, Carl E. Stover, ed. (Detroit: Wayne State University Press, 1963), 113-114.

⑱ 同上书,第 114 页。

然而,在杜威那里,技术的含义具有空前的广泛性和包容性。对于那些认为观念、认知和理智活动都是作为杜威所说的广义的技术人工物来发挥作用的人来说,也许就不存在对技术的其他批判了。

这一观点有力地将杜威的一般性的探究理论与他的艺术作品的生产和享用的理论结合起来。就像我在上一章中所阐述的那样,观念、认知和主动地参与实验情境都是探究的人工产物,它们就像用帆布和颜料制成的艺术作品、石头、金属、塑料、钢铁或做鞋用的皮革一样,具有同样重要的意义。杜威非常明确地指出了这一点:"总之,观念就是艺术和艺术作品。观念作为一种艺术作品,直接释放出了后来的行为,在创造更多的意义和更多的知觉中使观念更加富有成效"(LW1:278;EN:301)。对杜威来说,纽扣就像十四行诗、逻辑对象或科学理论一样,都是技术人工物,也是艺术作品。如果这些人工物都能发挥作用,那么目的和手段就积极主动地和富有意义地结合在一起。

六

杜威引入"可见可即的目的"(end-in-view)这一术语,是为了更清楚地阐明他对手段和目的的理解不同于传统的解释,也是为了把他所说的"目的"与在古希腊和中世纪哲学中发挥重要作用的固定不变的和最终的目的区别开来。

如果说对人类经验的分析揭示出了什么东西,那就是"人生来就更对圆满(consummations)感兴趣,而不是对准备感兴趣;当结局成为预见、发明和工业的对象之前,它们最初一定是自发地和偶然地想到的——这就像婴儿得到食物和我们大家借助太阳取暖一样"(LW1:71;EN:69)。"人类的历史表明……人类善于享受,而且是尽可能走捷径来获得享受。"(LW1:69;EN:67)

这些享受只要是当下获得的,那么它们就是不为人知的和不可知的。它们并没有包含比较、对照、关联和共存,而是包含了审美享受,而这些审美享受的价值是只与自身相关的、自给自足的和最终的。杜威认为希腊哲学的奠基者们犯了个错误,误把这些天生具有的审美享受当成了知识的对象。他们试图把知识引入到一个与知识不相干的领域中,认为非人类的自然的运作要高于人类理智的运作。

这一错误导致的结果就是手段和目的的割裂,这一点成为大部分哲学历史中占主导的特征。"在古希腊思想中,对目的的知觉只是对于自然过程所借以完成的对象形式所具有的一种审美静观"(LW1:86;EN:86)。对于柏拉图和亚里士多德来说,其他事物的存在要依赖于天然发生的目的,而天然发生的目的并不是为了任何其他的目的而存在。正是从这个意思上来说,希腊思想是静态的而不是动态的,是静观的而不是实验的。

在笛卡尔之后两个世纪的现代哲学中,目的被当作个人和主体自己的创造,试图以此来阐明个人的欲望,或者是"一个无限心灵已经得到满足的意愿的有限摹本"(LW1:86;EN:86)。现代人犯的错误恰恰也是希腊人犯的错误:目的被当作最终的,完全不同于那些实现目的和为目的而存在的事物。

杜威对手段和目的的分析试图克服这种长期存在的分裂。他认为,希腊人至少在一点上是正确的:在目的成为探究对象之前,自然过程必须已经完成。但是杜威的想法中有两个重要的方面不同于希腊人的。首先,从自然的目的成为值得静观的对象的意思上来说,自然的目的不是最终的,而是主动地调节进一步产生的人工的或技术的结果的手段。其次,如果对于进一步的探究来说,自然的目的不是手段而是目的本身,那么调节性的探究就会退化,因为它不能把事物联系起来,成了形而上学的幻象(LW1:86;EN:86)。

杜威认为,现代人在对这些问题的看法上又走向了另一个极端。在现代人看来,自然的结局和界限通常与欲望对象的表述无关。"在经验的事实中,(目的)是对于可能出现的后果的筹划;它们是可见可即的目的。对于目的的预见,就像对树、石头这些外在于生物体的**当下**对象的知觉一样,也受到在先的自然条件的制约。"(LW1:86;EN:86)杜威认为,现代人没有认识到,天然发生的目的是"平台"(platforms),

由此才能考虑其他事物。⑲

对杜威来说，所有的目的都是可见可即的目的——换句话说，它们是"目标，是经过慎思之后认为值得争取和为之奋斗的事物。它们是由按照它们当下的和最终的性质所形成的对象来构成的；这些对象一度曾经作为事物的结局而发生过，但是现在却不存在了，而且它们也不可能存在，除非通过一种改变周围环境的行动"(LW1:88;EN:88)。实现和评价自然目的以及认识它们的工作，使自然目的脱离了当下享用的领域，使得对它们的价值和有用性的评估成为值得为之努力的事情。受控的探究造成了一种情形，在这种情形中，可以把好的东西和坏的东西区分开，把有意义的（生产性的）事物和不知引向何方的事物区分开。因此，可见可即的目的就具有了一些相对来说是最终的和内在的性质，这就像对于进一步阐发那些只是隐含在可见可即的目的中的意义来说，可见可即的目的具有了一些相对来说是外在的和工具的性质一样。"审美对象可以是有用的，而一个有用的对象也可以是审美的，或者说……当下性和效用性尽管是两个可以区分开的性质，但是从现实存在的角度来说，它们是不可分割的。"(LW1:90;EN:90)

同以往一样，杜威为此提供了一个例子。这个例子简单明了，从技术上来说也很常见。杜威指出，当一个人建造房屋时，可见可即的目的就是计划，这**涉及到**材料的选择和结构的安排。可见可即的目的不是遥不可及的目标，而是内在于建造房屋的每一个阶段中，构成了所使用材料的意义。即使当房屋完工时，可见可即的目的也不是最终的"目的"，因为每个阶段中做出的决策仍然影响着对最终完成的产品的使用方式。手段和材料仍然为建成的房屋赋予含义，而房屋仍然为使用的手段提供含义。在每一件成功的人工物的生产中，也就是说在成功探究的每个阶段中，手段和目的相互渗透，它们只有在事后回顾时才能区分开。"自由艺术的每一个过程都证明了手段和目的之间的差别是

---

⑲ 参见胡德（Webster F. Hood）在《杜威和技术：一种现象学的方法》（Dewey and Technology: A Phenomenological Approach, in *Research in Philosophy and Technology*, vol. 5, Paul Durbin, ed. Greenwich, Conn.: JAI Press, 1982）一文中对这些"平台"的详细论述。

分析上的和形式上的,而不是材料上的和时间顺序上的。"(LW1:280;
EN:303)这是杜威阐述的众多"哲学谬误"的另一种说法。

七

杜威对手段和目的的看法为他提供了强化两种区分的工具:1)他把审美享受和艺术生产区分开,2)把自然和技术的(人工的物品)区分开。这种区分在前面的讨论中已经做出。杜威指出,审美享受和艺术生产都包含一种对意义的知觉。在我们所说的审美经验中,存在对事物中的一些趋向的"专用的享受"(appropriative enjoyment),这些事物中的趋向已经产生了富有成果的结论,不管这些富有成果的结论是由自然促成的,还是由以前(技术的)艺术的努力促成的。但是,最高层次的审美享受无疑是生产性技能运作的结果。

鉴赏不同于简单的愉悦,它不是多余的,而是专用的。鉴赏是由最高等级的认知所形成的愉悦:这样一来,它就是一种受控的探究,因此成了一种技术工作。当艺术家生产的对象能够提供愉悦时,这些对象就在最源初的层次上发挥作用。但是,当这些对象与准备鉴赏它们的人相互影响时,这些对象就能够发挥更有效的作用。这种准备本身是一种技术建构的形式。

在已有的鉴赏中,有一种特殊类型的鉴赏,那就是科学家的鉴赏。科学家开发出一些技能,能够作用于和转化一些特殊种类的自然事件。科学家也必须能够鉴赏科学的人工物,这包括具体的工具和概念的工具,这些科学人工物是由科学家的同行们开发出来的。科学研究受到审美愉悦的激励有着非常重要的意义,这些审美愉悦往往伴随着与设备的交互作用。这些设备包括高速计算机、X射线机器、离心机、闪光的玻璃器皿、从彩色绘图仪中获取的图形显示。科学研究从审美愉悦中获得的激励,不亚于从与同事的交流、研究成果发表后的满足感、从国内外荣誉和奖励体系中受到的激励。为什么杜威说科学是一种特殊类型的艺术,这就是其中的一个原因。

但是,有一些专用的和被鉴赏的对象和事件要比其他的对象和事件更加丰富,也更具有启发性,这就像有些人为了占用它们,比其他人准备得更充分一样。当艺术生产完成后,结果就是为了有助于占有活动,认知者具备了一些指导、方向和线索。艺术生产寻求、把握和进一步开发情形的可能性,这些情形的可能性呈现在自然的趋向或此前已经开发出来的趋向中。

正是在这种情境中,"艺术模仿自然"的直觉才会活跃起来。对具有审美愉悦和充满意义的对象的生产当然包含对自然对象的模仿、复制甚至临摹。爱德华·韦斯顿(Edward Weston)和安塞尔·亚当斯(Ansel Adams)的摄影作品,连同乔治亚·奥基夫(Georgia O'Keefe)的绘画,提供了大量的例子。此外,如果电影是"现实主义的",那么电影通过什么方式成功地成为"艺术"还是没有成为"艺术",对此有大量的文献进行了研究。[20] 但是,模拟只是艺术模仿自然的一种意思。在一种更丰富和更一般化的意思上,艺术之所以模仿自然,是因为自然是丰饶的和多产的,能够产生后果,而这些也是生产性技能要完成的。艺术不断实现的只是隐藏在或孕育在自然中的东西。[21]

---

[20] 参见吉罗德·马斯特(Gerald Mast)和马歇尔·科恩(Marshall Cohen)主编的《电影理论和批评》(*Film Theory and Criticism*, 3rd ed. New York: Oxford University Press, 1985)。这本卓越的文选中选择了7篇文章,统编为"电影与现实"。

[21] 参见沃尔夫冈·沙德瓦尔特(Wolfgang Schadewaldt)的《希腊人的自然和技艺概念》(The Concepts of Nature and Technique According to the Greeks, in *Research in Philosophy and Technology*, vol. 2, Paul T. Durbin, ed. Greenwich, Conn.: JAI Press, 1979)一文的第166页。对于希腊人和拉丁人对"自然"一词的一般用法的具体含义,沙德瓦尔特提供了一个极好的分析。我大量引用了他的文章,因为他的分析阐明了杜威的观点。杜威对自然的理解,就像沙德瓦尔特解释的希腊人对自然的理解一样,是功能性的,是一个"动名词"。

在拉丁文中,**自然**(natura,起源于 nasci,意思是"被生出的")最早是农夫和饲养者的语言。农夫和饲养者具体地用**自然**来指雌性四足动物的子宫口。通过用来指出生的地方和生命得以延续的地方,**自然**很早的时候就用来翻译希腊语的**物理**(physis),因此,**自然**最初的具体意义就得到了扩展,包含了新的一般性内容。这样一来,**自然**就代表了一切事物的创造性的来源。从另一种意思上来说,这些事物带有生来即有的特性,因为**自然**也决定了它所产生的事物的结构。
另外,在现代科学和通俗的说法中,物理这个术语是指一个对象的领域,但是希腊人从不用这种方式来使用这个术语。
在我们周末远足所去的"自然中",会发生这样或那样的事情,或者这个或那个风景怎么样,**物理**(physis)决不是这种意思上的"自然"(nature)。**物理**(physis)的词(转下页)

尽管通过制造和使用技术（即生产性技能）来模仿自然是一种模拟，但却不单单是模拟。它也包括延续自然已经开始的过程，并且更好地推进自然的进程这一意思上的模仿。生产性技能接管了自然的进程和事件，并且为了人类的使用和享受而进一步发展它们。它掌握了自然的开端和结局，并把它们转化为条件和结果。对杜威来说（对亚里士多德来说同样如此），**技艺**（*techne*）或生产性技能是最重要的术语，因为它引发了人与自然之间的联系和相互影响，并且使得人成为自然的一部分。但是它也建立了人与自然之间的独特性关系。人完成了自然所做的事情，这不仅因为人是自然的存在者，生活在一个自然的和人工的世界中，而且因为非人类的自然只能做出暗示，没有人类的干预，它就不能产生结果，从这个意思上来说，人是多产的和生产性的。

八

毫无疑问，杜威在《艺术即经验》中阐述问题的方式导致了相当大的疑惑，并且这种情况还会持续下去。《艺术即经验》出版于 1934 年，而斯蒂芬·佩珀（Stephen Pepper）在此两年之前就已经开始研究他所说的"一种实用主义美学的说明"[22]。他认为自己的研究"预示着一个实用主义者将要进行的重要研究，只要这个实用主义者要进行一项经过深思熟虑的和进一步的研究。"[23]佩珀被自己在这里的发现震惊了。

（接上页）是希腊语动词 *phyo*，它的意思类似于"产生"、"长出"、"生长"，主要用在植物学领域中，例如树长出叶子、开花和分枝，还用在动物学领域中，例如长头发、长毛发、长翅膀和长角。另外，名词**物理**（physis）就像所有带有-sis 词根（类似英语的动名词）的希腊语一样，并不意味着一些对象或物质材料，而是意味着发生、事件、指定活动。如果我们按照**本质**（Wesen，Wesen 是德语，意思是"存在"、"本质"，对应的英文是 being 或者 essence。）最初的能动意义来理解，例如在动词**管理**（verwesen[Verwesen 的德语，意思是"管理"，对应的英文是 administer 和 manage。]）中，那么**物理**还意味着**本质**。

[22] Paul Arthur Schilpp, *The Philosophy of John Dewey* (Evanston: Northwestern University Press, 1939), 371.

[23] 同上。

杜威重新退回到"有机的"或黑格尔主义的观念论,佩珀认为这一点非常令人遗憾。杜威在19世纪80年代转向工具论之前,这种"有机的"或黑格尔主义的观念论是杜威著作的特点。

克罗齐(Benedetto Croce)跟佩珀的看法一致,认为杜威的美学著作是一种有机的观念论。但是克罗齐认为这种情形没有多少值得遗憾的。他认为杜威回到了理智的根源,这让克罗齐欢欣鼓舞。他宣称,《艺术即经验》中表述的观点,几乎就是他在1902年出版的《美学》(Estetica)中阐述的观点。

杜威不同意对他著作的这些解释。他对克罗齐的回应异常刻薄。他不仅对克罗齐不让步,而且否认他们具有相同的立场。[24] 然而,除了跟克罗齐的唇枪舌战,杜威为了回应克罗齐而写的两页纸的论文还是有价值的,因为这是他对自己在《艺术即经验》中所阐述的立场的简洁表述。

首先,杜威重复了自从1903年的《逻辑学研究》(参见 MW2:313;SLT:19;EEL:98)以来一直坚持的一个主张:"认知是作为**活的**生物的人类的活动;认知代表了对人类生活的高度关注。"[25]换句话说,尽管认知是丰富人类生活和使人类生活更加具有意义的手段,但是认知无疑是唯有人类才具有的活动。

其次,杜威强调了他从1903年以来就表述过的另一个观点:科学尽管是一种重要的活动,但是科学不是人类经验的范式。"如果合理地来问,科学和艺术这两者之间,谁从谁那里受益更多,我倾向于认为科学从艺术那里受益更多。"[26]但是在这句话中,"艺术"并不意味着艺术哲学。杜威认为他很少从"哲学家所写的关于艺术的正规论文"[27]

---

[24] John Dewey, "A Comment on the Foregoing Criticisms", in *Journal of Aesthetics and Art Criticism* 6 (1948), 207.

[25] 同上书,第208页。

[26] 同上书。同时也可参见 LW10:91(AE:85):"然而,这就是科学陈述的新奇性,而且它现有的威望(这最终取决于它的直接功效)使得科学陈述常常被认为比起标志牌来说具有更多的功能,可以揭示事物的内在本质,或者使事物的内在本质具有'表达性'。如果事实真是这样,那么科学陈述就会与艺术相互竞争,而我们将不得不做出选择,决定两者之中谁传达的启示更具有真实性。"

[27] Dewey (1948), 208.

(无疑这也包括克罗齐的论文)中学到什么东西,因为哲学家几乎普遍都将艺术从属于哲学,"而不是在用艺术自身的语言来鉴赏艺术时,把哲学当作一种附带的帮助。"[28]

最后,杜威把科学看作一种"高度技能化的技术"。[29] 生产性技能用在艺术作品的创作和审美鉴赏的提升问题上,这不仅包含了我们所说的科学的技能,而且也提供了理解"**作为**(AS)生活的人类生活的运作"[30]的关键因素。

就像在其他地方一样,杜威明确指出,在人类的生活中,有一些领域不涉及认知的知识。他认为,审美经验中有大量的领域不可能成为理智的探究或生产性技能的应用所转化的对象。在这些经验中,生活是丰富多彩的,尽管有些经验领域从它们自身看来并不丰富多彩;我们没有足够的机会追寻每一条线索,没有机会评价和解释每一个暗示。但是在考虑两者的这种联系时,有必要重复一下约翰·麦克德谟特说过的一段极为恰当的话,这段话在以前的章节中也曾引用过:

> 经验……并不是没头没脑的,因为它充满了关系引导、推论、蕴涵、比较、内省、方向、警告等等因素。经验**如何**发生的节奏具有一种美感,这种美感是预期和结局之间关系的主要特征,但是它还有其他不稳定的因素,例如灾害、损失、厌烦和无精打采……整个人类的奋斗目标就是努力应用有创造性的理智方法,以便在从未停止过的道德斗争中实现最适宜的可能性,调和手段和目的的关系。[31]

人类经验的得天独厚的特征就是把一些暗示当作潜在的含义,将它们作为有意义的东西加以实现,享受作为生产性活动结果的附加价值。人类每时每刻都在做这些事情。这种基础性的活动有各种形态和规模,也有不同水平的强度和含义。这些活动相互交织,为争夺优先权而相互竞争。从这些术语的角度来看,人类生活的目的并不是一些马克

---

[28] Dewey (1948), 208.
[29] 同上。
[30] 同上。
[31] John J. McDermott, ed., *The Philosophy of John Dewey*, vol. 1 (New York: G. P. Putnam's Sons, 1973), xxv-xxvi.

思主义者所说的实践,也不是汉娜·阿伦特(Hannah Arendt)所说的静观,甚至也不是一些美学家所说的享受。相反,人类生活的目的是生产的循环:新含义的生产、新的情感的生产、新的享受手段的生产、新的生产技巧的生产。人之所以为人就在于生产,就是推进自然所赋予的东西,就是构建我们自己,就是成为技术的存在者。

总之,这就是杜威所说的"工具论"。在《艺术即经验》中否认审美经验能够被定义为一种知识模式的段落中,杜威为"工具论"提供的定义也许是最精确的:"我时常提出知识的概念是'工具性的'。批评家们把一些奇怪的意义归咎于这一概念。它的实际内容其实很简单:知识是通过控制当下经验所实施的活动来使这种经验得到丰富的工具。"(LW10:294;AE:290)

总而言之一句话:刚刚经受的当下经验、受控制的探究和体会到丰富性的**一个**经验。这也是主动使用的生产性技能的定义。

九

杜威有一个观点认为,"审美经验"的材料经常独立地生长,完全脱离了我们有意识的目的。这一观点经常被人们忽视,即使那些非常勤奋地阅读他的著作的人也忽视了这一点。只有通过具体的和生产性的活动,"审美经验"的材料才能找到表达的途径。但是在这时,它已经发育成熟和比较完善。有一个人正确地看到了这一点,他就是托马斯·亚历山大(Thomas M. Alexander)。他写道:"随着**一个**经验的发展,为了能够把它的材料表现出来和聚合在一起,它揭示了它的材料和这种材料的可能性。随着材料显现出来或者在作品中建立起来,材料聚集到了一起。作品就是过程,是通过考虑到创作主题的要求而把创造者和鉴赏者联系起来的硬性规定。"㉜

杜威在1898年批评赫胥黎(Huxley)时用了一个类比,认为人类经

㉜ Thomas M. Alexander, *John Dewey's Theory of Art, Experience and Nature: The Horizons of Feeling* (Albany, N. Y.: State University of New York Press, 1987), 212.

验所展示出来的含混性(ambiguity)就像园艺的含混性一样:从一种意思上来讲,是我们**种植**(grow)花草;但是,从同样重要的另一种意思上来讲,花草是自己在**生长**(grow)。㉝ 尽管花匠用心地栽种苗圃,一丝不苟地照管,确保及时除草、定量浇水和施肥,但是还是有很多事情是花匠很难干预或根本控制不了的。花草逐渐成熟。花匠没法控制遗传信息,这些遗传信息是自己表现出来的。花匠对光合作用只不过略知一二,光合作用是自然发生的。

在杜威对技术的批判中,人类能够处理和有效控制疑难情形,这就像各种自然事件一样,是一件很自然的事情。在《艺术即经验》的开头,杜威唤起另一种意象来表达这一事实:海岛上的居民因为每天忙于日常事务,就会忘记周围发生的东西,忘记他们的成功和失败,忘记山顶上发生的事情,忘记海洋深处看不见的地方发生的众多事情。那些主导他们狭隘的关注焦点的活动是由他们远远不知道的活动所支撑的。

杜威引用威廉·詹姆斯在研究宗教经验时一段话来阐明他的观点。詹姆斯指出,意识的目标和焦点通常是一些模糊的和不确定的东西。然而,与此同时,意识过程却表现出一种"有机的成熟"。这种"有机的成熟"是由与意识过程相关联的下意识的力量辅助完成的。下意识的力量是积极主动的,但是却在背后发生作用。过多有意识的努力实际上可能会妨碍对周围环境的理智评价。因此,"当这种新的能量中心在下意识中被培养起来,将要开花结果时,我们只能'袖手旁观';它必定会以自己的力量开出花来"(LW10:79;AE:72)。㉞

理解这一问题的关键在于对两个事实的评价。第一个事实是,在其他方面是独立运行的活动,是由同一个活的生物来进行的。在有意识的意图之下,独立运作的筹划的结果,与虽然已经开始、但还没有完成的理智的筹划,两者是相互作用的。但是"当耐性发挥到极致时,人就被专用的沉思默想(muse)所占据,说话和唱歌都好像出于某个神的

㉝ 杜威在他的文章《进化与伦理学》(Evolution and Ethics)中提出了园艺的比喻。
㉞ William James, "Conversion", lecture 9 in *The Varieties of Religious Experience: A Study in Human Nature*. The Gifford Lectures on Natural Religion delivered at Edinburgh in 1901-1902 (New York: Longmans, Green and Co., 1902), 209-210.

意旨"（LW10：79-80；AE：73）。

杜威明确指出，这种情况不仅在"艺术家"那里存在，而且在"思想家"、科学家、技术工人那里也存在。在所有这些人的工作中，都有"情感化的想象"在整理不完整的和没有成形的材料。当然，商务办公室中遇到的材料不同于在画家工作室中发现的材料。在每一个职业中，为了表述各自的材料而实际开发出来的工具也各不相同。但是在杜威看来，这些不同领域中的探究技艺却是相同的。它们都要应对自然的和人工的现存事物的趋势。它们都包含了对意义的有创造性的操控，以便使这些材料得到明确的表达，否则这些材料仍然是没有联系的和没有生命的。每一种工作所表达的都不是工匠、对象或认知者的属性；这种表达发生在材料已经成熟的情形中，由此使可传达性得到加强。

第二个事实更重要：活动除非是独立运作的，否则就是由一个共同体中的成员所从事的，他们的现有工具和意义是共享的。然而，就像对于个人一样，对于群体来说，不完整的材料割裂成块，没有被充分地表现出来，需要展现、研究和发展它们。杜威在《宗教功能的人类居所》（Human Abode of Religious Function）的论文中对这一点的阐述最明确。这篇论文构成了杜威在1934年耶鲁大学"特瑞讲座"（Terry Lectures）的部分内容，后来以《共同信仰》（A Common Faith）为名出版。杜威在这篇文章中引用了艾尔斯的一段话："正如一些历史学家们所说的那样，我们的工业革命是以纺织工业中的六项技术改进开始的；一个世纪之后我们才意识到，除了纺纱和织造上的明显改进外，工业革命对我们还意味着什么。"（LW9：50；CF：75）㉟艾尔斯着重指出的一点是，科学和工业变化所释放的力量根本不是中立性的。就像麦克德谟特提醒我们注意到的那样，情形并不是没头没脑的——它们充溢着价值。但是，尽管这些力量变得成熟，按照一定的方式发展，而且通常独立于主动的人类所施加的技术控制，但是并不能因此就像马克思这样的历史决定论者所说的那样（例如在马克思的一些著作中），认为它们是主导历史的"力量"。从人类目标的立场来看，这些力量是不完整的和混乱的。它

㉟ 不管是杜威还是《杜威全集》鉴定版本的编辑者们都没有提及艾尔斯的著作。

们表现出冲突的模式,展示了任意武断的和没有效果的结果。它们还不是它们应该是的样子。它们类似于自然的开端和结局。但是它们同时也像詹姆斯所说的下意识的"能量中心"。就像个体的艺术家在工作时所使用的颜料或石头这些材料一样,这些力量也需要重新组织和改造,我们最好称之为艺术的。

杜威把表现这些能量中心、这些科学和技术力量的方式称为"社会理智"(social intelligence)。对杜威来说,社会理智是一种艺术生产,它是由一个群体,也就是由公众来承担的。

我将在第七章中讨论各类公众在表达技术趋势中的作用时再回到这个问题上来。我将就艺术如何成为艺术表现的工具做一个简短的评论,以此来结束本章。

科学可以是这种表现的工具,但是在这些探究形式中,更多地是由通常所说的"艺术"来完成这一功能。之所以这样说,是由于以下几个原因。首先,艺术是一般人日常生活的一部分,而科学却不是。装饰、礼节和仪式不只是在我们称为"原始的"简单社会中的人类生活所具有的:在高度复杂化的工业社会中,这些活动事实上装点着最老练的社会成员生活的每一个领域。其次,就像杜威所说的那样,科学与对象的含义有关;而艺术与对象的表达有关。科学通向一个经验;而艺术构造一个经验(LW10:91;AD:85)。科学家可以根据葡萄的糖含量、酸度等因素,提供对葡萄收获的内涵的分析。但是酒商却像艺术家一样,根据最终的产品来**表达**这种收获。第三,艺术是跨文化的,而科学只能期望如此。国际科学会议仍然依赖自然的语言,这些自然语言是由技术词汇构成的。这时在翻译上必须努力协作,而翻译总是很难有效传达。但是国际上自发组织的集会、棒球比赛、爵士乐和摇滚乐庆典和工业展览会则以确实令人惊异的方式跨越了文化的界限。与科学或文学的语言相比,上述活动的语言更普遍,更能够直接得到理解。

杜威由此得出结论说,艺术中的教育远远不是简单地传递信息,教育的过程是我们用来强化生产和鉴赏的过程,以便能够生产出更丰富的审美经验。艺术并不是"带给"产业工人的某种东西。从艺术上来讲,除了艺术之外,产业工人的日常环境的其他方面都是贫乏的。巡回展览和公共雕塑作品都不能取代有思想性的衡量标准。有思想性的衡量标准是用来提高整体环境的审美属性。

在这个问题上,杜威认为工业技艺(industrial arts)的重点不应该在于借贷平衡;与此相反,工业技艺的重点应该是把最终的使用和消费作为"价值、决策和方向"的标准(LW5:105;ION:135)。杜威指出,经过这番改善,艺术中的教育就成为生活艺术的指导。因此,对杜威来说,艺术中的教育最终"与通过想象来交流和参与生活的价值有关,而艺术作品是最知心的和最有力的帮助个人分享生活艺术的手段"(LW10:339;AE:336)。

第四章 从技艺到技术：杜威对技术史的解读

认知的意思就是说，人们已经愿意放弃宝贵的所有物；为了把握那些他们目前还没有的东西，愿意放弃现有的东西，不管现有的东西是多么宝贵。更多的和可靠的目的依赖于放弃现有的目的，把它们降为有所指示和有所暗指的手段。对科学的最大的历史障碍就是不愿意放弃现有的东西，唯恐这样做会使道德的、审美的和宗教的对象受到损害。（LW1:107;EN:110）

当人们在探究中采用了已经变得更为精密的技术用具时，当透镜、摆锤、磁针、杠杆被用作认知的工具时，以及把它们的功能当作解释物理现象时所应遵循的模式时，科学便不再是对于高贵和理想的对象进行鉴赏式的静观，不再从属于审美完善，而是变成一项在理智管理之下有时间和有历史的事件。（LW1:120;EN:125）

一

在1927年的论文《哲学与文明》（Philosophy and Civilization）中，杜威谈论了很多历史的建构和历史在我们所说的"文明"这种更广义的建构模式中的地位问题。杜威首先指出，书写历史的人也陷入在历史中：他们属于创造未来历史的成员，就像他们是过去历史的创造物一样。历史学家实际上可能追寻的是真理；但是在这样做的时候，从更根本的意思上来说，他们追寻的是意义，因为"真理只不过是意义的一种类型，也就是说，在真理中，一项主张是由真理的结果来验证的，而这本身是真理的意义的内在组成部分"（LW3:4-5;PC:5）。从这句话来看，我们与其把杜威对技术哲学历史的探究视为对真理和谬误的追查，不如视为试图洞悉和扩展意义。

由于杜威拒斥了观念论，因此也就拒斥了含义与现实存在共生的主张，也就是说，拒绝将价值等同于事件。事实上，有很大一部分现实没有含义。地图不是领土,也从来不会是领土。尽管杜威一直抵制各种形式的二元论,但是杜威在这个问题上承认存在一种不对称,而这种不对称是不可以消除的:在任何时候,现实和意义都不能相互取代对方。历史还远未终结;历史总是反映了书写历史的人的利益。历史的书写远远不是给事实编写目录;它是将价值赋予缺少价值的现实。"人类特有的生活本身就是更大范围现实存在的意义,如果没有人类的这种生活,现实存在就没有价值或含义"(LW3:5;PC:6)。

二

研究技术史的方法有很多种。有一些研究者,像林恩·桑代克(Lynn Thorndike)、林恩·怀特和李约瑟(Joseph Needham),他们关注的是技术人工物的发明和发展,以及这些人工物对日常生活和普通文化所造成的后果。对另外一些学者来说,技术史就是经济史。对于卡尔·马克思来说,技术史描述的就是生产手段和各种类型的社会组织,而社会组织依赖于这些生产手段。对约翰·肯尼斯·加尔布雷斯(John Kenneth Galbraith)来说,技术史描述的就是经济力量的变化轨迹:首先是土地,然后是资本,而现在则是信息。马歇尔·麦克卢汉的技术史就是各种通讯系统以及与之相伴随的各样"感觉比率"(sensory ratio)的历史。丹尼尔·贝尔(Daniel Bell)从社会学的角度对技术史的描述,关注的是渗透在他所说的技术发展阶段中的工业化程度和类型。奥特加·伊·加塞特(José Ortega y Gasset)书写的技术史是一种哲学人类学的研究。在他的描述中,工匠的静态(static)技术适时地取代了偶然发现的技术,并最终被专业技术人员的动态(dynamic)技术所取代。

然而,尽管这些学者的视角各不相同,但是在这些对技术史的描述中,有一种惊人的一致性。每一位学者都清楚地阐明了技术史的三个阶段:遥远的过去、刚刚流逝的过去和不远的将来。在对遥远过去的描述中,有一些观点又区分了三个亚阶段。在这个问题上,安东尼·昆顿(Anthony Quinton)提醒我们注意马克思描述的技术史和麦克卢汉构造的技术史之间,在结构上有着惊人的相似性。①

下面对马克思的观点进行的阐述虽然有些过于简单化,但却并非是错误的。对马克思来说,技术的第一个阶段可以简单地称为"前资本主义"。他在这个阶段中找到了家庭和部落的原始共产主义,那时的人类进行狩猎和采集活动,从事原始的农业劳动。随着农业生产变得越来越高级,工艺和交易逐步发展,技术系统的平稳运行就需要奴隶。中世纪欧洲更加有组织的生产用封建制度取代了奴隶制度。资产阶级的兴起以及他们对资本积累和剥削工人的追求,促成了马克思所说的技术的第二个重要阶段,这就是我们所说的"资本主义"。最后,资本主义制度的内部矛盾,也就是生产手段掌握在少数人手中,损害了大多数人的利益,为第三个截然不同的阶段建立了基础。社会主义就是马克思的不远的将来。

尽管马歇尔·麦克卢汉的研究缺少系统性,但是他的研究仍然展示了一种惊人的相似结构。他所描述的遥远的过去是在印刷机发明以前存在的口语—听觉(oral-aural)的文化。他所描述的刚刚消逝的过去是以印刷品为交流方式的"古登堡时代"。麦克卢汉认为,印刷文字导致的是个人主义、民族主义和线性关系。他所描述的不远的将来是一个电子时代。在电子时代中,人类将重新回到口语—听觉的交流模式,但是这个时代占优势的是视觉,也就是说,人类睁大了双眼。

就像马克思一样,麦克卢汉也把第一个技术阶段划分为三个亚阶段:印刷术发明之前占主导的口语—听觉的文化、中东和东方的表意文化、欧洲中世纪的手稿文化。

杜威的视角是哲学的,因此他的技术史无疑就是技术哲学的历史。这就意味着,杜威感兴趣的是技术史的哲学意义,是哲学家理解各种类型人工物的生产和含义的方式,用通常的话来说,杜威感兴趣的是哲学家对待各种类型的行为(doing)和制造(making)的方式。杜威认为,要

---

① Anthony Quinton, "Cut Rate Salvation," in *The New York Review of Books* IX, no. 9 (23 November 1967), 6-14.

第四章　从技艺到技术：杜威对技术史的解读

理解和评价一定阶段的哲学（这也包括我们现阶段的哲学），只有当我们把握了这一阶段的哲学所处的文化情境才能做到。杜威像其他人一样，对人类学家、科学史家和社会学家的工作很感兴趣；他借助这些学者们的观点，既试图发现我们时代的独特性，也试图发现目前的活动预示着什么。

就像马克思和麦克卢汉（以及像贝尔、加尔布雷斯、奥特加等人）所描述的历史一样，杜威所描述的技术哲学的历史也分为三个阶段。考虑到杜威的哲学深深扎根于黑格尔的著作中（相比而言，杜威的哲学受皮尔士的影响较少，而皮尔士深受康德的影响），这一点也就不奇怪了。

杜威认为，技术史的第一个阶段是猎人的阶段。猎人几乎就没有工具。审美的和工具的既不能马上区分开，也不能很容易地区分开。手段和目的相互渗透，也很少有对象意识，因为对象完全是功能化的。

第二个阶段属于希腊人。这个阶段也分为三个亚阶段：(1)荷马(Homer)和赫西俄德(Hesiod)的文化宿命论；(2)柏拉图和亚里士多德的理智抽象；(3)希腊思想在中世纪的继承者们的信仰主义抽象。然而，这一时期的重点是公元前4世纪雅典的希腊人的哲学著作。对柏拉图和亚里士多德来说，审美静观排除了或者减少了认真对待工具的兴趣。手段和目的分离了，产生了一种对观念和事件进行抽象和实体化的倾向。

最后的阶段是16和17世纪的科学革命：手段和目的通过相互替换，彼此相互贯通，从工具的角度看待对象和事件，它们成了阐发更多意义和含义的材料。杜威认为，这一阶段还有进一步发展的可能性。如果这种可能性真的发生了，就会构成另一场革命。这包括把实验科学的方法应用到包括社会科学在内的所有人类活动中。

另一种解读杜威所描述的技术哲学历史的方法就是把杜威所说的狩猎文化当作准备阶段。这样一来，杜威所说的第一个阶段就变成了由希腊人主导的。正如我前面说的那样，这个阶段又可以划分为三个亚阶段：赫西俄德时期、柏拉图—亚里士多德时期和中世纪。杜威所说的第二个阶段就是伽利略时期的科学革命，而第三个阶段就是在不远的将来，有可能把科学化的技术方法应用到人类价值判断的所有领域中。这种不同的描述产生了很有趣的后果，使杜威的模式与我所提到的其他技术史家的描述相一致。

三

尽管杜威是美国最后一个详尽研究哲学所关注的每一个传统领域（例如逻辑学、伦理学、美学和形而上学）的哲学家，但是他认为自己所处时代的哲学过于热衷于建立体系。② 他对技术史和技术哲学的一般性论述反映了对这种"作为体系的历史"(history-as-system)的不信任。我们甚至可以说，杜威没有提供严格意思上的技术史。他所做的就是将他在 1903 年出版的《逻辑理论研究》(*Studies of Logical Theory*)中得到最充分阐述的发生学的方法(genetic method)，应用到他在阅读历史学、心理学、人类学、社会学和哲学文献时所发现的一些占主导的对工具的文化态度中。因此，他的兴趣集中在丰富的工具和鉴赏能力的不断发展上，尽管这种发展有时候是不连续的。他指出，技术的进步——杜威认为这就意味着人类的进步③——要根据人工物含义得到丰富的程度来衡量。这种丰富是用一个事物取代另一个事物的不断提高的能力的结果，或者是用一种意义取代另一种意义的不断提高的能力的结果，目的是为了增加生产和建构。

杜威的《野性思维的解释》(*Interpretation of Savage Mind*)最初发表在 1902 年的《心理学评论》(*Psychological Review*)上，在 1931 年又收入到《哲学与文明》中。杜威在这篇文章中对技术的早期阶段提出了一种有趣的解释。杜威就像 50 多年之后的克劳德·列维－斯特劳斯(Claude Lévi-Strauss)一样，认为"思想并没有超越和舍弃野性的心理状态和特点。它们是自然的产物，必定已经融入到进一步的进化之中，由此成为目前头脑组织框架的一部分"(MW2：39；PC：173)。

---

② 在这种一般性的说法中，贾斯特斯·布赫勒尔(Justus Buchler)是一个例外。
③ 第七章将充分讨论杜威的进步观。

第四章　从技艺到技术：杜威对技术史的解读　　115

在杜威的论述中，有几个重要的因素发挥了作用。首先，杜威明显使用了他的发生法。皮尔士在评论1903年出版的《逻辑理论研究》时，曾经尖锐地批判过这种方法。分析不足以理解结构和功能，除非"分析"意味着在时间变化和各种情境中批判性地研究功能的发展和随之产生的结构。这就像杜威在1916年的《实验逻辑学》的导言中尖锐地指出的那样，"我没有从个人（individual man）的先天概念出发得出经验的本质，我发现需要从经验中找到'个'（individual）和'人'（man）的意思；甚至也能找到'那'（the）的意思"（MW10：363；EEL：69）。

其次，尽管杜威使用了"野性的"和"原始的"这些当时流行的人类学术语，但是他不认为"原始人"的头脑组织具有一种不同的一般性功能模式（列维-施特劳斯后来把这种模式叫做"结构"）。个人在他的时代和文化中都具有这种模式。我们可以猜测，杜威在这个问题上受到了黑格尔的影响，因为两个人都认识到，发展的阶段没有消失，而是被"否定"了（用黑格尔的话说，就是"扬弃"了）——这就是说，发展的阶段在一个比以前更复杂的组织中被吸收和保存了下来。

然而，尽管两者之间有这种思想上的联系，但是杜威的观点却非常明确：不管在什么地方发现的人类生活，都具有一定的特征和功能。这些特征和功能具有家族相似性。"我们必须认识到，头脑具有一种模式和图式来整理它的组成部分，正规的比较心理学的任务就是详细揭示这些模式、形式或类型。"（MW2：41；PC：175）借助在第二章中讨论的杜威的"头脑"概念，我们就会明白，杜威在这里所说的不是个人大脑的活动，甚至也不是一群人的大脑的活动，而是一种文化。个人就是在这种文化中积极主动地与他人进行交流。这恰恰就是后来列维-施特劳斯阐发和推广的观点。

伊迪丝·维索戈洛德（Edith Wyschogrod）在一篇著名的文章中注意到了杜威和列维-施特劳斯的关系。④ 维索戈洛德是少数几个理解

---

④　Edith Wyschogrod, "The Logic of Artifactual Existents: John Dewey and Claude Lévi-Strauss," in *Man and World*, vol. 14 (1981), 235-50.

了技术在杜威庞大哲学体系中的重要性的哲学家之一。她写道:"杜威认为,特定科学的方法的成功已经被特定科学的成果所证实,他不能舍弃特定科学的方法,也不愿意放弃独特的人类宇宙。杜威把他的探究模式用于行为者的世界。普通技工、工匠、发明者和手艺人非常精明和多才多艺,他们从来没有丧失对人类社会的需要和欲望的洞察。"⑤

对于维索戈洛德来说,在杜威和列维-施特劳斯的著作中发挥作用的概念是用"修补术"(bricolage)这个术语表示的。列维-施特劳斯在《野性的思维》(The Savage Mind)中使用了这个术语。"在过去的用法中,动词 bricoler 是指球类游戏、台球、狩猎、射击和骑马。但是,这个词总是用在某种涉及附带的运动中:球的弹跳、狗的游荡或马的绕避障碍。在今天,'修补匠'(bricoleur)仍然是指用手干活的人。与工匠相比,'修补匠'使用的是迂回的手段。"⑥维索戈洛德把这段话与杜威在《经验与自然》中的一段评论相提并论:"人类努力避免沉湎于直接的占有和享用,以便在事物能动的联系中把它们当作手段和标记来加以考虑,这种必要性就导致了敏感、精明、创造性以及信息的积累和传送。"(LW1:101;EN:103)

杜威认为,"职业"或"行业"(这是生产活动的一般模式,个人受它的制约,对于个人来说,这是意义的发生地)决定了"活动的基本模式",因此它们就"控制了习惯的形成和应用"(MW2:41;PC:175)。习惯反过来"提供了工作的分类和价值的定义;它们控制了欲望的过程。另外,它们决定了几组重要的对象和关系,由此提供了内容或者关注的材料,以及意味深长的属性"(MW2:41-42;PC:176)。

换句话说,个人从他们所处的繁忙环境中有意选择出来的重要的东西,以及他们能够规划和愿意为之奋斗的价值或目标,是一些特殊的生产活动。这些生产活动是由被称为职业的更大型的生产模式所支配。因此,在猎人、牧羊人、军人、商人、从事手工艺和制造的人之间,知

---

⑤ Edith Wyschogrod, "The Logic of Artifactual Existents: John Dewey and Claude Lévi-Strauss," in *Man and World*, vol. 14 (1981), 235.
⑥ Claude Lévi-Strauss, *The Savage Mind* (Chicago: University of Chicago Press, 1966), 16.

觉、目标和理想是不一样的。然而,不变的是支配习惯的职业,而习惯反过来又支配了特殊的活动。

这不是马克思在他的一些著作中提出的"强技术决定论"(hard technological determinism),海尔布伦纳(Heilbroner)把这种强决定论解释为"机器造就历史"。与此相反,杜威认识到这样一个事实:生产活动按照不同层次的共性展开,从更广泛的应用角度来说,越具有共性的生产活动,通常越不具有完全按照一定方式来进行的倾向。另外,这些较少具有共性的倾向或习惯决定了个人的反应。详细讨论杜威和马克思关于技术决定论的观点将在第六章中进行。

杜威在一个脚注中将他的"职业"隐喻扩展到非人类的自然中,认为生物的种类是"职业的"分类。"它们暗示了使用适合于自身的不同工具(器官)来生存的不同方式,以及由它们所建立起来的不同的连带关系。"(MW2:41n;PC:175n)这不是一句随随便便说的话。它强调了杜威把生物学的模式用于他所说的"比较心理学"和我们这里所讨论的杜威所勾画的技术史之中。但是对杜威来说,生物的种类最终与其说是结构性的,不如说是功能性的。种类和物种不是固定不变的本质,而是有组织的活动(也就是职业)的一般模式。另外,这个隐喻本身也是一件工具,他以此来强调组织得不太好的和非人类的自然,与由人类来建构和栖居于其中的得到良好组织的自然之间的连续性。

四

关于原始的或低水平的技术,杜威举的例子是澳大利亚土著的技术。这些土著生活中最有意义的事情也许就是与他们相互作用的环境:环境没有设置过多的自然障碍。这种环境没有危险,只要土著们劳动,就能找到足够的食物维持生存。因此,他们的技术非常简单。他们不需要种植植物,不需要驯养动物(除了澳洲野狗),没有兽类的威胁,用不着或者不具备关于金属的知识。

尽管他们也使用工具,但是这些工具都很简单,而且都是临时使用。他们不保存工具,不储备工具,也不改进工具。他们只是随意使用手头能找到的工具,用完之后就丢弃了。

这类工具的一个显著特点是,手段和目的的具体功能相互贯通。目标是短期的,具体实现的方式是明确的。很少有超越于工具本身之外的东西。这里的这种含义是集中的、明确的和短暂的。

这里没有居中的设备,不用为了远期目的而改变手段,不需要延缓欲望的满足,不用把兴趣和注意力转移到行动和对象的复杂系统中。需求、辛劳、技能和欲望的满足彼此之间密切相关。最终的目标和当下急需关注的东西是完全相同的;对过去的记忆和对未来的希望融合在当下问题的压力中;工具、设备和武器不是机械的和对象性的手段,而是当下活动的组成部分,是个人的技能和辛劳的有机组成部分。土地不是结果的手段,而是生活的密切组成部分——它不是一个考察和分析的问题,而是需要充满挚爱和同情心进行关照的问题。觉得制造武器就是兴奋地使用武器的一部分。植物和动物不是"事物",而是展示活力和构成最强烈满足感的因素。原始人头脑中的"万物有灵论"(animism)是存在于需求之间、现实活动之间关系的直接性的必然表现。需求和现实活动本身就能提供和获得满足。只有当单纯把事物当作**手段**,远离和脱离了远期目的时,事物才变成了"对象"。(MW2:43-44;PC:178)

杜威接着指出,用现代的技术形式来衡量,这一类的技术尽管很"原始",但是并不意味着它们的使用者是"愚蠢的、驽钝的或缺乏热情的"。他在土著猎人们的活动中发现,他们在"感觉、运动、灵巧、战略和战斗等方面具有高度专业化的技能"(MW2:45;PC:180)。

杜威在描述这一类技术时使用的一个关键词是"戏剧"(drama)。狩猎本身就是一件充满戏剧性的事件,情绪非常激昂,因为这是事关生死的切身问题。成功的猎手在部落中的地位很高,他会受到尊敬,在随后的性事中取得成功,获得与他相匹配的威信。这就构成了戏剧的另一个层次。这虽然只是从狩猎中衍生出来的,但依然充满强烈的戏剧性。另外,土著的艺术尽管有时候仅仅是一些绘画,但主要是戏剧性的

第四章　从技艺到技术：杜威对技术史的解读 　119

和模仿性的；它复苏和颂扬了强烈的情感，而这种强烈的情感是狩猎的一部分。⑦

猎手和猎物的戏剧性认同是这一更宽泛的模式的另一个方面。动物被认为是"群体生活的共同参与者。为什么不能把它们看作亲密的同类呢？"（MW2：49；PC：185）。

总之，这里只存在最低限度的"对象化"（objectification）。杜威在刚才引用的段落中指出，只有当事物被当作实现遥远目的的手段时，它们才成为对象。在《经验与自然》的第四章中，杜威通过关注"科学的"意思上的对象的四个特点，扩展了这一观点。

首先，尽管当下的事物转瞬即逝（也就是说来去无常），但是我们称之为对象的"空间—时间的"秩序却是恒常不变的，因此可以用数学来表述。"它们表现出稳定性，有最高程度的可重复性"（LW1：115；EN：119）。为了彻底成为对象，必须做一些工作：文明史上发生的建造和生产为每一个特定的个体提供了一个起点。当我们还是小孩子的时候，我们学会了成功的对象化的历史和价值。不管是科学家、技术人员，还是那些从事我们所说的"美的"艺术的人，或者处于日常生活中的个人，这些个体的艺术家由此受到了从文化上灌输的对象化模式的影响。他们所创造的一些新奇的对象就变成了公共储备的一部分。至少在人类文化的领域中，有一种拉马克（Lamarck）式的进化论在发挥作用。个人所做出的改变（生产出来的人工物）被将来的人所吸收和

---

⑦ 我在与道格拉斯·伯朗宁（Douglas Browning）的谈话中获悉，最原始的神话并不像一些人想的那样，仅仅是一些宗教故事或创世的传说。他认为，原始神话也是一些关于个人的故事，例如孤胆猎人的功绩。我想，杜威会很认同这种叙说。人类有夸张的倾向，因此在猎人死后，甚至在猎人活着的时候，就记录伟大猎人的功绩。这些功绩逐渐变成了超自然存在者的成就的故事。创世的故事是在随后产生的，是对超自然成就进行最大程度的夸张所造成的结果。什么样的更伟大的成就能归功于神？也许就是他（或她）不借助材料和工具就能完成任务，就像在《创世记》（Genesis）的一些创造神话中那样，能够无中生有（ex nihilo），仅凭意愿就能完成创造。

按照这种思路，有些人就认为，公元前三千年左右，在整个中东地区以各种形式极度盛行的地狱判官（Osiris）的神话故事，也是对个人成就的夸张叙说。这个故事讲的是一位改革者试图用农业方式取代游牧方式。要了解关于这个问题的更多内容，可参见 Martin A. Larson, *The Story of Christian Origins* (Washington, DC: Joseph J. Binns/New Republic, 1977), 1-24.

凭借。

第二,对象允许代替的做法。当现成在手的事物代替转瞬即逝的东西,或者代替最终超出我们控制的东西时,含义就产生了。科学化的技术就是这种含义的最大程度的发展。"它是交换和相互转换进行到极限的一个体系。认知的结果就是现代科学的均一化的自然世界"(LW1:115;EN:119)。但是代替之所以是有效的,只是因为代替是公共的;这就是为什么杜威称这些科学的意义是"户外事实"(outdoor facts)的原因。

第三,对象允许控制的可能性。在自然中只有开端和终结。通过对象化,通过将事物转化为对象,就有可能找到"恰当的单元"(right unit)替代自然的过程,以满足人的目的。当然,这里也存在把"恰当的单元"当作是独立的和最终的东西的危险:这就是杜威所批判的一些人所持有的"正统经验论"(MW10:19ff)。持有这种"正统经验论"的人包括休谟和罗素。与此相反,杜威的经验论是"关于经验的经验论"(empirical empiricism)。⑧ 因此,杜威再次强调了他对主观主义和客观实在论的拒斥。对于主观主义者来说,事物不可能完全成为对象,因为它们没有成为对象的共同体。对于客观实在论者来说,对象是源初的和独立的:因为对象不能轻易地相互代替,从而得以转化,所以客观实在论者只有把"关联"(association)作为他们主要的科学范畴。但是如果把关联解释得足够丰富,从而可以进行科学所必须的转化,那么客观实在论者就赋予了对象更多的可塑性和可贯通性,这超出了客观实在论所允许的范围,从而削弱了自身的立场。

第四,只有当对象化发生时,也就是说当对象作为测量手段和测量对象、能指和所指这些丰富的结构被阐发出来时,才有可能谈论科学的定律和关系。"它们是对于从理智上和其他方式上管理当下显现的事物所依赖的规则性的明确表述。"(LW1:117;EN:121)

因为土著不关心对象化,他们既没有科学,也没有科学的观念。他们有技术,但是他们对工具的使用却是最低限度的。这种生活的特点

---

⑧ 当然,这也是威廉・詹姆斯的"彻底的经验论"(radical empiricism)。

是"兴趣、注意力和行为的当下性"（MW2:44；PC:178）。但是当下性却不同于感觉的放纵。杜威认为，猎手实现了理智和实践技能的应用与情感的戏剧性展示之间的不同寻常的整合。

杜威发现，有意思的是，在技术更加复杂的社会中，人们的生活中依然充满了狩猎的语言和情感。当游牧的狩猎社会过渡到依赖农业耕作的社会后，物质生产的任务留给了女人和奴隶。以前狩猎所需要的才能被用于战争活动中。当然，工业化社会中的男男女女还是很喜欢狩猎活动；但是除此之外，还存在"将狩猎的语言转而用于真理、秘谋的利益、商业冒险和投机中，用于所有激烈和活跃的娱乐形式中，用于赌博和'体育运动生活'中"（MW2:45；PC:180）。

因此，杜威扭转了维多利亚时代（Victorian）的关于技术进步的观念。当杜威在1902年发表《野性思维的解释》一文时，这种进步观念依然具有强劲的力量。杜威没有从这些"野蛮人"身上寻找工业化社会中的人所表现出来的"出众"才能没有得到充分发展的踪迹，而是从工业化社会的人身上寻找野蛮人的特殊才能的遗迹。杜威指出，"以有疑难、有困惑、有危险的处境为媒介，调整习惯以适应目的，这是目前的理智和情感得以建立的结构性形式。它依然是基础的模式"（MW2:51）。杜威把一种恰当的技术史等同于发生心理学，认为这种技术史将展示出通过成功的适应模式的协作和制度化，土著人的个人调节和习惯构成如何转化成了非个人的和客观的工具。杜威将这称作"思维模式的形成问题，这种思维模式适合于农业的、军事的、职业的、技术的和贸易的事业，并且将最初的狩猎图式加以改造和覆盖"（MW2:51-52；PC:187）。

五

杜威认为，在公元前8世纪或前7世纪的荷马时代与大约300或400年之后的苏格拉底和智者（Sophists）时代之间，希腊人的生活中发生了一次重大的变化。他从荷马和赫西俄德的著作中看出了"一种对生活的忧郁心情，为命运，大部分是厄运所支配的感觉广泛地流行着"

(LW1:103;EN:106)。

杜威所描述的赫西俄德时代文化的特征,如果加以必要的变更,可以适用于位于中东的希腊邻邦中那些原始技术的、宗教的和农业的文化。它也可以适用于我们当代世界中的许多文化。神灵的活动塑造了或打断了人类的活动;人们可以付出努力,也可以劳作,然而控制最终导向的却是"占卜神圣的意旨和虔诚的牺牲"(LW1:103-4;EN:106)。结果由命运决定,命运由希望决定,而不是由有意识的控制所决定。杜威引用赫西俄德的话说,"凡是由赫卡忒(Hecate)*所宠爱的人们就不要有知识、记忆或通过努力获得成功;她无需她的宠爱者的帮助就能独自运作。"⑨因为杜威把技术视为增加的控制手段和增强的目的享用,所以杜威认为在各种类型的宿命论之间没有重要的区分。不管宿命论指向的是自然还是神灵,它都脱离了理智的控制。

杜威清楚地表明,他觉得这种情形还不如猎手的情形。尽管猎手对工具的使用是最低限度的,但是猎手在神灵面前起码还没有回天无力的感觉。他的良好技能能够对情形实施控制,而这种控制的实施是他快乐的源泉。杜威描绘的猎手是精神饱满的、充满自信、甚至充满了快乐。与此相反,他把赫西俄德时代充满迷信的农业文化描绘成有气无力的、疑窦丛生的和绝望透顶的。

六

杜威指出,在智者和苏格拉底时代,希腊人经历了情绪上的变化。智者们也许从逐步增加的商业冒险的成功和艺术的生产中获得了启示,教导人们可以很大程度上掌控自己的未来。

林恩·怀特让我们注意到公元前5世纪爱琴海领域的贸易扩展和大约一个半世纪前货币发明之间的联系。但是怀特也指出,在这些商业事件和同一时期由伊奥尼亚(Ionian)哲学家们提出来的关于物质的

---

* 赫卡忒是希腊神话中掌管幽冥和魔法的女神,代表世界的黑暗面。——译注

⑨ 跟在其他地方一样,杜威在这里也没有给出引文出处,在鉴定版本的《经验与自然》中也没有列出出处。这里引用的是赫西俄德的《神谱》(*Theogony*)第416—420行。

原子理论之间存在着联系。他觉得,这些哲学家认为所有的物质都能还原到一种物质(不管是气、火、水还是其他东西)的观念,是"关于第一秩序(first order)的一种理智的新奇事物"。但是这种新奇事物的来源是什么呢? 他指出:"原子论的心理学根源可以在爱斐斯(Ephesus)的赫拉克利特(Heraclitus)的名言中找到:'万物都能还原为火,而火又能还原为万物,犹如所有的货物都能换成黄金,而黄金又能换成货物一样。'⑩(赫拉克利特)觉得他仅仅使用了一个隐喻,但是只有在他使用这个隐喻的一个世纪之前,这种隐喻才可能出现。"⑪

怀特的评价是否正确与我们这里的意图无关。重要的是他为杜威希望变革哲学编年史提供了一个绝好的例子。杜威会把这个例子看作从经验上表明了所有的工具和人工物都具有意义,而它们的意义与其他的意义相互关联。甚至连最抽象的哲学意义也与工具的意义有关联。在杜威看来,如果像有些人通常做的那样,在编写哲学史或**从事**(do)哲学研究时傲慢地无视文化情境和文化情境中观念之间的联系,肯定会提出错误的哲学问题。

杜威是如何描述公元前 4 世纪希腊人所处的技术"阶段"的特征呢? 如果猎手没有将他的世界对象化,那么希腊人认真地接过了对象化的任务,并且还有点矫枉过正。如果猎手还认为手段和目的之间的相互贯通是具体的和功能性的,那么希腊人不仅将关心的焦点置于审美目的上,将审美目的从经验的杂乱中抽取出来,而且通过把它们实体化为永恒的知识对象,毫无理由地限制了它们。

希腊的艺术家就像任何时代的艺术家一样,生活在不断变化的材料和状况中,他们的任务就是结出胜利的果实。选用有纹理的木头来做船舶龙骨时的不确定性,用来做雕塑材料的石头的特性,制陶工所用的不同稠度的黏土,希腊人的生活和流行神话中被当作戏剧演出的原

---

⑩ 怀特的引文出自 H. Diels, *Fragmente der Vorsokratiker*, 6th ed. (Berlin, 1951), 171 (B. 90)。

⑪ Lynn White, "The Act of Invention: Causes, Contexts, Continuities and Consequences," in *The Technological Order*: *Proceedings of the Encyclopaedia Britannica Conference*, Carl F. Stover, ed. (Detroit: Wayne State University Press, 1963), 104.

始素材的各种因素,这些都是他们的变动的、有时甚至是危险的世界的组成部分。

回想一下杜威在《经验与自然》中所说的,粗糙的艺术产品与精美的艺术产品之间的区别只是在于手段和目的相互贯通和协作的程度不同,以及在制造过程中内在意义增加的程度不同。希腊的雕刻工和制陶工能够把手段和目的在完满的产品中融汇得非常充分和有启发性,直到今天他们的作品在博物馆和美术馆中依然受到尊崇。当代工程师仍然敬佩这些手艺人的造船技艺。

但是希腊人很自由,有闲暇进行反思性的**思考**,对这些技术的成功表现出一种非常矛盾的心态。一方面,他们将这种生产当作是"琐碎的"(menial),字面上的意思就是视为家庭的事务,而不是公共的事务。在对待戏剧化的艺术时,他们的态度却不是这样,这是因为戏剧性的艺术事关**城邦**的生活。但是在大部分情况中和当他们不需要使用战争的工具和装备时,那些从事公共事务的人却不愿意触及工具和材料;他们以"脱离"生产、生产知识和生产手段为荣。

另一方面,审美对象一旦得以完成,就作为直接享用的对象受到尊崇。杜威写道:"对于旁观者来说,艺术对象是给予的;它们只需要为人们所观赏;希腊有闲阶级为了增加闲暇而进行的反思,显然属于旁观者的反思,而不是生产过程的参与者的反省。"(LW1:78;EN:77-78)

对自由的或"自由主义的"希腊人来说,工匠的工作不属于创造的形式,而是使用此前已经存在的形式,不管这些形式是超自然的还是自然的,他们都不能将完满的和最终的应得内容赋予这些形式。工匠因为要应对各种稀奇古怪的材料和状况,所以他们就陷入在一个变化的和不确定的世界中。在这样的世界中不能洞悉形式的真正知识,这些形式发挥作用的地方是完美的和永恒的形式的苍白投影。因为工匠关注的是工具或手段,他们就不能充分衡量伴随着目的的知识而产生的当下享乐。

希腊思想家因为贬低工匠的工作,他们就没有看到技术工作和技术人工物可以被**转化**(transformative),而仅仅把它们看作是**附加的**(additive):"这是借助于自然,将特定的自然发生的事情融入到一般事物的形式的实现之中,有时候需要依赖整体,但这并不是必然的和经常出现的。对这类事物来说,经验是适当的和圆满的,因为它们最终的实现是成为理性的思想,这是事物形式的实现,这就是它们必然成为的东西。"(LW1:178;EN:189)

杜威并没有因为希腊思想家沉迷于当下享用的目的而指责他们。他认为当下享用一些事物和事物为自己说话,这很奇妙;他认为"希腊思想家们听到了它们的声音"(LW1:76;EN:74),这也很奇妙。然而,他确实认为希腊思想家在看待艺术家时,有些可悲的讽刺味道。他们不仅把艺术家的工作当作他们对自然、超自然和社会工程进行理智化描写的模型,而且同时贬低艺术家的工作,认为在他们的宏大宇宙论的情境中,艺术家的工作是次要的。他们也试图让政治家来审查艺术产品,因为他们认为政治家是真正从事重新组合的和精致技艺的人。

希腊思想家沉浸在艺术的审美方面,但是他们却把艺术的生产方面当作他们的哲学和科学观念的模型。这也就是他们的混乱所在。如果他们满足于像艺术家那样来说话,那么就会为科学的发展留有空间。但是他们却没有这样做。他们只是提出了科学的**观念**,这是因为他们厌恶测量和生产的工具所具有的真实的偶然性。正如杜威在评论伽利略时代时提醒我们注意到的那样,科学的观念漂浮在观念的海洋上。科学作为对具有含义的事物的认知,是建立在技术的和实验的基础上;它认真地对待工具,把工具作为实现目的的手段和发展进一步目的的手段。

这并不是说希腊思想家就不是"经验主义的"。杜威认为,"没有哲学家能够脱离经验,即使他想这样做也不行。迷信的人所采纳的最奇怪的观点也有某些经验事实的根据;对于这些观点以及形成它们的条件有足够了解的人就能够解释它们"(LW1:36;EN:30)。杜威认为,可以肯定的是,与其他人相比,哲学家不太迷信。与其说哲学家想入非非,不如说"他们没有注意到产生他们问题的经验需要,没有把提炼过的产品放回到现实经验的情境中,到那里去接受检测,继承它们意义的全部内容,并在最初发生反省的那种当下困惑中提供启示和指导"(LW1:36-37;EN:31)。

对柏拉图来说,艺术家工作的功能不是引入感官人工物的愉悦,而是远离它们,转向一种对永恒形式的纯粹理智知觉(LW10:295ff;AE:291ff)。他的辩证法成了一条单行道。技术人工物和工匠的工作都缺少意义:它们被"贬低"了(de-meaned)。技术的功能和产品被重新分配。对柏拉图来说,真正的工匠就是造物主,真正的人工物就是形式,它们处于时空之外,甚至脱离了最精致的经验的偶然性。

荷马把"形式"(form)或"型"(eidos)视为"形状"(shape)或"一个人所看到的东西"的同义语。在当代英语中,"逼真的"(Eidetic)一词还带有这种意思,是指图像能够几乎像照片一样回想起来。前苏格拉底的哲学家继承了荷马的这样用法。然而,到了希罗多德(Herodotus)的时代,这个术语专门用来表示"典型的属性"或"类型"。修昔底德(Thucydides)甚至在"构成的本质"这种最抽象的意思上使用这一术语。然而,对柏拉图来说,形式是独立存在的。它们是超越的实在,是可感觉的东西(*aistheta*)的原因。"在柏拉图经常使用的一个精巧隐喻中,可感知的东西(*aistheton*)是它的最终范式(*paradeigma*)或型(*eidos*)的摹本。这种艺术创造活动是超级工匠的工作",这个超级工匠就是**造物主**(*demiourgos*)。⑫

对于杜威来说,柏拉图的形式理论的模型很明显是工匠的活动和产品,他的形而上学仅仅是重新安置的技术,而实际上他放错了位置。杜威指出,柏拉图觉察到,工匠没有充分地涉及形式,他们就像在一个变化的物质世界中工作。"柏拉图曾经为那些生活在实用的、行业的和政治的世界中的人们由于忽视形式所造成的后果而苦恼,因此他苦心孤诣地制定了一个计划。按照这个计划,这些人的活动要受到那些超然于劳动之上而不被变化和实践所纠缠、像法律一样向那些劳动者提供塑造他们习惯的形式的人所节制。"(LW1:78-79;EN:78)

因此,杜威认为,柏拉图急切地想将审美目的神化,由此导致的结果就是轻视和贬低了对物质和条件的自由探究,而这种探究对于人类

---

⑫ F. E. Peters, *Greek Philosophical Terms* (New York: New York University Press, 1967), 104.

与周围环境的所有互动来说是必须的。这不仅造成了对技术的误解,而且(这对杜威来说是一回事)也阻碍了科学和社会探究的发展。《理想国》(*The Republic*)详细记录了这种反对生产性经验的转变对一般的社会思想、特别是对民主制所造成的结果,这一点非常令人遗憾。正是在这部著作中,柏拉图硬把所有的有意义的技术技能都归于极权社会中的工程师。

至于科学,杜威认为,柏拉图厌恶内在于技术工作和材料中的变易性,这就导致了一种"静观"的科学;这就是说,这是一种永远不能成为真正科学的"假定的科学"(putative science),因为它回避了现实存在的细节。杜威警告说,不管探究关注的是物质材料和人工物,还是关注自然的概念模型,或者关注社会组织的建立方式,只要这种探究将焦点集中在超越目的上,这种探究就不是工具性的,也就是说,不是科学的。

杜威对亚里士多德的批判也非常尖锐。柏拉图将工匠的生产活动和人工物置于自然之外,或者说,如果它们处于自然之中,它们也肯定掌握在那些置身事外的人的手中,因为这些人就是通过训练来静观超自然的东西。亚里士多德"将自然置于艺术之上,赋予自然界一个巧妙的用途,而自然界在很大程度上都实现了目的或得以完成",他试图用这种方式避免柏拉图的二元论,"这样一来,不管是在行业中还是在政治中,工匠的作用相对来说就变得微不足道,而技艺的失效也成了一件相对来说无足轻重的事情"(LW1:79;EN:78)。

亚里士多德的四因说很明显是从工匠的工作中借来的。自然的动力因、形式因、质料因和目的因是属于"艺术家的,他们置身于工作之中,而不是置身于工作之外"(LW1:79;EN:78)。如果工匠有了一个能呈现在石头中的观念,那么自然必须具有形式和设计,将它们施加到物质材料的潜能中。

但是对杜威来说,原因不只是一个先行条件。相反,"如果控制了先行条件,就能节制后果的产生"(LW1:91;EN:92)。原因也并不像亚里士多德想的那样,在形而上学方面比结果更重要。原因和结果在本体论上地位相当。它们都是对一种情形的历史解释的因素,各自都有一定的审美属性。另外,"因为现实存在是历史性的,所以只有当每一部分都能区分开和关联起来时,才能够认知或理解现实存在。从认识上来讲,'原因'和'后果'都是一个片面的和残缺不全的存在。原子处于时间之中,随着关系的不断复杂化而产生蓝色和甜味、痛楚和美丽等属性,同时在时间的横切面上,原子还具有广延、质量或重量等属性,这两种情况都是原子的真实存在的一部分"(LW1:91;EN:92)。

杜威认为,值得注意的是,"亚里士多德能够从对工匠的工作程序的分析中得出他对自然的四种基本事态的描述,但是却没有质疑他自己由此使他的形而上学从属于一种对自然的神人同形论的描述,将累积起来的个人的各种洞察和技能当作了自然的度量标准"(LW1:166-67;EN:176)。

杜威对亚里士多德的指责一点不次于对柏拉图的指责,因为亚里士多德偏好确定性和不变性。"他的整个关于形式和目的的理论就是一种关于圆满固定的东西的存在优先性的理论。他的物理学就是按照等级或次序把必然性和偶然性做固定划分,把必然性作为衡量高贵性和真实性程度的标准,同时把偶然性和变化作为衡量存在的缺乏程度的标准"(LW1:47-48;EN:43)。

在这种联系中,杜威认为值得注意的是,亚里士多德把数量作为实体的一种偶性——"这就是说,作为不影响事物的本质而在事物的限度(这限度是由内在的本质和尺度,也就是逻各斯[logos]所施加的)内变化的东西"(LW4:74;QC:92)。他认为这是"希腊科学中知识对象所具有的本质性的艺术特征"(LW4:74;QC:92)的更深一步的证据。

在柏拉图和亚里士多德那里,具体的技术变成了抽象的形而上学,可能发生变化的生产变成了不会发生变化的理论。尽管这些哲学家专注于审美问题,但是杜威却因为这些哲学家局限在这一领域中而谴责他们:"既然他们是思想家,目的在于追求真理或知识,他们就把艺术放在一个低于科学的层次上;他们发现,惟一值得严肃对待的享用是对思想对象的享用。结果他们建立了一个教条,使得审美和理性在原则上相混淆,把这种混淆当作一个理智传统遗留给了后继者"(LW1:76;EN:74-75)。

那么,从总体上来说,杜威如何评价希腊人对技术的看法呢?首先，希腊工匠和艺术家的实际工作中所使用的技艺和物质材料，要比希腊思想家所理解的还要具有可转化性。希腊哲学主要是附带产生的。

其次，手艺人的活动为建立理智主义的宇宙论和社会理论提供了模型。柏拉图将艺术家的工作重新建立在超自然的领域中，亚里士多德将艺术家的工作重新建立在非人类的自然中。但是把模型从一个领域转换到另一个领域中是有缺陷的，因为它没有反映出手艺人活动的具体性。

第三，柏拉图和亚里士多德有意贬低了手艺人的活动。在柏拉图那里有管理国家事务的人对手艺人的产品实施审查。亚里士多德把生产科学置于他的知识等级的底层，认为生产科学低于那些理论的知识和实践的知识。

第四，西方哲学从柏拉图和亚里士多德那里继承了关于身体和心灵、理论和实践、自然和超自然的二元论传统。这种传统是柏拉图和亚里士多德错误地理解技术所导致的直接结果。

第五，柏拉图和亚里士多德不仅仅颠倒了这种价值秩序；这种价值的颠倒不是"随便构想出来的"。"哲学家对于这种对经验事实的特定的单方面的解释负有责任。然而，这种解释根源于希腊文化的特点，尽管这不是什么好的特点"（LW1：80；EN：79）。

最后，希腊哲学家没有像后来的实验科学那样来理解对象的本质和功能。对象是不变的，能够用数学来表述；它们允许替换；它们提供了技术控制的可能性；它们是表述科学定律和关系的基础。但是，只有把对象视为"**含有**意义的事件"（LW1：240；EN：259）而不是固定不变的和最终完成的实体，实验科学才成为可能。一定程度上来说，希腊艺术家就是按照这样方式来看待对象的；如果不是这样，我们就不会钦佩他们的建筑、雕塑、陶器和戏剧。希腊科学和哲学没有做到的是从技艺的实践者那里学习。杜威认为，柏拉图和亚里士多德按照美的和实践的技艺来建立他们的理想化理论，这样做是恰当的，甚至是值得赞扬的。但是他们在这样做时，却忽视了他们的观点的来源。杜威认为，这种忽视表明由于缺少虔诚，使得他们脱离了"自己理论建构的诗意和宗教特征，为古典西方哲学传统建立了这样一些概念：对于对象的直接把握和吸收就是知识;按照事物能够为一个有教养的心灵提供这种把握或看待方式,对事物的实在性进行了等级划分;存在(Being)中的实在性的次序和一个预定的目的(Ends)等级相一致"(LW1:90;EN:91)。

七

杜威指出,尽管柏拉图和亚里士多德对技艺的态度是不合情理的还原论,使得社会控制成了最高等级的和惟一真实的人类技术成就,人类的所有制造都低于自然的和超自然的制造,但是与他们前人和邻邦文化中的宿命论相比,这种态度仍然代表了一种无可置疑的进步。即使他们没有发展出实验科学,但是他们至少有"以知识为基础的技艺要与自然合作、从而使自然服从于人类的愉悦"的想法(LW1:104;EN:107)。这种想法在亚里士多德的著作中要比在柏拉图的著作中得到了更精确的描绘。

即使希腊人从艺术家那里借用了模式和模型,但是他们并不感激艺术家。杜威指出,我们不能像希腊人那样忘恩负义。因为只有借助艺术家的工作,我们才会在最后说,"神灵已经日薄黄昏。神权有了一个强有力的对手。崇拜变成了道德。随着发明、工具以及行动和工作技巧的增加,医学、战争和手艺才离弃了行会守护神的庙宇和神坛"(LW1:104;EN:107)。

杜威认为,遗憾的是,希腊人所取得的进步并没有继承下来和进一步得到发展。杜威指出,从罗马帝国后期到文艺复兴时期,人们不再积极参与实验性的探究,这非常令人遗憾。这一时期的哲学"从一种至高无上的艺术变成了一种亲近超自然东西的方式"(LW1:104)。

杜威对这一时期没有谈论太多。然而,在《确定性的寻求》的第四章中,杜威简单地描绘了这一时期的特征。这一段时期明确树立了二元论。"艺术"和"科学"实际上是同义语,与所有"机械的"东西相对立。就像在希腊时期一样,在这一段时期中,知识被置于行动和制造之上。杜威再一次用手段和目的的语言描述了这一段时期的缺陷。"例如,研究语言的文法和修辞学、文学解释和说服的艺术,就比铁匠和木匠的手艺要高级。工艺所涉及的仅仅是当作手段的一些事物,而文艺所涉及的则是当作目的的一些事务,是具有最终的和内在的价值的一些事物"(LW4:60;QC:74)。

因此,认为实践技艺和行业技艺不仅不是创新的来源,而且它们事实上也不可能是创新的来源,出现这种观点也就不足为奇了。"从字面上来讲,学徒就是'通过制作来学习',而'制作'就是机械地重复和模仿别人的动作,直到自己获得这种技能为止"(LW4:60;QC:74)。

在杜威对这一时期的技术哲学的简明评论中,有两个重要的方面需要注意。首先,最近有些言论指出,这段时期在对技术的态度上曾经有周期性的突变,这种效应在某种意思上可以称为"经验的";最近的研究也表明,在这段时期中,有一些至今仍不知其名的工匠完成了一些技术创新。尽管如此,我们通常还是应该按照像杜威描述的那样来全面地理解这一段时期。当时占主导的社会、政治和宗教状况有系统地抑制了科学实验的发展,阻碍了技术创新。如果在技术上有所进步,那是因为脱离了当时占主导的文化氛围,而不是由当时占主导的文化氛围导致的。这段时期的技术主要是关于既定任务的完成(实践)问题,很少关注新方法的发展(生产)。

奥特加·伊·加塞特把这段时期描述为"工匠技术"占主导的时期,他对这段时期的明确描述非常接近杜威的描绘:

> 在技术的这一阶段中,每个人都知道制鞋是只有少数人才具有的技能。与天然的技能相比,制鞋的技能或者更重要一些,或者更微不足道,两种技能还是有些细微的差别。天然的技能是指像跑步或游泳这样的技能,或者像鸟的飞翔和公牛的攻击这些更好的技能。这就意味着现在完全把制鞋视为人类的技能,而不是天然的技能,例如动物就没有制鞋的技能;但是我们仍然把制鞋看作一种天赋的、永远不变的技能。由于这种技能完全为人所有,因此它就外在于自然。但是由于这种技能是固定不变的和有限的,是一种不允许实质性扩充的固定财产,因此它就具有天然的性质;因

此技术属于人的本性。就像人类发现自己拥有不可替代的身体运动系统一样,他也发现自己拥有固定不变的"技艺"系统。⑬

其次,杜威认为,在这段时期中占主导的对技术的态度并不仅仅是纯粹的历史兴趣;他认为即使在他所处的时代中,对技术的态度中仍然充满了敌意。区分"需要知识的职业"与商店和工厂中的职业、脑力劳动与体力劳动、思维的愉悦和身体诱惑尽管是不恰当的,但却是我们当代生活的重要组成部分。杜威认为,与那些他认为更进步的哲学家相比,那些试图保持这些已经确立起来的差别的哲学家已经具备了三个优势,并且他们将继续具备这三个优势。首先,他们具有比较大的制度优势。位于他们思想背后的,是"人们围绕着长期以来体现在一种占主导的制度上的传统哲学,在想象上和情绪上有各种联想和诉求;它们在无意识之中继续影响着人们的头脑,尽管他们不再理智地赞同这种传统在理智上所依赖的宗旨了"(LW4:62;QC:77)。威廉·詹姆斯把习惯视为社会的巨大"飞轮"。杜威把这一观点加以扩展,将文化制度也包括了进来。

第二,他们具有一种心理学上的优势。人类普遍厌恶危险和不稳定的东西,而这些哲学家应对和加强了这种厌恶。他们给出了一个充满希望和前景的世界,在这样的世界中,值得珍视的东西将在一个更高级的领域中永保安全,既没有蚊虫叮咬,也不会生锈。*他们利用了害怕失去的心理,利用了失败的努力或者单调乏味的劳作而产生的厌烦心理。

第三,他们利用了一种文化的精神分裂症。他们认为,大部分人所应对的事物和活动都不能用最高等级的形式表达出来。他们通常信奉的东西不再与日常生活有关。杜威认为,令人遗憾的是,"在事实上统

---

⑬ José Ortega y Gasset, *History as a System and Other Essays Toward a Philosophy of History*, Helene Weyl, trans. (New York: W. W. Norton and Co., 1961), 146-47.

* 这句话出自《圣经·马太福音》第 6 章第 20 节:"But lay up for yourselves treasures in heaven, where neither moth nor rust doth corrupt, and where thieves do not break through nor steal."(把财宝积攒在天上,天上没有蚊虫叮咬,也不会生锈,也没有贼挖窟窿来偷。)——译注

治着现代世界的那些条件和力量还没有在理智上前后一贯地表达出来"(LW4:62;QC:77)。

正如杜威所说的那样,在古希腊和文艺复兴的那段时期中,人们没有着力于技术的控制,而是相应地转向了超自然的和超越的东西,将这些东西作为目标和理想的来源。对柏拉图来说,超自然的东西至少还与理智的洞察有关;对中世纪的人来说,超自然的东西与公开承认的荒谬信仰有关。杜威从吉伯特·茂莱(Gilbert Murray)那里借用了一个短语来描述这一时期占主导的态度,这个短语就是"勇气的匮乏"(failure of nerve)(LW1:104;EN:107)。

八

杜威认为,现代科学兴起的一个必要条件是增加对工具的关注和使用。希腊人有自己的经验方式,但是伽利略和牛顿超越了观察和"经验",转向了实验。杜威把实验分离出来,当作"现代科学认知的必不可少的工具",把实验定义为"引导观察序列的技艺,在这种观察序列中,有意识地改变和控制了自然条件,由此就可以揭示和发现自然的主题。如果不这样的话,就不会注意到这些自然的主题"(LW1:339)。

简单地说,杜威认为,经验科学除非能够成为技术的,除非能够慎重地对待生产和工具与人工物的使用,以便扩充对象和事件的含义,否则经验科学就仍然停留在理智抽象的水平上。

杜威的与众不同之处在于认为,现代科学的**实际生产活动**不同于实际表现出来的那样,也不同于哲学家所解释的那样,而是颠倒了亚里士多德学派的科学等级次序。在亚里士多德的著作中,理论科学是最高级的,其次是实践科学,生产性科学又次于理论科学和实践科学,属于最低级的。这就是确定性的等级次序:**理论**(theoria)处理的东西总是或大部分情况下是真的,**实践**(praxis)处理相对善的选择,**制作**(poiesis)处理如何从偶性的材料中制造出物品。

然而,对现代科学来说,理论变成了实践的工具,而实践是产生新效应的手段。理论不再与最终的确定性有关,与此相反,作为一种有效的假设,理论与试验和没有解决的问题有关。知道就是准备去行动,而行动是为了产生更深一步的新意义。现代科学就从"面向过去转向了面向未来,从看重先例转向了看重结果;从孤立转向了连贯;从用规律整合个别事物,转向了个别事物之间的联系,由此使得个别事物成为一个永远扩张其时空范围的整体的可互换的部分"(LW1:339)。

杜威指出,希腊人实际上区分了"活动"(activity)和"行动"(action),但是现代科学只对"行动"感兴趣,把"活动"视作空洞的。在亚里士多德那里,"活动"意味着"理性的和必然的知识,这种知识是自创自行的活动的一种最终的、自足的和自我封闭的形式"(LW4:14-15;QC:17-18)。因此,认知就不同于行动和制造。在现代科学的实际过程中,现代科学将行动作为一种由知识引导的东西,当作导向产生新奇事物的东西。然而,亚里士多德科学的目标是知识活动自身,而现代科学的目标是借助于生产的技术控制:"借助于主动地控制对象,实现在经验中所体现出来的更可靠、更自由、更为大家广泛共享的价值,而只有借助知识才能实现主动地控制对象"(LW4:30;QC:37)。

现代科学首先认识到生产性技能(技术)的重要性,并且采取了这些方法,杜威将此称为"操控和还原"(manipulation and reduction)(LW1:108;EN:112)。在《经验与自然》中,杜威再次采用他在《论文集》中提出来的矿石和金属的比喻来解释对这些术语的使用。矿石在还原和提炼之前,它们的用处是有限的。一旦铁矿石拥有了恰当的属性,它就能从审美的角度来享用。它也可以用来满足一定的工具目的;在游戏中或对抗敌人时,一大块铁矿石可以用作武器。

但是,一旦铁矿石经过还原和提炼后,它可能应用的范围就扩大了。与其他事物的还原相比,铁矿石就具有更多的可能性,从这个意思上来说,铁矿石变得更容易操控了。从铁矿石中还原和提炼出来的金属工具可以用来分解和精致雕刻一块木头。它可以把木头变成审美享乐的对象,例如仪式中的面具;或者用作操控其他对象的工具,例如碗或犁(LW1:109;EN:112)。

当然,从一开始,还原和操控就是人类制造的重要组成部分。但是在16世纪,在对待这些过程的态度上却发生了巨大的变化。它们被认真地看作知识的生产,而不仅仅视作审美享用的对象的生产。知识本身开始被作为一种人工物,被当作产生另外的还原和操控的东西。

杜威通过简要分析伽利略和牛顿这两位创新者的工作来阐明这种态度上的巨大变化。伽利略的伟大贡献"恰恰在于放弃了把性质当作是科学对象**本身**所固有的特性的看法"(LW4:76;QC:94)。伽利略在比萨斜塔上所做的自由落体实验,明确否定了亚里士多德把轻(levity)和重(gravity)当作对象的**固有**性质的观念和仅仅是对象的"审美"性质的观念。

杜威的想法是这样的:亚里士多德在《范畴篇》(*Categories*)中提出来的"本体论的配置"(ontological square)表明了单个的定性的偶性是单个对象**固有的**,但没有**述说**(saidof)单个对象。"这种特殊的白色"(苏格拉底的白色)是苏格拉底固有的,但是没有**述说**苏格拉底。单个偶性的种类(classes)**述说了**这些对象,但却不是这些对象**固有的**。"白色"作为定性的种属(genus),述说了苏格拉底("苏格拉底是白色的"),但是由于"白色"是一般性的,所以不是苏格拉底固有的。因此,亚里士多德认为,单个的对象具有内在的定性的区别,例如它们自己可以是重的或轻的。尽管重的或轻的可以概括成种类,但是亚里士多德的"实体—偶性的本体论"(substance-accident ontology)却为把这些单独偶性的种类当作某种程度上是不同种类的东西奠定了基础,因为它们的偶性不会仅仅属于一个对象。单个的偶性仅仅被视为个别的和内在的性质。它们是自足的或审美的实际存在物(entity),尽管它们能够"附着在"在实体(substance)上或者是实体所固有的。

在杜威看来,伽利略所发动的革命即使不是明确地推翻了亚里士多德的"实体—偶性"模式,也是暗中推翻了这一模式。伽利略没有把对象的重力当作"这种重力"和"那种重力",然后这些重力归入到一个叫做"重力"的类型或种类之中。他证明物体的运动源于一个共同的属性,这种属性属于同一个类型。对象有抵抗使其运动的力的属性,就像其具有抵抗改变原有运动状态的力的属性一样。这种同一类型的属性被称作"惯性"(inertia)。杜威认为,当我们把比萨斜塔的实验和伽利略把圆球从光滑斜板滚下的实验联系起来看时,我们就会明白,"传统思想认为一切运动中的物体由于它们内在地有一种倾向去实现一种天然的本性,自然地就会静止下来。伽利略的工作却给予这种传统思想以致命的打击"(LW4:78;QC:96)。一种单一的同一类型的属性(property)取代了各种各样不同种类的性质(quality)。

因此,在杜威的解释中,惯性就是一种技术人工物。杜威看待惯性的提出,就像他1916年在哥伦比亚哲学俱乐部发表演说时看待逻辑对象和"拐杖、冰鞋、滑板"的提出方式一样。惯性不是由探究**设定的**(by),而是**来源于**(from)探究。它对于对象和事件的还原和操控来说是一种工具,由此保证新意义的产生。

从这些实验出发,就很容易废弃认为空间的不同部分具有不同性质的观念。"一切所谓科学的东西都变成了用数学术语表达的机械性质:数学表达的含义标志着将不同的现象完全等同于或转换成另外一种术语的可能性"(LW4:78;QC:97)。

当然,这种观点有众多"精神上的"分支。亚里士多德认为,一种外在的力对于保持物体的运动是必要的,而这种力对于物体来说不仅仅是"内在的"或"天然的"。如果情况不是这样的话,那么这个不动的推动者是什么? 在伽利略的时代,长期以来都把这个不动的推动者等同于基督教的上帝。我将在第七章中再来讨论这些问题。

然而,与我们这里的讨论密切相关的是各种类型的工具在这场科学革命中的作用。透镜、光滑的斜板和无数其他的工具开始在主动进行的实验中、在对结果的主动操控中发挥它们的作用。更好的理论并不能单独引发现代科学革命,认识和使用工具方式中的根本性变化也同样发挥了作用。其中最重要的一个变化就是把理论本身也当作是一种工具、一种设备。

有人从不同的角度看待这个问题,认为现代科学的工具恰恰包含了亚里士多德认为内在于对象之中的对象的性质,只不过是以不同的方式包含在其中罢了。杜威在1938年的《逻辑:探究理论》中描绘了这种区分。杜威在"性质"(quality)、"特性"(characteristic trait)和"属性"(property)之间做了区分,这种区分方式让我们回想起皮尔士对性质(quality)、事实(fact)和规律(law)(按照皮尔士命名它们的一种方式)这些范畴的讨论。

性质是特定观察的对象。它们就是它们所是的样子,没有指向超出自身之外的东西。因此,它们非常近似亚里士多德体系中的个别的范畴"性质"。然而,认为这些性质是不同种类的,这已经有点言过其实。当把它们作为性质时,它们就像与朋友共度一晚时所具有的普遍性质一样。杜威不想否认我们有时候也能把性质当作自给自足的。我们的日常生活中有大量的审美经验并不需要进一步的探询。有时候诗歌并不意味着什么,它们就是诗歌。

但是,有时候性质还是有含义的;它们指向了自身之外的东西。当这种情况发生时,杜威称它们为"特性"。特性的意思是说,在一定的条件之下,能够按照其他性质的发生做出"适度安全"的推论。通过区分和隔离一类描述性的特征,特性指向了自身之外的东西。它们在还原和提炼中是有效的。

但是,首先是作为性质,然后作为特性的东西,"当它由否定的和肯定的例子来确定,成为其他结合起来的特征的永远可靠的标志时",可以变成一种属性,"这时候它就内在地**属于**这一类属性的所用情形"(LW12:292;LTI:292)。

杜威举的例子是放在化学溶液中的石蕊试纸。命题"这使石蕊试纸变红了"就自身来讲,只是陈述了一个独立的观察。如果没有进一步的说明,这个命题就没有含义。但是,在适当的条件下,一种性质可以变成一种特性、一种工具。通过概括实验中其他化学溶液样本的特性和其他石蕊试纸的特性,可以就它们的相互作用做出一个"适度安全的推论"。最终,"通过否定的和肯定的例子的验证",我们就可以说,任何酸性溶液都能使任何一张石蕊试纸变红。我们就超越了性质和特性,得到了能够作为可靠标志的属性。

就像我在第二章中提到的修复电灯开关的简单情形一样,化学实验室中各种对象都可以作为其他对象的工具而发挥作用。石蕊可以作为确定实验中化学物质的含义的工具。酸可以作为确定实验中试纸类型的含义的工具。不能对化学溶液做出反应的试纸就可能不是石蕊试纸,或者它自身的化学属性消耗殆尽。或者也许试纸是新的石蕊试纸,但是溶液的 pH 值是中性的。

在每一种情形中,石蕊试纸和化学溶液都不再作为亚里士多德所说的对象发挥作用。相反,它们是作为**材料**(data)发挥作用。"新的实验方法对于一般经验的定性对象实际上产生了什么影响?……用技术术语来说,我想我们的答案将是**以材料代替了对象**"(LW4:79;QC:98-99)。希腊科学研究的是像岩石、树木和星辰这样的对象,将这些对象当作在本体论上已经完成的东西,而实验科学关注的是能够操控和转化的东西。这些**材料**指向了未来:它们变成了"需要**进一步**解释的题材;是一些需要加以思考的东西。**对象**是最后得到的东西;它们是完备的、已经完成的;它们所需要考量的只是对它们加以定义、分类、进行逻辑上的安排、进行三段论式的推论,等等。但是材料是指'运用的材料';它们是征兆、证据、标志,是某些尚未实现的事物的线索;它们是中间环节,而不是最终完成的东西;它们是手段,而不是最终完成的事物"(LW4:79-80;QC:98-99)。

对杜威来说,成为一种材料就是根据特定范围的探究对主题的控制,以一种特殊的方式发挥作用。材料能够使我们以一定的方式提出问题,从而指示出一种可能的解决办法。材料提供了证据,这对于验证一种提出的解决办法来说是一种工具(LW12:127;LTI:124)。

用一种稍微不同的方式来说,以前被认为是知识对象的东西,现在成了问题的起点。不再认为对象是稳定的、已完成的和静态的,而是认为对象是新议程中成问题的、令人费解的和挑衅性的东西。对于实验科学家来说,对象不再是审美静观的发生地,而是成了有效控制人类所处情形的工具和设备。

让我们再次回到杜威在《经验与自然》中的论述。杜威认为,科学家所理解的对象是不变的,能够用数学进行表述;它们允许替换;它们具备进行控制的可能性;它们服从科学的定律和关系。因此,它们就不同于审美的对象。实验科学家可以从审美的角度看待实验室的对象,从它们的颜色、质地和形状中获得愉悦。从成功完成的实验中也能获得一些审美的享受。但是,尽管这些经验可以激发进一步的科学研究,但是作为审美对象,它们没有超越自身,没有产生进一步含义的可能性。

第四章 从技艺到技术:杜威对技术史的解读

这一点成了很多杜威的批判者们产生误解的根源。杜卡斯(C. J. Ducasse)就是其中的一员,他认为杜威的工具论非常奇怪:

> 人的生活,或者说杜威在谈到人时所设想的理智的人的生活,事实上被(工具论)描绘为一种工具制造的生活,所有制造的工具(不管是物质的还是精神的)从它们自身来说,本质上都是用来制造工具的工具。在这样一种生活中,除了用于制造其他工具,根本没有工具使用这回事;公认的惟一的满足是从工具制造本身的过程中获得的,或者是从认识到有些工具可用于工具制造中获得的。直接的满足是很荒谬的,这就等于是说"它们有自己的理由,而这仅仅是因为它们有自己的职责"。
>
> 这样的生活确实会避免"令人失望的厌烦",对这种"令人失望的厌烦",杜威教授会说,还不是工具的圆满对象会随着时间的推移变成工具;但是这也会给生活带来特有的弊端——随着时间的推移,从以前工具的不断更新的刺激中会产生疲劳和疲乏;根深蒂固的烦躁不安和无法进行静观,所有这些现象在今天都很普遍,这就使得把一切都变成了一种手段和生产。⑭

杜卡斯在评价工具论把一切都变成了一种工具时,他的观点部分是正确的。但是,只有当这种说法涉及到"作为知识的科学的与众不同的性质"⑮(杜威将此称为"技术")时,杜卡斯的评价才是正确的。杜卡斯在这段话中所描述的,实际上是实验科学一直在进行的活动,甚至也许是实验科学永不停歇的活动。他没有把握到的是,杜威明确地和反复指出的观点:我们所说的科学的经验具有自身的享用和审美愉悦;探究不会,也不可能贯穿在每一个经验领域中。

因为我们必须应对日常的对象,所以我们只有两种选择。希腊人采取的方式是将对象当作目的本身和审美享乐的发生地,将知识当作审美对象。现代科学采用了另一种方式。它把对象和对象的特有属性

---

⑭ C. J. Ducasse, *The Philosophy of Art* (1929; reprint, New York: Dover Publications, n.d.), 86.

⑮ John Dewey, *Problems of Men* (New York: Philosophical Library, 1946), 291n.

当作发现和工具的进一步发展的工具。知识不是审美静观的对象,而成了产生进一步经验的工具:是产生进一步审美经验的工具,是开发范围更广和更深入的认知的工具。

九

即将到来的未来会怎样呢?首先,杜威觉得,在过渡到技术历史的下一个阶段中,哲学具有一种非常重要的作用。他认为哲学并不像他同时代的一些人所说的那样已经走入了死胡同。(有些人指责杜威的这个看法,但是这种指责很令人怀疑,因为他们是从杜威的《经验与自然》的第10章中得出这个结论的。)

对于杜威来说,哲学"实质上就是批判。哲学的批判是一种一般性的批判,在各种形式的批判中处于一种特殊的位置。哲学本来就是对批判的批判。批判是鉴定性的判断和审慎的评价,当鉴定的主题涉及善或价值时,判断就能恰当地称为批判"(LW1:298;EN:322)。杜威描述哲学功能的术语,恰恰就是他描述技术时所用的术语:哲学的功能包括增加操控和控制,提高安全和自由,避免误导和浪费(LW1:302;EN:327)。

在这种联系中,杜威认为哲学是"一个使者、一个联络官,它使得各种地方方言成为可以相互理解的语言,并因此把这些方言所负载的意义加以扩大和修正"(LW1:306;EN:332)。

其次,如果技术的下一个阶段来到了,它将提高科学、道德和审美鉴赏之间的相互贯通。哲学因为是普遍性的,它就有任务提出一种避免自然主义的谬误的方法——例如,这种谬误认为,"有一些对象或对象的一些属性能够一见即知"(LW1:303;EN:327-28)。他把这种态度称为是一种"关于知识的整个历史传统的蛊惑和错觉,它们同样散布在感觉论和理性论的各学派,以及客观的实在论和内省的观念论之中"(LW1:303;EN:328)。对这种观点的矫正方法就是将控制的"内在"手段和"外在"手段结合起来,通过与各种工具的结合将"被囚禁的"思想释放出来,将思想与"通过赋予事物以意义而塑造对象的其他艺术"结合起来(LW1:319;EN:346)。在技术的下一个阶段中,传统的硬件和软件之间的严格划分将被两者之间的一种新的相互定义所取代。

第三,技术的下一个阶段决不是必然的。可以预见,我们这一代还会表现出从后期罗马帝国到文艺复兴时期占主导的"勇气的匮乏"。不管是由于自然的原因还是人为的因素,我们这一代也有可能成为最后的人类。尽管从我已经解释过的杜威思想与发生学的关系的角度来说,杜威是一个历史学家,但是杜威却拒斥了历史决定论。杜威讨论技术的一个关键要素是,对技术的讨论包括个人和集体对未来生产的责任。

这种观点既有积极的一面,也有消极的一面。完全控制周围的条件是不可能的。意义的领域和经验的领域不会重合,也不可能重合。总有一些经验领域是认知触及不到的。另外,不管是自然的灾难还是人为的灾难,都不能终止人类的生活。然而,从积极的方面来说,杜威认为如果人类开始认识到自己对个人和集体的未来所负有的责任,这就是一种巨大的进步。我将在第六章和第七章中再回到这些主题,并更详细地讨论它们。

第五章 理论、实践和生产

自然科学的实验操作和技巧,与用于特殊的实践目的的相同的操作和技巧之间,不可能从逻辑上做出明显的区分。从科学中去除实验是无法想象的,而实验是一种行动(doing)和制造(making)的形式。以行动和制造为媒介,将概念和假设用于现实的素材,这是科学方法的内在组成部分。(LW12:434-35;LTI:439)

我们的想象力水平之所以会更高,并不是因为我们具有更精致的想象力,而是因为我们有了更好的工具。在过去40年中,科学中发生的最重要的事件就是工具设计上的进步……一种新工具就像一次外国旅行;它在新奇的组合中显示事物。这种益处不仅是新添了一些东西;它是一种转变。——阿尔弗雷德·诺斯·怀特海(Alfred North Whitehead)①

我们确实可以说,科学和其他技术的区别不是内在的。这种区别依赖于文化条件,而文化条件是外在于科学和工业的。如果不是这些条件所施加的影响,科学和其他技术的区别将是一种通常口头上的区别。(PM:292)

一

我在上一章中指出,杜威倒转了亚里士多德划分的理论认知、实践认知和生产认知的顺序。亚里士多德就像他之前的柏拉图一样,认为理论认知高于实践认知和生产认知。因为理论与确定性有关,因为理论的对象就是要处理的问题,或者要处理的大部分问题,所以亚里士多德认为理论具有一种神圣的成分。实践被认为是层次较低的,因为实

---

① Alfred North Whitehead, *Science and the Modern World* (New York: New American Library, 1963), 107.

践涉及在相关的"善"(goods)之间做出选择。生产被认为是低于理论和实践的,因为生产是从偶性的材料中制造出事物。杜威在对17世纪和18世纪科学革命的简要论述中指出,在科学革命的具体实践中,现代科学颠覆了这一等级次序,尽管在科学革命的实际过程中并不总是这样。

现在需要用一种更详尽的方法来研究这个问题。我将在这一章中更详细地研究希腊人的观点,因为即使在科学化技术的具体实践废弃了他们的观点很久之后,希腊人的视角仍然在我们的文化中继续发挥作用。然后我将研究杜威有关理论与实践和生产的关系的观点,行动和制造之间关系的观点,以及他对技术与科学之间关系的论述。作为一种理解杜威论述实验科学的手段,我将研究杜威对因果关系、必然性和科学定律的看法。

二

就像其他大部分词语一样,"理论"(theory)这个词的词根非常具体。甚至在它的同源词"**旁观者**"(*theoros*)* 用来指游戏中的观众活动之前,这个术语被当作一个名称,用来指传达神谕的使者,或是派去参加希腊临近城邦(那里常常上演很多游戏)的宗教庆典的使者。② 因为神谕和庆典与宗教活动有密切的联系,同时还因为"**旁观者**"(*theoros*)这个术语与"**神灵**"(*theos*)或"**神**"(god)有明显的联系,所以这个词从一开始就含有神圣的意味。拉丁文术语"**静观**"(*contemplatio*)** 一般用来翻译"**理论**"(*theoria*),它的词根是"**神庙**"(*templum*),是指观察和预言的地方。因此,**理论**(theoria)就是一种奇观,一种对神圣事物的观察。

术语"**实践**"(*praxis*)也有很具体的来源。第一人称单数的"prasso"

---

* 意为"旁观者"、"观赏者",后来引申为"理论家"或"理论研究者"。——译注

② Nicholas Lobkowicz, *Theory and Practice: History of a Concept from Aristotle to Marx* (1967; reprint, Lanham, Md.: University Press of America, 1983). 尤其参见该书的第2页。

** 这个词后来转化为英文中的 contemplation,一般译为"沉思"、"注视"等。因为这个词的辞源中含有"观看"的意思,所以本书将它翻译成"静观"。——译注

("我来处理"或"我来完成")用来指一些活动的具体表现,这些活动是建立在自由民谨慎选择的基础上。③ 政治活动、做生意、甚至竞技表演似乎都包括在"实践"活动中。但是对希腊人来说,**实践**活动既不包括**理论**(theoria),也不包括工匠的生产活动。用来指生产活动的术语是"**生成**"(poiesis)或"**技艺**"(techne),不管是造船工匠的活动还是诗人的活动,都是如此。

亚里士多德在《形而上学》(Metaphysics)④中使用了这三个术语——**理论**(theoria)、**实践**(praxis)和**生成**(poiesis),它们的同源词用来指三种认知(knowing, episteme)方式。他在有关段落中的论说情境是事物的原理或原因被获知的方式。所有这些学科都试图"在一些事物的种类中"把握它是"什么","努力证明其他的真理,不管这种证明是粗略的还是精确的。"⑤

亚里士多德不仅在《形而上学》中,而且也在其他著作中讨论了这些问题,最明显的是在《尼各马可伦理学》(Nichomachean Ethics)中。他在这些文本中依据上下文,对这三种认知方式的重要性进行的排序是非常清楚的。理论认知优于实践认知,而实践认知反过来又优于涉及到生产的认知。汉娜·阿伦特认为,亚里士多德在《形而上学》中提出生产性认知优于实践认知,⑥但是她所引用的文献并不支持她的这个看法。亚里士多德在《大伦理学》(Magna Moralia)中对行动(doing)

---

③ F. E. Peters, *Greek Philosophical Terms* (New York: New York University Press, 1967), 163.

④ Jonathan Barnes, ed., *The Complete Works of Aristotle*, 2 vols. (Princeton, N.J.: Princeton University Press, 1985), 1025b17ff., 1064a17ff.

⑤ 同上书,1064a5-6。

⑥ Hannah Arendt, *The Human Condition* (Chicago: The University of Chicago Press, 1958), 301. "问题显得有些令人困惑,因为希腊政治哲学即使在秩序内部出现矛盾时,也依然遵循城邦制定的秩序;但是在柏拉图和亚里士多德最严格意义上的政治著作中(当然,如果想了解他们最隐秘的思想,我们必须远离这种秩序),他们为了强调劳动,都倾向于颠倒劳动和行动的关系。因此,亚里士多德在《形而上学》中讨论不同的认识时,将推理(dianoia)和实践知识(episteme praktike)、实践的洞察以及政治科学置于他的秩序的最底层,位于它们之上的是制造科学和制造艺术(episteme poietike),后者导致了理论(theoria)和真理的静观,并且要优于理论和真理的静观。"阿伦特引用的文献出自《形而上学》的1025b25ff 和 1064a17ff。

和制造(making)*的划分也许是最明确的。亚里士多德在《大伦理学》中认为,行动跟智慧有关,而制造跟发明有关:"在行动的过程中,除了行动没有其他的目的……而智慧关注的是行动和行动所完成的东西,但是技艺(art)关注的是制造和制造出来的东西;技艺发明体现在制造出来的东西上,而不是体现在行动所完成的东西上。"⑦

希腊的社会组织明显反映了这种理论、实践和生产的划分。认知方式等同于生活方式。鉴于希腊公民身份的义务,政治生活中的行动需要不为稻粮谋的自由。工匠要通过制造来谋生,因此很少从事政治活动,这同样也是事实。

亚里士多德主张,**理论**(*theoria*)或者静观是实际的政治活动的一种延伸。"哲学家们进行辩论,这就等于表明政治(这是一种相对来说脱离劳役的活动,是一种需要独立和闲暇的活动,因此就是一种自由的活动)的所有积极的方面也是建立在静观之上,它们是以一种含义更丰富的方式建立在静观之上。"⑧亚里士多德和柏拉图的学说都是说给自由民听的;亚里士多德通过静观,就能提出自身中最具神性的东西。

除了**理论**、**实践**和**生产**,还需要提到希腊人的另一种生活方式。不管在古希腊还是现在,社会结构的最底层都是劳动者(laborer)。**工作**(*ponos*)这个术语用于这种生活领域中的活动,它不仅意味着"苦役和劳力,而且也必然意味着贫穷、痛苦、甚至疾病。"⑨

技艺或生产活动能够减少那些从事**工作**的人的劳苦,而希腊的历史著作、戏剧和哲学中根本没有这种观念。这就表明希腊的历史著作、戏剧和哲学是一些自上而下关照社会的人写就的。希腊人也没有自然科学或数学科学能减少劳苦的观念。

杜威认为,希腊人把**理论**作为最高级的知识形式,这是他们没有发

---

* 亚里士多德区分了行动(doing)和制造(making),"行动"是奴隶主和自由民的事情,以自身为目的,没有外在的目的,政治活动作为一种实践活动,以自身为目的,属于"行动"的范围;而"制造"是奴隶的事情,目的在本身之外,例如生产劳动是为了生存,商业活动是为了金钱。——译注

⑦ Barnes(1985),1197a9-13.

⑧ Lobkowicz(1983),24.

⑨ 同上书,第17页。

展出实验科学的一个主要原因。他指出,希腊人把探究(杜威所说的探究意味着对实际困难的生产性解决)排斥在逻辑学的范围之外。按照杜威的看法,亚里士多德的三段论与其说是关于推论或推理的问题,不如说是一种"对自然界中属于真实整体的入选和排除关系的当下理解或洞察"(LW12:93;LTI:88)。

因为逻辑学是一种手段,使自己获得一个观察自身**已经完备**的事物的更好的**视角**(例如参观博物馆),这就没有为**发现**的逻辑学留下空间。形式和物种被当作关于整体的视角。希腊人认为,终将一死的肉身的缺陷剥夺了他们对逻辑学重要性的反思性探究。希腊人为此受到了杜威的指责。希腊人认为,知识就是通过直觉把握和拥有的(LW12:93;LTI:88)。

在杜威看来,希腊的逻辑学和"科学"的主要问题是没有把理论和实践联系起来。它们没有把眼皮底下进行的活动融入到它们的进程中;它们把实际的技术生产当作低级的东西排除了,而这种实际的技术生产是希腊人日常生活的组成部分。它们"没有考虑到生产工人的工具和程序"(LW12:99;LTI:94)。

三

在1891年发表的《道德理论与实践》这篇早期文章中,杜威提出了一种关于理论和实践的观点。在他的整个学术生涯中,杜威基本上坚持了这一观点。一旦理解了这一点,我们就会明白,这篇文章为《经验与自然》和1938年的《逻辑:探究理论》中的主题提供了相当可观的思想基础。

杜威在这篇文章中关注的问题是他所说的研究伦理学的两种相互对立的方法。一种观点认为,道德理论试图找到道德行为的哲学基础或根基,这一根基超越于道德行为本身之上。另一种观点是一些"菜谱"(cookbook)伦理学家所主张的,他们认为道德理论是一些像基督教的"十诫"那样的规则或箴言的汇总,道德实践是对这些规则的具体细节的谨慎的、但又是非理论性的执行。

杜威的独特之处在于,他认为这个问题非常类似于通常所说的科学和技术的问题。通常认为科学是寻找基础,需要寻找一些超越于科学成果本身之上的东西。通常认为技术是按照像菜谱那样的规则来进行的;这就是说,规则只是从以前的工作中概括出来的,然后就能"照本宣科"地谨慎应用。

就像赖特·米尔斯提醒我们注意的那样,杜威整个学术生涯的战略方针,就是试图跨越迄今为止还相互独立的领域来进行思考。米尔斯简单地把这个问题表述为:

> 通观杜威的著作就会发现,很多文章的题目都可以叫做"X和Y",这样说并不是亵渎文章的内容……他并不是仅仅把题目"联系起来"。他并不是像威廉·詹姆斯经常做的那样,简单地转换两种观点的意义和形态,从而使这两种观点在他那里"共存"。杜威有自己的视角,建立了一个概念结构,这样他就能把握住相互竞争的两种观点;这种结构既不同于相互冲突的学说,也不是把独立的学说"结合"起来。这种结构是杜威式的。⑩

我在第二章中用大量笔墨表明,这正是杜威在处理相互冲突的实在论和观念论的主张时所采取的策略。他没有采纳双方的任何一种立场,而是通过阐发第三种立场,吸收了双方的洞见。杜威的第三种立场就是他的工具论。我也早已指出,工具论的核心概念是生产(pro-duction)和建构(con-strution)。从字面的意思来讲,这些概念的意思是导致和一致,这反映了杜威尤其关注推论,这种探究在一个探究共同体中可以获得认可。生产和建构这两个术语在技术领域中广泛使用,杜威通过仔细选择和广泛使用这两个术语,以阐明他的工具论立场。杜威一直认为,人类通过构造世界的意义来构造他们的世界。从 19 世纪 90 年代的早期著作到 60 多年之后发表的著作,杜威所使用的隐喻都是技术的。

杜威在这篇文章中把伦理学当作工程的一个分支来对待。就像我

---

⑩ C. Wright Mills, *Sociology and Pragmatism*, Irving Louis Horowitz, ed. (New York: Oxford University Press, 1966), 314.

以前指出的那样,这也是杜威在讨论探究时使用的一个隐喻;在讨论美学和艺术作品、历史的书写、逻辑学或对探究的探究时,杜威也同样使用了这个隐喻。

对杜威来说,道德理论等同于道德洞察(moral insight),而道德洞察是对关系的认识。单独来看,这种说法就像是对亚里士多德的《尼各马可伦理学》的过分简单的注解。但是杜威随后指出,亚里士多德也许会把这个观点当作融合了**理论知识**(episteme theoretike)、**实践知识**(episteme praktike)和**生成**(poiesis)而加以抵制。杜威接着说,道德洞察来自于理智,这种理智跟"量体裁衣、订钉子、出售粮食和发明电话所需要的理智是一样的……就像解决代数中的问题一样,在如何解救我隔壁堕落的邻居时,也不存在什么神圣的或超越性的东西"(EW3:95)。

因此,杜威拒绝理论脱离实践的做法。理论只要是成功的,那么它就是生产性的。在杜威看来,理论和实践只是理智探究过程的不同阶段,理论是"观念的行动",而实践是"被实施的洞察"。

有人反对这种观点,认为我们并不需要一种运动理论来教我们走路,依此类推,我们也不需要一种伦理学,来遵循其要求采取行动。杜威对这种异议的回应是在不同的理论层次中做出区分,这就是说,在不同的观念行动中做出区分。尽管走路确实不需要一种运动理论,但是却需要一种关于走路的知识。那些把运动理论和我们称为走路的活动并列的人,有些言过其实。运动理论(涉及到对关系的洞察)包含走路的理论,但是走路的理论并不包含运动理论。运动疾病方面的专家既需要运动理论,也需要走路理论,但是开始学走路的小孩却是在没有运动理论的情况下学习走路的。

因此,理论仅仅是关于所要处理问题的观念,它们根据实际问题的不同抽象程度而发挥作用。这个问题是杜威在1938年出版的《逻辑学》中要充分阐发的。所处理的问题必须仔细按照所需要的恰当的抽象程度来确定,这就是说,要根据手头问题的特殊性来确定。此外,关于所处理问题的观念是筑就的,问题越特殊,需要的观念越具有一般性。

对这一说法的另一种表述方式是,没有一般性的理论,没有理论是无根基的。当然,想象和幻想能够把很少涉及现实情形、或者根本不涉及现实情形的事情联系起来。人类从事的这种活动往往是强烈的审美愉悦的源泉(尽管这也可能是严重罪行的源泉)。但是幻想的放飞和想象的发明不是理论。特定情况中的理论仅仅是"对这种情况的彻底分析"(EW3:98)。特殊的疑难情形是宽泛的,那么分析就是宽泛的;特殊的疑难情形是有限的,那么分析也是有限的。理论是一种"彻底的分析",替代理论的不是实践,而是多愁善感、直觉、权威、懒惰、愚蠢,或者也许从更积极的意思上来说,是幻想的放飞。然而,如果有一种活动依赖的是这种对彻底分析的替代,那么也是为人所不齿的。

就像在其他地方一样,杜威在这里也指出,道德理论和物理科学所应用的理论除了处理的材料不同之外,它们之间没有差别。在这两个领域中,各种理论(假说)都是用"如果……,那么……"这样的条件句形式来表达的。此外,假说涉及的不是个人,而是条件。例如,我们称为重力理论的假说,按照杜威的说法就是:"我没有涉及到你所说的实际下落的石头,但是我能告诉你的是,这是一个关于下落物体的定律,等等。在把这一普遍公式用于特殊情况时,你必须慎重考虑。"(EW3:98)

宣称物理科学或伦理学中的假说是最终的结论,宣称绝对科学的或伦理学的基础能涵盖所有的事实,宣称特定的问题不需要假说的特定应用,这些主张就是杜威所说的对事实的篡改(mutilation of the facts)。

但是在宣称缺少道德假说或理论的情况下,道德活动就是可能的时候,也存在一种篡改。取代了假说成为行为基础的是冲动。建立在冲动基础上的行为也能达成目的;但是如果真是这样的话,那么凭借的完全是运气。

对杜威来说,这就意味着道德理论和科学理论都不是书本上的东西。这两种理论只存在于某些主体(agent)的"思想"中。

这就不难明白为什么有些人指责杜威是主观主义者。认为理论只存在于"头脑中"无异于招惹是非。然而,在1938年的出版的《逻辑学》中,甚至在1903年到1916年完成的逻辑学著作中,杜威都明确拒斥了主观主义。在 1938 年的《逻辑学》中，杜威根据行为的"方式"，而不是根据主体头脑中的某些东西来看待理论。在杜威的早期生涯中，批评他的人普遍忽视了杜威的一个观点，即头脑是一种通过建构为其所用的工具来与身处的现实情形打交道的客观方式；他从来没有把头脑当作私人的或主观的东西。

这一观点在他的《逻辑理论的现状》（*The Present Position in Logical Theory*, EW3:125-141）一文中得到了明确表述。这篇文章也是发表于 1891 年。杜威在这篇文章中抨击了两种主观主义的立场。第一种立场是当时很多标准的逻辑学著作提出来的，认为"逻辑学只关注头脑思考的方式，与所思考的特定对象没有关系。"⑪杜威反对这种观点的理由是，它独立于主题就建立了思考的形式，因此这些形式就不受事实所支配。

杜威发现，逻辑学的第二种主观主义的观点也无法让人接受。第二种观点与第一种观点类似。康德认为，**先天的**（*a priori*）形式存在于纯粹思想中，施加到材料上。杜威认为康德的这种"超越论的"逻辑学也同样有悖于事实。与康德的做法不同，杜威采取了黑格尔的方式，认为"思想的关系是意义的典型形式，这是主题在获得理解的不同累积阶段所采取的形式"（EW3:137）。他认为康德和黑格尔的一个主要区别在于，康德认为先天的是主观的，这种观念是站不住脚的观点，而黑格尔认为，要是有"**先天**"的东西，那么它仅仅是"经验构架中的、具备经验框架的主要特征的经验本身"（EW3:137）。

因此，从 19 世纪 90 年代开始，杜威的逻辑学既是反对心理学的，也是工具论的。就像我将在本章的剩余部分中将要表明的那样，杜威在 1938 年的《逻辑学》中阐发的关于理论和实践的成熟思想，最早是在 1891 年发端的。

杜威甚至在这篇早期的文章中就认为，各种理论的客观性在于它

---

⑪ 《杜威早期著作》第三卷第 128 页（EW3:128）中引用的这段文字出自圣乔治·斯托克（St. George Stock）的《演绎逻辑学》（*Deductive Logic*, Oxford, London: Longmans, Green and Co., 1888）。杜威和《杜威全集》鉴定版本的编者都没有标注页码。

们是**工具**。杜威又一次使用了他的技术隐喻:"就像每一种分析一样,它(道德行为的分析)也需要具备一定的运作工具来进行分析。我不能仅仅通过研究我所面对的这种实际情形来解决问题。我必须用手头的这些分析工具来解决问题。**我们所说的道德律恰恰是这些分析工具**"(EW3:100;黑体为原文所有)。

杜威举的例子是金律*。金律就像其他工具一样,对于自身和用它来做的事情一无所知。但是作为一种分析工具,它就像一把锋利的斧子:它"在我清理这种实践关系的丛林时,帮助我披荆斩棘"(EW3:101)。

杜威略微修改了他的隐喻,认为道德律(假说)和科学假说就像航海历书一样。它们有助于航行,但是它们并不能告诉我们驶向何方。随后,杜威大规模使用技术隐喻写道:"在至高无上的生活艺术中,工具必须具有较少的机械性,更多地依赖艺术家在操作中的技能,但工具并不是无效的。如果我们必须在每一种情况中都更新我们进攻的武器,那么我们对所采取的行动的控制就会是缓慢的和摇摆不定的。转而依靠冲动或意外状态的诱惑几乎是不可抗拒的。因此,我们手头有一些规则是必要的,但是只有当我们拿来**使用**它们时才是必要的。"(EW3:101)

工具为了成为有用的而不是负担,必须在积极主动的理智运作中来使用,而且也要不断地由积极主动的理智运作来评估。因为这是可以实现的,所有必须不断更新工具;这就是说,必须重新生产(re-produce)和重新改造(re-construct)工具。

理论和实践都必须被视为产品和具有生产性。杜威有一段话让我们想起了詹姆斯对思想的"栖息"和"飞翔"的说法。杜威让我们想象一个人面对他需要做出决断的情形。这种情形中的忙碌生活包括需求、关系、习惯和文化风俗。将理智用于这种情形中就需要获得情形的一个横切面,需要抑制情形的发展。为了获得各种可能性和可以预料

---

* 金律(Golden Rule),或金箴,是基督教宣扬的做人准则。《圣经·马太福音》(7.12)中说:"对待他人如像你愿他人待你一样。"否定性的表述是:"你不愿他人怎样待你,你也不要那样待人。"这类似孔子说的"己所不欲,勿施于人"。——译注

到的结果,就要研究抽取出来的横切面。然后,理智就"不再限制事态,不再进行抽取,事态就可以继续发展"(EW3:109)。

在这种延伸的想象中,理论是获取横切面的工具,而横切面也是一种工具、一种理论,以便进行下一步的研究。与混乱的情形相比,以前的理论和由这种理论获得的横切面都是抽象的。理论使我们暂停了行动,而实践就是那些将在抽象阶段获得的洞见加以实现的活动。因此,理论和实践相互联系,洞见和行为相互联系。理论和实践共同构成了理智行为的两个阶段。理论和实践都涉及到新结果的生产。

四

杜威在 1915 年的论文《实践判断的逻辑学》(The Logic of Judgments of Practice)中进一步扩展了这种对理论和实践的分析,并用这种分析研究科学和技术关系。杜威在这篇文章中把科学描述为一种实践的特殊模式,在此后 30 多年期间,杜威一直坚持和不断更新这一立场。

杜威让我们考虑两类材料:一种是用于造船的木头,一种是用于科学探究的"自然的实存物"(natural existences),这是一个从未知到已知的过程。造船要把木头做成特殊的形态,这个过程叫做制造。依此类推,科学就是赋予它的材料,也就是自然实存物以一定的特殊形态。这个过程就像我们所说的造船一样,都是一种制造的形式。

这种情况也同样适用于语言。"公允地说,言语是一种制造出来的产品;它是声音的自然喷发,而这种声音是塑造的,以便成为达成目的的有效工具"(MW8:66)。言语的不规则性证明制造言语时有一定的困难,这种困难在于言语中有各种重音,很难规划或控制。与产生口语的技巧相比,书面语言是更精致的制造技巧造就的。[12] 书面语言的制造所使用的材料更精致,需要更好的规划和精确性。但是在口语和

---

[12] 杜威并**没有**说书写是从口语中产生的。我觉得杜威会认同目前的一个观点,即书写起源于形象艺术而不是口语。参见 Roy Harris, *The Origin of Writing* (La Salle, Ill.: Open Court, 1986)。

书面语言中,根本性的活动都是制造。

制造的属性可以根据原始材料或中间材料的(intermediate)使用方式来衡量。这些材料可以作为模型(prototypes)来使用,这就像在制造独木舟时那样,将作为制造材料的原木作为模型。在另一种使用方式中,可以把原始材料或中间材料当作一种界限,强行实施一定的限制,这指明了一个更丰富的领域,也就是说根据选定的用途**可能**加以改进的领域。

正是从这个意思上来说,杜威所说的"逻辑特性"(logical traits)都是被制造的东西,而它们之所以这样来构造,是为了成为进一步制造的有用手段。"逻辑特性仅仅是原始存在的特征,研究原始存在的特征是为了在推论中使用,这就像制造出来的物品的特性就是为了特定目的而更改过的原始材料的属性一样"(MW8:67)。就像其他制造出来的物品一样,逻辑特性不是主观地存在于某些非物质的心理状态中,而在制造出它们之前,它们也不存在。认为它们是在本体论上预先存在的东西,就犯了杜威一直指出的"哲学谬误":把作为探究结果的东西当作先于探究而存在的东西。

杜威再一次评估了两个对立阵营的主张,并从它们的观点中提出了第三种立场。有的学派认为理论是没有根基的,从这个意思上来说,杜威认为逻辑特性不是纯粹理论性的;另外的学派认为理论就是死记硬背,不用考虑实践,从这个意思上来说,杜威认为逻辑特性不是纯粹实践性的。逻辑特性是产品;而对杜威来说,生产在任何时候和任何地方都是有关目的的事情,也就是有关制作一些东西的事情。

这就没有必要从本体论上承认人类进行推论活动这一事实。杜威在这个问题上的观点完全不同于奎因的观点。例如,奎因认为,"一个人的本体论是概念框架的基础,借助于这个概念框架,他就能解释所有的经验,甚至包括那些最普通的经验。"[13]对杜威来说,推论就像走路、咀嚼食物或跳跃一样,是一个无法否认的事实。人类把一些事物当作

---

[13] Willard Van Orman Quine, *From a Logical Point of View* (1953; reprint, New York: Harper & Row, 1963), 10.

标记、指示和证据,从一些被给予的事物出发,进而获得不具备的或渴望得到的事物,这是简单明了的事实。我们不是推断出推论;我们就像观察其他类型的行为一样来观察推论。推论不是"概念框架"的一部分,而是一个直接观察的问题。

推论行为使我们有一定的准备。有了推论才能说我们会成功和失败,而没有推论也就无所谓成功和失败。它能让我们把一些目前还不具备东西看作是已有东西的继续。推论需要花费时间,要严肃认真地进行;它给世界带来了真理和谬误,因此增加了不稳定性。推论有一定的风险:它就像把一些没有发生的事情当作**似乎已经**发生那样来采取行动,但是这些还没有发生的事情能够得以实现。

这不是真理符合论中的真理和谬误。按照真理符合论,命题要么正确要么错误地反映了事态。杜威认为,命题是从原始材料中为行为提供的一些建议。一旦把握了杜威所理解的命题的本质,那么"'雪是白的'当且仅当雪是白的"这种命题就显得不必要和荒谬了。说命题与事态相对应,就像是说一只船与造船所用的材料相对应一样。对杜威来说,真理和谬误最终是我们谈论计划要做的事情和最后**做成**事情的手段之间关系的方式。

推论包含技巧。它是一种艺术形式,这就是说,是一种生产形式。对杜威来说,人(Homo)不是**制造工具的现代智人**(sapiens as faber)。人类的理性能力不能天然赋予的。随着人类的发展,人类必须制造出推论的工具。杜威对这个问题的看法有时候非常尖刻。他注意到,人类缓慢地和不情愿改进他们的推论技能,只要有可能,人类更愿意凭借不相干的冲动或过时的习惯而采取行动。

科学的进步是技术的进步:它们是工具使用上的进步,目的是改进和检测推论。从转动头部、遮住眼睛、翻转物体、把物体置于不同光线之下这些简单的行为反应(MW8:73),到使用棱镜、透镜和其他设备这些更复杂的操作,科学认知都是用工具手段进行检测的事务。科学是制造的技巧,确保我们所制造的技巧能够满足我们的目的。杜威主张,把科学探究的结果当作"一些天然赋予的或心理上赋予的东西,这是一种可怕的迷信"(MW8:73)。这是哲学谬误的一种表现。

科学的辨识(discrimination)产生出明确无误的标记,这并不标志着科学研究的事物是独立的,更不用说在科学的辨识**之前**会有独立的对象存在。科学的辨别并没有剥夺关系,而是扩展了关系。科学辨识的存在就标志着与其他事物的关系已经产生,使这种关系具备了更大的精确性。杜威所说的"推论所需要的可靠材料"并不是独立存在的,而是整体的一部分,它要比没有进行科学探究时还要丰富。

至少从两种重要的意思上来说,科学推论的艺术是社会性的。首先,它们形成了一组图式(legend),这些图式是社会群体的一部分。土著和高技术社会中的普通成员对日食所做出的反应之间的差别,并不是一种智力上的差别,而是公认的图式和习惯上的差别。其次,科学教学是一种艺术或生产的形式,它是在一种社会背景中进行的。科学教育的困难在于,图式(科学产品的集合)的同化通常与掌握科学推论的艺术相混淆。参照已知的东西被认为就是产生认知(knowing)的活动。

因为推论是一种生产性的活动,所以它能够创造出新的实体(entity)。杜威把这些新的实体称为"意义"(meaning)。意义是一种观念,一种被表达出来的东西。意义凭自身就能得到检验,因为它们脱离了当下的情形。它们是可以操控的。"它们相互之间可以发生关系,与最初表达它们的事物没有关系。没有这种自由的活动,反思性的探究就成了笑柄,控制推论就是不可能的。"(MW8:76-77)

杜威用天文学家把光点当作彗星作为例子来阐明这一点。在缺少被称为意义的这种理想化事物的制造和操控时,天文学家的做法很简单,他要么直接把察觉到的亮光当作彗星,要么彻底否认这一点。意义使得受控制的推论得以进行,因为意义唤起了其他的意义。意义不同于有形的物体,它们具有蕴涵(implication)。它们是"可能的"或"假设的"对象,它们与其他同类对象是相互关联的。

然而,杜威警告说,如果我们忘记了我们是如何获得意义和意义是如何发挥作用的——这就是说,意义是在受控制的推论中产生的,意义在这种推论中可以更容易操控——我们就会落入了传统哲学的二元

论:"存在和本质、特殊和一般、事物和观念、日常生活和科学。"(MW8:78)⑭

意义在科学探究中受到操控。它们是科学探究的工具。它们是由科学生产的、并用之于工业中的"特定改装的实际存在物"(MW8:79)。杜威有时候也把这些意义称为"推论的东西"(things-of-inference)。从事科学研究的人就像工匠使用他们的工具一样来掌控这些意义。正是从这个意思上来说,意义就不"仅仅"是思想。它们也是事物和工具:因此它们才是可操控的,也正因为如此,它们才会产生知识和知识的方法。"当一个人思考知识事业的重要性时,就不会奇怪,为了获得知识,就要发明出恰当的工具,而这些工具在预先存在的材料中没有原型。它们是真实的对象,但它们仅仅是自身所是的真实对象,而不是一些其他的对象。"(MW8:78)

五

现在已经很清楚,在看待技术和科学的关系问题上,亚里士多德和杜威的出发点是相左的。亚里士多德自上往下看待人类的生产活动,从对神圣的和不变的东西的静观出发,看待工匠所从事的对材料的不确定的和危险的操控。对亚里士多德来说,工匠是自然这位伟大工匠的模仿者,工匠活动之上的东西是神圣的。

然而,杜威的观点正好相反。他从日常的制造出发,建立了意义这种理想的实体。意义并不是单独由探究赋予的,而是随着探究的扩展而开发出来的工具。科学不是对意义的静观,而是意义的主动产生和操控。

亚里士多德的出发点往往被解释成本体论的,也就是把各种存在的事物进行分类,他的目标就是把事物归入恰当的范畴中。然而,杜威

---

⑭ 参见杜威1916年的论文《逻辑的对象》(Logical Objects, MW10:89ff)和拉尔夫·斯利珀(Ralph Sleeper)在《实用主义的必然性》(The Necessity of Pragmatism, New Haven: Yale University Press, 1987, 85ff)中对这篇文章的精彩讨论。

的出发点却是实用主义的。他以探究为起点,认为要做的分级和分类只有在探究的情境中才是需要的,也就是说才是有意义的。对这个问题的另一种表述方式是,亚里士多德感兴趣的是哪一类事物存在,而杜威感兴趣的是要做什么,因此,杜威感兴趣的是为了做成某件事情所需要的工具和产品。

杜威主张,"受控制的推论就是科学,与此相应,科学是一个高度专业化的产业。**它是一种特殊的实践模式,因此,科学不完全是以实践模式呈现的**"(MW8:78;黑体是我加的)。杜威不同于亚里士多德的出发点就是杜威这一主张的基础。

在亚里士多德的世界观中,主张科学是一种特殊形式的实践就否认了科学是一种神圣的活动。然而,对实验主义者来说,情况却不是这样的。通过把科学活动当作一种实践活动,杜威的意思无非是说,科学包含了实验,而这种实验肯定依赖手头的工具,或者为了取得预期的结果而制造出工具。杜威把在实验中使用的工具和设备作为各种探究得以进展的关键因素,而各种探究在进展中还没有充分使用工具和设备。

一些批评杜威的人认为,类似这样的一些主张表明了杜威持有一种科学主义的立场。如果"科学主义"意味着在开发出实验方法的领域中证明实验方式是成功的,意味着在**应该**使用实验方法和没有尝试实验方法的地方需要进一步开发出实验方法,那么这个术语就很适用于杜威的工具论纲领。

但是,一般来说,"科学主义"(scientism)是个贬义词,用于那些主张研究"精神"问题也要使用研究"物质"科学的探究方法的人。杜威认为,"精神的"这个术语通常用来指示既定的兴趣、僵化的习惯或不受约束的冲动在应用良好控制的探究的地方已经占主导的人类活动领域。杜威在1934年的《共同信仰》(*A Common Faith*)中充分论述了这一点。我将在第七章再来讨论这个问题。

杜威认为,只有当科学成功地使用了一种被称为理论化的实践模式后,科学产业才能获得进展。理论是一种实践,它丰富了各种可能性,开启了新的目标或"可见可即的目的"。当目的像亚里士多德认为的那样是固定的和已经完成的时候,探究就停滞了,科学进展也停止了。杜威认为这就是为什么希腊没有发展出实验科学的主要原因之一。

理论的发展和应用建立了一些非个人化的立场,这些立场脱离了任何特定个人的利益或参与,能够由一个共同体中的成员来检查和复查,而这些理论只有对共同体的成员才是有意义的。有些人认为,这意味着理论是"公正无私的"(disinterested)。但实际上不是这样。因为理论脱离了特定的利益,所以它们能适用于很多不同类型的利益。因为理论是从特定的情形中抽取出来的,所以理论适用于很多具体的实践情形。杜威把理论和实践的关系称为似是而非的:"相对于所有其他类型的实践来说,理论是最具有实践性的。理论越公正和客观,它就越具有真正的实践性"(MW8:82)。这个观点与皮尔士一度说过的一段话形成了鲜明对比。皮尔士认为,科学研究的领域是所有类型的探究中最"无用的"。⑮

理论不仅来自于其他较少具有抽象性的实践模式,而且必须再重新回到这些实践中,以便指导这些实践和检测理论自身的意义。不按照这种方法进行的理论就减少了理论的专长,把改正错误和使推论可靠的检测和提示(checks and cues)抑制到最低程度。

六

杜威看待科学理论的一个重要组成部分在于他改造了传统的"因果"原理和"必然性"原理。1893 年,杜威在《一元论者》(The Monist)杂志上发表的《必然性的迷信》(The Superstition of Necessity)中指出,必然性的学说是一个陈旧的观念,早就没用了,现在只是一个障碍。杜威使用了他喜爱的隐喻,把必然性的学说比作一件工具,比作一个不再需

---

⑮ C. S. Peirce, *Collected Papers of Charles Sanders Peirce*, C. Hartshorne, P. Weiss, and A. Burks, eds. (Cambridge: Harvard University Press, 1931-1958), 1:668. 引用这个版本的标准方式是标出卷数和段落号。皮尔士说:"假如没有用处的探究是系统性的,那么这种探究无疑就是科学的探究。或者至少可以说,如果科学探究不幸变得有用,那么在研究中也会一直对科学的用处视而不见,或者说……科学期望成功注定是不可能的。"

要的旧拐杖。旧拐杖曾经弥补了身体的缺陷,但是一度提供便利的东西现在却成了一种障碍。以前的援助现在成了一种负担。

杜威在这个问题上的主要观点是,术语"必然性"涉及的是逻辑问题,而不是现实存在的问题。更明确地说,这意味着必然性存在于判断中,而不是存在于事实中;必然性表示从"独立的判断"成功通向"更广泛的综合"的程度;最后,一旦成功地整合了那些不同的因素,就不再需要必然性了。在回顾那些独立的判断时,必然性意味着需要一种综合。在期待新的综合判断中那些有组织的和综合的题材时,必然性都是没有任何意义的。

杜威对必然性学说的分析是他的科学哲学的组成部分。杜威接着指出,科学不是与**必然**如此的东西有关,而仅仅与就**是**如此的东西有关。但是,我们可以用两种方式来讨论就**是**如此的东西。首先,我们可以讨论一个整体的事实,然后接着讨论它的组成部分。在这样做的时候,我们是在讨论一个已有的整体事实和从中分析出来的因素。其次,我们可以从一个整体事实的组成部分开始,讨论它们在构成一个整体事实中的作用。但是,这并不是说整体事实是由它的组成部分**导致**的,而是说组成部分构成了整体事实,合成了整体事实。

遵照威廉·詹姆斯号召的彻底经验主义中所提出的观点,杜威认为分析和综合彼此相关,都与一个约定的目的有关。手段是用来获得某些东西,而目的作为手段的结果,自身也不断发生变化。不管是从本体论上来说,还是从逻辑学上来说,分解出来的因素都不先于把它们从中抽取出来的整体事实而存在。

杜威指出,必然性学说的问题和谬误在于,它"把完全界定意思上的决定性因素,转化成由外在的东西来规定这种意思上的被决定因素"(EW4:21)。他对这种探究的描述分成三个不同的阶段。首先,探究从片断开始,试图构造出整体,杜威把这称作"真正的事实"。其次,即使在整体**作为一个整体**渐入视野后,仍然会有存在独立片断的残存观念,这时候通常就会用一些所谓的"必然性关联"的纽带来试图把它们联系起来。在最后的阶段中,整体事实是作为一个统一体来理解的,这时候就会明白,以前当作个别片断的东西完全不是个别的:因此也就不需要"必然性"的纽带。它们可以省略掉。

"我们(只有在最后才)知道,我们不是发现了一些独立的实在,然而再把它们连接起来,而是在不断地界定同一个事实"(EW4:21)。这个事实是理智的建构活动的结果,反映了一些特殊的利益或广受欢迎的结果。

因此,从两种意思上来说,必然性是不必要的。必然性作为一种学说,是逻辑学历史的一种遗迹,现在不再需要了。在特定的探究中,当充分理解了必然性的作用后,必然性就表明自己是不必要的。用后来维特根斯坦所做的一个著名的比喻来说,必然性就像一架梯子,顺着梯子爬上去之后,就从上面把梯子抽掉了。

杜威用一个"原始人"(savage)的例子阐明他的观点。这个"原始人"要通过受控制的探究,来获得关于太阳周期关系的更复杂的知识,以满足他控制农业生产的新需要。刚开始的时候,他对一些被当作个别事实的片断有简单的理解。今天的天空中有一个太阳。昨天的天空中也有一个太阳。昨天的太阳和今天的太阳有一些不相容的性质:它们存在于不同的时间段中。因此它们就被当作不同的对象。但是与此同时,可能是为了满足对农业生产的理智控制的需要,就逐渐重新认识这些一度认为是不同的对象之间的相似性。然而,在充分意识到新的事实之前,在充分意识到被称作"太阳规律性"这一新的整体之前,还有一个中间的阶段。从两个独立的太阳到太阳规律的统一性,还有一个"通道",它"否认了两个太阳是独立的,但是并没有承认太阳规律的统一性"。这个通道就是"必然性或确定性"(EW4:25)。"两个独立'对象'之间的隔断墙不是一下子就能推倒的;它们慢慢地相互靠拢,通过磨损逐渐消耗掉。一个'对象'施加到另一个'对象'上的'必然的'影响,最终消除了'对象'的独立性,使它们作为一个统一整体的要素而揭示出来。此后,起决定作用的影响也就消失了。"(EW4:25-26)

因此,必然性学说之所以出现,是因为把一个整体的碎片或片断当作了整体,而不是当作一些"处于连续不断的界定和'生产'过程之下"的东西(EW4:28)。实际存在的是一个整体,但是某个选择出来的反映了某些需求或目的的片断破坏了整体。这个片断是从整体中抽取出来的，现在却被当作了整体，而整体的其他部分则被认为"附属于"这个片断。但是，当需求改变后，就有必要在与整体的关系中来理解碎片，这就需要一些手段为这种重组进行辩护。这种手段就是一直以来所说的"必然性"。"必然性是一种手段，由此不仅可以使我们远离了实在的虚假特征，而且能使我们摆脱把一个碎片实体化为一个独立整体所带来的实际恶果"（EW4:29）。

换句话说，必然性和偶然性的差别反映了回顾已经具有的东西和企盼所需要的东西之间的差别。然而，从更广阔的视角来看，必然性和偶然性仅仅是一个更大事实的相互关联的方面。探究就是"填充"这个更大事实的过程，确定**这个更大事实**的含义。当根据一些具体的探究情形令人满意地确定了这个更大事实的全部含义时，那么再来讨论偶然性和必然性就不合适了。与此相反，应该讨论这个更大事实的含义**是**什么。

七

在杜威所处的时代（很遗憾，我们所处的时代同样如此）提出来的必然性学说是一种盲目的信仰。杜威指出，一旦把握了探究的这一特点，那么原因和结果的传统学说也就明白易懂了。传统哲学认为，结果是清楚的和当下的，要寻求的是原因。此外，哲学家们经常付出无益的努力，寻找联系原因和结果的"因果关系原理"。

在1938年的《逻辑：探究的理论》中，杜威认为，"因果定律"这个术语是一种言语形式。它的使用包含了转喻，也就是用一种东西指代另外一种东西：在这种情况下，就是用"它的功能行使的结果"来指代它自身的实际内容（LW12:440；LTI:445）。杜威指出，这种转喻的用法在日常生活中很常见。一根铁棍按照它的功能来说，可以称作杠杆。木头和铁的结合按照它的使用方式来说，可以叫做锤子。然而，关于杠杆和锤子的常识看法遵循了亚里士多德的理论，倾向于根据特定事物的一些内在的"能力"或属性来称呼这些工具。然而，从工具的用途而不是对工具的描述来看，甚至常识也是根据工具与其他事物的实际的和可能的相互作用（也就是工具的功能）来看待工具的。

就像杜威通常做的那样，他在这个问题上也彻底破除了已有的观点。他彻底主张，原因和结果不是本体论的范畴，而是逻辑的和工具论的范畴。这两个想法表明它们是从整体事实中抽取出来的；它们是整体事实的两个阶段，是从整体事实中逻辑地抽象出来的。它们不是现实存在的或本体论意思上的截然不同的实际存在物。

在《必然性的迷信》发表30多年之后，杜威在《经验与自然》中充分阐述了他的这一建议。事物"在效率、生产力、推进、阻碍、产生、破坏"（LW1:73；EN:72）上相互关联，就这一点而言，它们展示的不是作为享用的自然，也不是自然的审美方面，而是作为进入到人类技术活动中的自然。劳动介入到天然享用的事物中是人类决定这些事物会对其他事物产生什么影响的惟一手段。杜威把这称作"能够确定是一件工具还是一个障碍的惟一方式"（LW1:73；EN:72）。

哲学家们付出巨大的努力，试图在人类技术活动中找到因果关系原理，将它神圣化。实在论者把自然的规律性当作我们多少能了解的力量，但是却认为在探究之前就能发现这种规律性的存在，而不是认为这种规律性是在自然中建构出来的。一些观念论者认为，因果关系是思想范畴的辩证应用，而人类的劳动无非是"绝对意识"在它的众多发展阶段中的一种具体实现。其他的观念论者在他们的观念领域中转向了唯我论，有些人谁也不认同，有些人只认同上帝。有些意志自由论者认为，有一种称作意志的具体力量是人类自我的一部分，但是从功能上来说，意志又不同于人类自我。因此，通过将意志实体化，意志就被认为是某些结果的无条件的原因。

我们可以预料到，杜威解决这类问题的方法是发生学的。只要因果关系原理能够作为一种工具有效地用于探究中，杜威就从工匠的活动中寻找因果关系原理的观念的来源。"第一个提出每一个事件都是一些事情的结果和其他一些事情的原因、每一个特定的现实存在都受制约和制约其他的现实存在的思想家，他只不过是用语言表述了工匠的工作程序，把一种实践模式转化为一种公式。"（LW1:73-74；EN:72）除了人类的技术活动，这里面的序列从本质上来说都不能得到理解，这

种活动的范式就是工匠的工作。"工业技艺是经验的模式和形式,它阐明了事物之间序列的联系。"(LW1:74;EN:72)

在杜威看来,对亚里士多德的"四因说"的细致分析构成了对这种观点的证实。亚里士多德明白无误地从工匠的工作中借来了他的动力因(efficient cause)、目的因(final cause)、形式因(formal cause)、质料因(material cause)这些概念。此外,动力因和目的因的区别建立在希腊社会组织的事实基础上:这是发布命令的主人和执行命令的仆人之间的区别。

在杜威看来,认为因果关系原理在自然中是无条件地发挥作用是错误的,这一点怎么强调都不过分。与此相反,自然展示了一些包括开端和终结的序列。在自然中,与其说终结是"为了"开端而发生的,不如说"山是为了山顶而存在的,而山顶就是山的目的"(LW1:84;EN:84)。杜威认为,那些持机械论自然观的人,或者说认为有一些被叫做"原因"的事件有能力产生特定的被叫做"结果"的事件的人,跟那些持有目的论自然观的人,或者说认为目的导致了它们的前因的人,犯了同样的错误。"两者都把一个事件从它所隶属的和获得其特征的历史中脱离出来。两者都在时间的秩序中人为地建立了一个独立的立场,把它当作真实实在的标志,其中的一方选择了最初的位置,另一方选择了最终的位置。但是事实上,因果关系只不过是相继秩序本身的另一个名称;因为这是具有开端和终结的历史的秩序,所以没有比把因果关系与开端或结局对立起来更荒谬的了。"(LW1:84-85;EN:84)

然而,原因和结果在现实存在中并不是截然不同的,它们不是在探究活动之外被发现的,这意味着它们是可以在探究中发挥作用的工具。当把它们当作实际判断的一部分时——这就是说,当它们指向未来的行动时——它们就转化成(translated)生产活动的手段和目的。

转化的中介就是技术操作。当它们在朝向预期行动中投入使用时,原因就不再作为分析的工具发挥作用,而是成了能操控的开端或前因,以便调控探究和生产预期的结果。然而,有一种庸俗的和平庸的实用主义经常会防碍对这些问题的理解。因为认识到如果能够控制前因,也就能控制后果,因此就得出结论说,"'原因'在本体论上高于'结果'"（LW1:91;EN:91-92）。

然而，看重技术的实用主义强调的是对事件的技术控制，而不是它们在本体论上的分类。可以肯定的是，区分是探究中的重要工具。但是，"真实"程度上的区分背离了有效的技术控制的任务。有效的技术控制以对条件的认识为基础，特别是对时间顺序的认识。但是时间顺序不是作为一种自然属性被给予的，它也不是原因和结果；它是通过技术活动，通过关联、界定、"约定、铺展和描述"来建构的（LW1:92;EN:93）。

> 结果是目的，是实际的成果，这是我们感兴趣的；对原因的寻求就是对手段的寻求，而手段会产生结果。当我们设定了一个在将来要获得的结果和决定找到解释手头预期目的的原因时，我们就把这称作"手段和目的"；当"结果"是被给予的，不再汲汲于手段的寻求，我们就把这称作'原因和结果'。在上述每一种情况中，原因和结果的分离、手段和目的的分离具有同样的根源：对整体事实只是有一个部分的和模糊的观念，以及将某一部分（因为这一部分在实践上具有较高的重要性）当作整体、当作一个事实的习惯。（EW4:36）

对工具论来说，不是要在允许技术控制的范畴或实在顺序之间做出区分，而是要在经验模式之间做出区分。这是长期占主导的亚里士多德的本质主义传统和杜威的工具论形式的实用主义之间的主要区别。但是经验的模式依赖于态度和倾向："发生的方式受到单个有机体的习惯的影响。"（LW1:182;EN:193）

关于经验模式如何允许技术控制，杜威提供了两个例子。他在第一个例子中指出，有可能按照情感和想象的方式来经验太阳、月亮和星星，由此产生的就是神话。但是，另一种完全不同的经验它们的方式影响了含义的反思性生产，我们把这种经验方式叫做实验科学。神话和科学都是经验的模式，但是科学很明显更有**含义**；它允许标记在更大范围内相互联系和替换，这是更深入的技术控制的基础。

杜威举的第二个例子来自政治经济学理论，这个例子更适合用来分析技术决定论的主张,我将在下一章中再来讨论技术决定论。我们可以借助一些经济学的范畴或精髓来研究政治经济学。对马克思的《资本论》中的租金、利润、剩余价值和工资的研究就是这样的一个例子。也可以根据专门的经济学体系来研究政治经济学,这样就会注意到它们之间的特殊的相同之处和不同之处。这些研究方法都产生了一系列丰富的范畴和本体论的分类,这就扩展了现有的分类法。

然而,如果寻求的是有效的控制,那么就必须进行另一种经验经济学状况的方式。对"激励、欲望、疲劳、单调、习惯、多余动作、不安全感、声望、协同工作、时尚、(和)**团队精神**(esprit de corps)"(LW1:182;EN:194)的研究就允许对控制范围**之内**的问题进行详细的说明,提示出施加这种控制的可能方式。这并不是说这种方法不使用范畴和分类法,也不是说不对事物进行分类。与此相反,这种方法的分类是建立在要完成的目标的基础上,而不是建立在试图找到"正确的"或本质性的结构的基础上,或者甚至也不是建立在必须有一些"自然"种类的假设的基础上。

在杜威看来,结构仅仅是"坚定不移的手段,是用来产生结果的东西,而不是独立的或绝对的东西"(LW1:64-65;EN:62-63)。结构"使建构得以可能,它只能在一些已经完成的建构中找到或确定下来,当然,建构是一种明显的变化顺序"(LW1:65;EN:63)。按照杜威的看法,当结构脱离了建构它们的手段,被当作独立存在的事物时,就会变成不必要的形而上学的实体,错误地将所有的分类实体化。杜威认为,这种错误在哲学史上普遍存在,由此导致的结果具有灾难性。他把这种错误称作"**哲学的谬误**",不止一次地将这种谬误描绘为"将最后的功能转换为先行的存在"(LW1:389;EN:194。黑体为原文所有)。

在这些本质主义的(或结构性的)和工具性的不同方法中,客观事实是相同的。从事实的立场来看,我们选择哪一种分析方法并不重要。把一种经验模式同另一种经验模式区分开来的是预期目的能够得到调控的程度,这种程度是依赖技术的生产实现的。"当我们能够把对现成事件和现成观念的辩证关系的描述转换成一种发生方式的论述时,我们就获得了一个新的杠杆。因为一种关于生成的感觉模式总是能够

转化成一种生产和指导的**方法**。"(LW1:183;EN:194)

八

杜威的整个学术生涯都在思考这些问题。不过,在 1938 年的《逻辑学》中,杜威对这些问题的阐述最充分。杜威在这部著作中再次谈到了理论和实践的关系、原因和结果的学说、必然性的"迷信",但是这次他的论述更加有力,因为这次涉及到对判断和命题的技术性阐述、以及逻辑学的术语和科学的方法。

在杜威看来,序列一致性(uniformity of seguence)的观念通常被当作现实存在的问题,而因果必然性或无条件性不是一个现实存在的问题。对科学的哲学解释中的一个很重要的问题是,把序列一致性的观念等同于因果必然性或无条件性所遇到的困难。把一块铁放在水里氧化。不管反复实验多少次,这都是在一个一成不变的和一致性的序列中发生的。然而,哲学家和科学家都有一种倾向,用比序列一致性更强硬的术语,或者用休谟所说的"恒常连结"(constant conjunction)来看待铁的氧化。铁在水中的氧化具有因果必然性,或者像通常说的那样,被当作一种"客观的物理必然性。"⑯

自亚里士多德时代以来,人们就承认,必然性的意思至少与非现实存在的那些命题有关,例如"所有的 S 都是 P"的全称肯定命题,或者"所有的 S 都不是 P"的全称否定命题。同时,人们也认识到,特称命题(包括"有些 S 是 P"的肯定命题和"有些 S 不是 P"的否定命题)涉及到现实存在的问题。它们既不具有普遍性,也不具有必然性,只与事态有关。

然而,就像通常说的那样,这里的问题是,科学既处理现实存在的问题,特别是以"有些 S 是 P"或"有些 S 不是 P"表述的观察,又处理以"所有的 S 都是 P"或"所有的 S 都不是 P"表述的一般定律的全称命题。但是,从特殊的观察到普遍的定律,或者说从定律到观察的桥梁是

---

⑯ Milton Fisk, *Nature and Necessity* (Bloomington: Indiana University Press, 1973), 3.

什么？这座桥梁的一个颇受欢迎的候选者就是物理的或现实存在的"必然性"。[17]

就像杜威在《必然性的迷信》中所指出的那样，这对他来说不是一个生产性的或恰当的解决方案。面对这个困难，杜威的独特之处是区分了两种类型的普遍化（generalization）：一种是一般性的（generic），一种是全称的（universal）。这种区分又依赖第二种区分：特称命题（particular）和单称命题（singular）的区分。

从实际功能来说，特称命题是最基本的命题。"借助于感觉器官的活动，特称命题可以成为以'**这**'（this）开头的单称命题，例如，'这是酸的，或者这是软的，或者这是红的，等等'。"（LW12:289;LTI:289）上面所说的性质是特定观察的对象。因此，特称命题表达的是在特定地点和时间中惟一的和明确无误发生的事情。在一个特定的情形中发生了一种变化。

特称命题与杜威所说的"单称命题"具有相同的语法或语言形式。含混的惯用语可以解释成特称的，也可以解释成单称的，杜威举的例子是"这是甜的"（This is sweet）。作为特称命题来看，这个命题表示"谈及在严格限制的地点和时间中出现了一种属性"（LW12:290;LTI:290）。作为单称命题来看，"这"（this）就成了一个种类。在这种情况中，"甜的属性不再仅仅是发生的一种变化；它是结合在一起的一组结果的标记，当一定的交互作用发生时，就会产生这些结果"（LW12:290;LTI:291）。

特称命题表示的是一些从感觉领域中分辨出来的性质。然而，单称命题正好相反：它们注意到了出现这些性质的条件，以及杜威所说的在探究中"涉及"到的探究者的重复操作，这样一来，尽管环境发生了其他变化，一个事物的出现仍然是其他事物出现的标记。

有必要进一步讨论一下这些"重复操作"，因为它们是联系现实命题和一般命题的桥梁。一次特定事件出现之后，命题"这是一次闪电"很明显不表示单独事件重新出现这种意思上的重复。这种单独的事件

---

[17] Milton Fisk, *Nature and Necessity* (Bloomington: Indiana University Press, 1973), 25.

意味着以前出现过,在一定的时间间隔内还将继续存在。每一次闪电都是独一无二的、不可重复的。这里所说的重复是指在探究中和为探究所**建构**的东西。它"实际上就是把闪电当作**一类闪电**的同义语"(LW12:247;LTI:248)。这种用法中的"当作",表示的是把一种东西转变为另一种东西的**方式**。换一种方式来说,是把一种东西**用作**表示其他东西的标记。

杜威认为,这个问题跟"原始人"在确定不同时间段中的太阳是否是同一个太阳时所遇到的问题是一样的。从现实的角度来讲,要在对某一天中的某个太阳的知觉和对另一天中的另一个太阳之间做出辨别。

这就导致了杜威把持久对象的现实存在问题等同于种类存在的问题,例如在刚才提到的"闪电"的例子中。"逻辑学理论从这些考虑事项中所得出的惟一结论是,单个对象的同一性问题与种类的问题具有相同的逻辑本质。它们都是经验探究不断进行的产物。它们都需要以对比为中介,做出排除和认同,但是哪一个都不是在探究之前所给予的事实或材料"(LW12:248;LTI:249)。总之,不变的对象和种类都是产物,都是技术人工物,是在探究的过程中建构起来的或制造出来的。"确定一个单独的对象是一个不变的对象,这是确定它是一个种类"(LW12:248;LTI:250。黑体为原文所有)。

理解这段话的全部内容,关键是在这句话中两次用到的"确定"(determination)这个术语。"确定"是个很普通的词,涵盖很多种类的活动或操作。操作不同于单一的材料和辨别出来的独一无二的属性,它是一种行动的**方式**;操作不同于属性,它可以重复。**辨别**就是一种确定的方式和行动的方式。"辨别之所以发生,是由于认同和差异导致的——是由于认同和排除是经验连续统中的重复操作造成的"(LW12:250;LTI:251)。

九

因此,杜威为一个难题提供了新的解决方案。自从柏拉图时代以来,这个难题就是"普遍性"这一传统问题的核心。简单地说,这个问题就是如何来说明对象之间或者对象的属性之间的相似性,从而使得这些相似性能够为全称命题提供基础。

实在论者将形式或模型置于单个实体之上,这些实体"分有"或"分享"这些形式或模型。柏拉图主义的实在论把形式置于时间和空间之外,而亚里士多德主义的实在论把形式置于个别事物本身之中。

唯名论者倾向于否认这些相似性的存在,把对相似性的讨论视为一些语言上的约定。换句话说,他们认为没有真正的相似性,相似性只不过是为了方便而用于不同事物上的名称而已。

概念论者采取了一种折衷的立场。他们认为,单个的事物可以根据它们特定的自然属性进行归类。这些类别本身是概念性的,是思想把天然协调的事物并置在一起时形成的,但是实际上,这些事物不可能在相同的地方和相同的时间内并置在一起。因此,这些思想建构出来的种类就像储存单个事物的分类箱。大部分概念论者把这些概念性的分类或种类当作自身存在的东西,自身具有一定的属性。然而,与为概念性的东西提供基础的实际事物相比,概念性的事物属于一种不同的存在秩序。在中世纪后期的逻辑学和本体论中,一些逻辑学家认为,这些概念具有"合理的"现实存在,它们是作为理智的存在者(*ens rationis*)而现实存在的,以区别于具体的感觉对象的真实存在。

杜威为这一传统问题提供的新的解决方案是重新定位一般性。实在论者把一般性定位在现实存在的事物中;对柏拉图主义者来说,这些事物是超自然的;对亚里士多德主义者来说,这些事物是自然的。唯名论者认为,一般性纯粹是习惯性的分类和习惯性地用于这些分类的名称,除此之外,它们完全否认一般性。概念论者在事物中为一般性建立了**基础**,但是却主张,建构这些分类需要人类理智的活动,事物就可以按照它们天然具有的本质属性得以归类。⑱ 然而,杜威却把一般性定位在生产性探究的活动中,定位在为了确定关系而进行的操作中,这就

---

⑱ 应该说,相比于其他两种立场来说,概念论的观点更接近杜威的立场,甚至比杜威意识到的还要接近。

是说,定位在进行特定探究的**方式**中(包括习惯的体现和工具的使用)。

与实在论和唯名论这两种传统立场相比,杜威的立场更接近概念论者的立场,但还是与概念论者的立场有很大差异。因为概念论者很大程度上固守着亚里士多德主义,因此也就固守着本质主义,所以概念论者认为,特定的对象是赋予认知者的,这些对象就带有"标签",可以说它们的本质属性就是把它们归入恰当分类箱的标准。这就是为什么甚至连概念论者也不厌其烦地讨论"自然种类"的原因。然而,杜威认为,从现实存在的角度来说,不存在有意义的"标签",或者也许更准确地说,因为标签太多,纯粹现实存在的环境不能为对象的分类提供令人满意的方式。

杜威的激进想法是,一般性是与推论中进行的生产性活动有关,而不是与先于探究和作为现实存在的事物或事件的状态有关。分类是在需求的基础上做出的,以便得出一定的推论、解决一定的问题、建构或生产出一些在解决经验到的困难时发挥有效作用的工具。推论与主动的反应模式有关。这是一般性的来源,因为它与按照一定方式采取行动的倾向有关,我们有时也把这些倾向称为习惯。

哲学史上关于一般性的最著名的一种论述是由大卫·休谟提出来的。休谟的结论是,一般性的一种特殊的类型就是通常所说的因果必然性,它无异于是一种习惯性的联想。杜威认为休谟的路数是对的,但是休谟由于倾向于心理学的原子论,就被误导了——这就是说,休谟倾向于把感觉印象当作源初的材料,而不是当作逻辑分析的结果。在休谟的论述中,这些印象一旦相互联系起来,就成了观念,更重要的是,一旦由此能够有意义地谈及对象,它们就成了对象的观念。因果的概念,也就是因果必然性,就能根据这些观念的接触、延续和恒常的关联来进行分析。因此,对休谟来说,因果关系的观念是建立在习惯性联想的基础上。然而,休谟式的联想是被动的。在休谟看来,对于认知者来说,这种联想是发生的,而不是他们主动地生产或建构出来的。

杜威认为,这种观点有太多的怀疑论色彩,他觉得自己找到了休谟的困难。首先,休谟没有正确地分析"习惯"的观念。休谟仅仅把习惯看作是源初的和神秘的,仅仅看作是"一种自然的法则"[19],而不是看作一种操作行为的统一方式,不是看作为了实现特定的目的而按照一定方式采取行动的恒常意愿。其次,休谟没有注意到,一旦我们在命题中形成了一种预期,这种预期就能根据经验材料进行验证,这些经验材料既可能支持这种预期,也可能削弱这种预期。在杜威看来,命题就是一种提议;因此,它是可以验证的。不是有一些东西作用于我们,而是我们必须做些什么。第三,这也是最重要的一点,休谟没有看到,命题是这样来形成的:"把预期从现实存在的因果关系领域转移到逻辑领域中。在每一种预期中,一般性都包含在一种习惯中。习惯产生了以特定方式采取行动(操作)的意愿。这种包含产生了……潜在的**逻辑**一般性。"(LW12:250;LTI:251)

换句话说,作为科学基础的一般性,既不在材料本身中,因为材料都是特定的;也不在作为一种"自然法则"给予我们的属性的联想中,因为联想是在探究中为探究而生产的,而不是从自然中得出来的。我们是从探究所需要的材料出发的,从探究需要的角度来说,这些材料是杂乱无章的,充满了偶然性。一般性存在于操作模式中,这些操作模式是为了特定的探究而建构的,或者是把以前的操作模式(即使以前的操作模式也是由某些人所进行的)从一种探究情形中带入到另一种探究情形中。就像杜威所说的那样,"'普遍'表明的不是属性,而是操作模式"(LW12:251;LTI:253)。

从繁忙的经验到情形中获得的属性,当它们是"作为变化和行动的模式或**方式**的操作的结果"时,它们就成了一个种类的典型特征。"这个事实表明,操作本身是一般的,尽管这种一般性是附属于一些关联特征的一般性的另一种意思。这实际上表明,构成逻辑一般性的那种一般性是导出的,它依赖于实施的或可能的操作的一般性。"(LW12:252-53;LTI:254)

对杜威的技术哲学来说,这一立场的重要性怎么强调都不过分。

---

[19] David Hume, *A Treatise of Human Nature*, L. A. Selby-Bigge, ed. (Oxford: Clarendon Press, 1968), 179.

对杜威来说，只有当适用于日常生活（这是休谟在进行他的怀疑性探究之后避难的地方）、艺术、科学、逻辑和形而上学这些学科进行探究的工具（包括习惯反应）建构出来以后，这些学科才是成立的。另外，尽管由于领域不同，探究的工具和材料也不同，但是只有一种类型的探究。每一个领域都需要成功地生产出工具，其中包括在一定的环境中采取行动的一般方法。

十

这些考虑因素构成了从已经得出来的特称命题和单称命题的阐述到两种类型的一般命题的阐述之间的桥梁。杜威把包含种类的那些命题称为"一般性"（generic）的命题，这些命题"建立在一些相互关联的特征或特性的基础上，这些特征或特性是描述一个特殊种类的充分必要条件"（LW12：267；LTI：268）。"全称"（universal）命题完全不同于一般命题：它们"表述的是行动或操作的可能方式或模式"（LW12：263；LTI：264）。

属性是从一个整体的感觉领域中有选择地确定下来的对象，它就像在命题"这是甜的"中的"甜的"一样。属性可以用各种方式来分类。对此，亚里士多德已经充分讨论过。然而，亚里士多德认为，对这些属性进行分类的标准在自然中就可以找到；他认为这些标准内在于属性本身，有一些分类可以称作"自然种类"。

杜威的想法与此不同。他从特定的探究情形出发，认为**没有对这些属性进行分类的标准**，也没有自然种类。因为种类是探究的函数（function），是在探究的过程中由探究建构的，所以种类是人为的。但是这并不意味着属性可以任意地归类。当属性进入到探究之中，当属性能够在一定的条件下就其他的属性做出合理的和可靠的推论时，属性就成了"典型特征"。属性作为某种事物**的**特征，它们允许**做**某些事情。做的"某些事情"就是一项提议、一个命题。当属性进入到命题中时，它们就成了典型特征。

杜威诘问，我们为什么不能把对眼、秃头和鞋匠当作一些属性的关联呢？他的回答是，当这些属性汇集在一起成为特征，能够进行合理和可靠的推论时，这种分类没有实际价值（LW12：267；LTI：268）。当把属性汇集在一起时，它们能够使我们做的并不是我们希望做的事情。这种属性关联的建构就像建构一件因为不胜任任何工作而从来没有用过的五金器具一样。如果它表明是一件"工具"，那么这种表明也仅仅出于礼貌起见。

对眼、秃头和鞋匠这些属性的关联可以在**一些**生活形式中作为推论的工具发挥作用，但是很难想象这种生活形式会是什么样。这可以当作特征关联的一个例子，就像刚才提到的无关的和无法使用的五金器具可以作为工具的例子一样。但是，在这两种情况中，它们对所有完成的工作都没有应用价值。这两个例子都没有价值；这就是说，它们都不是真正的工具。[20]

另一方面，特征的关联可以"根据它们在促进和控制广泛推论中的**作用**而进行选择和安排"（LW12：269；LTI：270。黑体为原文所有）。杜威把这些特征描述为能够用作证据的标记或诊断标志的属性。刺耳的噪音本身只是一种经验到的属性，是知觉领域中的一种变化，仅此而已。但是，当刺耳的噪音是从汽车发出的各种声音中选择出来的，当作一种证据的标记或诊断标志来**发挥作用**，以便促进和控制在评估汽车的状况和修理汽车所需要的步骤时的推论，那么在任何情况中都需要这种刺耳的噪音。

一般命题把选择和整理出来的特征关联结合在一起，这样一来，范围较窄的种类就能包括在范围更广的种类之中。这种关系就如同种属关系一样，例如"雅典人都是希腊人"，或者"汽车前部的所有刺耳噪音都是由皮带造成的"。对于科学的论述来说，把一个种类包含在另一个种类之中的一般命题是最重要的：它"不仅极大地扩展了能推论的特征的数量，更重要的是，它在一个体系中整理了可观察的和推论出来的特征"（LW12：293；LTI：294）。例如，如果我知道希腊气候温和，那

---

[20] 当然，在这一领域之外的想象性艺术中，这对那些非工具性的属性分类还是有用处的。例如在尤奈斯库（Ionesco）的《秃头歌女》（*Bald Soprano*）中。

么我不用进一步实际观察就能从"希腊人是雅典人"中推论出,任何一个雅典人都是在温和的气候中出生的。如果我知道没有调整好的皮带是汽车引擎罩下刺耳噪音的惟一来源,那么我不用做新的观察,就能从"汽车引擎罩下的所有刺耳噪音都是由皮带造成的"中推论出,"汽车引擎罩下的所有刺耳噪音都是由橡胶和金属之间的不适当的摩擦造成的"。我甚至不用下车检查**哪根**皮带需要调整、润滑或替换,就能得出这个可靠的推论。

133　　最后还有全称命题。就像我们所知道的那样,杜威把全称命题描述为"其主题是由操作提供的,由此一组特征就能用来描述一个种类"(LW12:253;LTI:255)。然而,尽管一般命题与"种类"(kind)有关,但是全称命题却与"范畴"有关。杜威脱离了弗雷格—罗素(Frege-Russell)的传统,他用"类别"(class)这个术语当作"种类"(kind)的同义语。

　　全称命题可以用"如果—那么"的形式来表达。"如果一个平面图形的三个内角和等于两个直角和,那么这个平面图形就是一个三角形。"然而,全称命题的两个从句并不是一个**紧随**另一个,而是"代表了将一个单一的概念分解成它的完整的和惟一的相关逻辑成分"(LW12:270;LTI:272)。

　　然而,还有另外一种表述全称命题的方式,那就是采取一般命题的语言形式。"所有的 X 都是 Y"可以代表一般命题"所有的人都会死",这就把一个种类包含在另一个范围更广的种类之中;它也可以代表"内角和等于两个直角和的所有平面图形都是三角形",这里表述的是构成一个平面图形的模式。全称命题是作为定义发挥作用的;而一般命题是用来联系不同的种类。

　　关于全称命题,杜威最为强调的一点是,它们不是关于现实存在的命题,而是规定了可能的操作,如果执行这些操作,就能解决特定探究中的困难。一般命题具有现实存在的内容;这就是说,它们表达了现存事物之间的具体关系。全称命题没有现实存在的内容;它们表达意义之间的关系。即使现实世界不能满足全称命题规定的条件,全称命题还是有效的。这就是为什么我们能够谈论飞马(Pegasus)属于一类神马的原因。

需要注意的是,杜威断言,相对于逻辑结构来说,语法形式是含混的。正如欧内斯特·内格尔(Ernest Nagel)在解释杜威时所说的那样:"'所有的人都会死'这个陈述,如果它意味着所有的人已经死了或者将要死去,那么它就是一般的;如果它意味着**作为人**和**会死的**这两个特征之间的必然联系,那么它就是全称的。"[21]换句话说,"所有的人都会死"这个命题,只有当它表达的是"作为人"和"会死的"这两种意义的关系时,它才是全称的。

全称命题可以进一步分成两种完全不同的类型。第一种类型包括通常所说的科学"定律"。例如,重力定律"表述的是质量、距离和'引力'这些抽象特征的相互关系。但是,尽管命题的内容是抽象的,然而,因为命题是按照最终的现实应用的可能性来建构的,所以内容必然受到那些意图的影响"(LW12:394-95;LTI:398)。

通常所说的"物理"定律这类定律并没有穷尽一些可能性,因此是可以废弃的,以便设计出另一种更适合于手头科学探究领域的定律。杜威借助从牛顿的重力定律转换到爱因斯坦的理论来阐明这一点。

第二种类型的全称命题包括数学命题。命题"2+2=4"与任何物质性的因素都没有关系。按照杜威的说法,这类命题不能被替代,因为它们已经穷尽了所有的可能性。"即使把物理定律当作一个全称假设时,它要完全获得应用,也要求对相关的术语或内容进行一些特殊的、从而是限制性的解释。数学命题的内容没有进行任何特殊解释的必要性"(LW12:395;LTI:398)。数学定律只有在它们所在的最大限度的可替换性的系统中,根据变换的需求获得意义。

除了与两种类型的全称命题相对应的"定律"的这两种意思之外,"定律"还有第三种意思。这层意思与一般命题有关,因此就具有现实存在的内容。如果在意料之外的情况下观察到一些特殊的特征关联,就可以说出现了一种具有现实存在特征的"一般事实"(general fact)。"锡在摄氏232度融化"就是这种"一般事实"的一个例子。杜威不反

---

[21] Ernest Nagel, introduction to vol. 12 of *The Later Works* (LW12:xvi).

对把这种对一般事实的表述称为一个定律,但是他提醒我们不要把这种定律与那些没有现实存在的定律相混淆,例如不要与那些全称命题陈述的定律相混淆。

但是,即使牛顿的重力定律也是含混的;它的意义依赖于它是用全称命题来表述,还是用一般命题来表述。在全称命题的意思上,重力定律"表述的是质量、距离和'引力'这些抽象特征之间的相互作用"(LW12:394-95;LTI:398)。在一般命题的意思上,重力定律是一种特定事件的一般化,它是一个"一般事实"。

十一

要彻底和详细地研究科学化技术的逻辑学,需要充分分析杜威在1938年出版的《逻辑学》,这项任务远远超出了这本导论性著作的范围。然而,我将通过下述的方式,使本章有个圆满的结尾:我将按照我对杜威的理解,简单地回顾一下在从具体的疑难情形向杜威所说的理论这种类型的实践领域过渡的过程中,科学探究是如何作为一种**补充说明**(excursus)发挥作用的,并且还能再**回溯**(recursus)到具体情形的材料中,目的是为了检测通过这种抽象的生产活动所获得的结果的可靠性;这就是说,其间包含对意义的非现实存在的操控。

盖尔·肯尼迪(Gail Kennedy)就1938年出版的《逻辑学》写过一篇出色的短文。他认为,借助威廉·詹姆斯在《心理学原理》中具体说明的导向性推论和非导向性的推论之间的区别,可以阐明杜威阐述推论在理论和实践情境中进行的方式:

> 我坐在一辆有轨电车里,等待电车启动。现在是冬天,炉子散发的浓烟充溢着整个车厢。司机进来了,我旁边的人让他"灭掉冒烟的炉子"。司机回答说,车子一旦开动,烟雾就全没了。"为什么会这样?"乘客问。"它**总是**这样",司机回答说。从这个"总是"中可以看出,在司机的头脑里,车子开动和烟雾消失之间的联系纯粹是经验性的联系,是习惯使然。但是,如果乘客是一位机灵的发问者,他即使没有经验到炉子总是会怎样,也可能预计到司机

的回答,从而放弃自己的问题。如果在涉及到炉子为什么不冒烟的所有想法中,他惟独想到的是因为烟雾顺畅地从炉子的烟筒口喷涌而出的缘故,那么也许由于这个想法的关联性较弱,他就马上会想到一个定律:如果同时有另一股流体也从管道口流出的话,一股流体会更快地通过管道口*;他马上就会想到烟筒口附近快速流动的气流,这正是电车开动后出现的一种状况。②

詹姆斯谈到的这个例子尽管看起来很琐碎,但是却包含了"最精致的和最具有超越性的理论化的本质。物理学越具有演绎性,它所具有的根本属性就越是数学化的,例如由分子构成的物质或波长,其中的原因在于,这些观念的直接后果很少,我们不能马上测量所有这些后果,不能立即挑选出那些跟我们有关的后果。"㉓

杜威在实践和理论中借用了詹姆斯所勾画的推论操作,并且根据他对命题种类的分类和这些命题之间的关系,发展了这种推论操作。在第一种情况中,牵连到炉子**中**的烟释放到车厢里,**带来**了可以察觉到的不舒适。炉子、烟雾和不舒适都是现实存在的疑难情形的组成部分,而并不仅仅是逻辑上的难题,杜威把这些因素之间的关系称为"牵连"(involvement)(参见 LW12:276-77; LTI:278-79),这是一种现实存在的关系,而不是一种逻辑的关系。它"最终是事物的不适宜的结构的问题"(LW12:277; LTI:278)。

其次,还存在一个标记和标记所指的东西之间的关系,或者杜威所说的"推论"。车厢里的烟作为一种具有特定属性的物质性现实存在,是火的一种天然标记。然而,因为烟具有时空属性,它的表示能力是有限的;只有当确实有烟时,它才是一种标记。人工标记比天然标记的优越之处,就在于人工标记不受此类限制。杜威认为,作为人工标记的"**烟**"的意义"**脱离**了它的表示功能"(LW12:58; LTI:52)。它使我们超越了对在场事物的观察,推论出没有在场的东西。

---

* 这条定律被称为"文丘里效应"(venture effect),指的是当风吹过阻挡物时,在阻挡物的背风面上方端口附近气压相对较低,从而产生吸附作用,并导致空气的流动。——译注

② William James, *Principles of Psychology* (Cambridge: Harvard University Press, 1983), 968.

㉓ 同上。

我们应该回想一下,对杜威来说,推论是一种生产模式。它是用来建构在探究中发挥作用的种类的工具,也是用来建构持久对象(enduring objects)的工具。持久的对象和种类都"是经验性探究不断进行的产物。两者都牵连导致排除和认同的居中比较。在给定的探究之前,两者既不是事实,也不是材料"(LW12:248;LTI:249)。把这一观点用来分析车厢里的烟雾时,我们就可以说,这里进行了两种类型的推论,一种是乘客的推论,另一种是司机的推论。乘客推断说,烟雾是一个持久的现实存在物,可以用**某些**方式操控它;因此他才会让司机做点什么。或者也可以说,乘客推断出烟雾隶属于一个种类——这就是说,司机通常可以操控这个种类——因此,乘客要求司机就此做点什么是合理的。因而,乘客的推论包含单称命题"这是隶属于一个种类的烟雾"。同时,他的推论中还包含一个一般命题,这个命题是将车厢中的烟雾这一范围较窄的种类,与司机能控制的一类事物这一范围更广的种类联系起来。

司机也用推论产生特定的决断。一般来说,这里有一个单称命题:"这是属于一个种类的烟雾。"但是这里也有一个一般命题:"当汽车启动后,滚滚浓烟都会消失。"从一般性上来讲,司机的推论比乘客的推论更进了一步。

然而,詹姆斯阐述的观点中还有第三种关系,杜威把这种关系称作"蕴涵"(implication)或者"在论述中构成命题的意义的关系"(LW12:60;LTI:54)。杜威认为,把推论和蕴涵相混淆是逻辑学历史上的一个巨大谬误,但是他在这里所说的意思,不同于逻辑学入门教科书中通常警告的不要在形式上将两者相混淆。他认为,如果把推论和蕴涵相混淆,就会导致一种说法,认为逻辑学是一种纯粹形式的事项,不管是从来源上来说还是从结果上来说,逻辑学都脱离了现实存在的问题。换句话说,因为推论涉及到单称命题和一般命题中的标记与被标记的东西之间的关系,所以推论是一种现实存在的关系。但是,因为蕴涵是一种意义关系,除了通过间接的方式,它不涉及现实存在的问题,由此就更容易操控它,所以通常就会把蕴涵当作整个逻辑学。按照杜威关于标记的观点来说,标记和被标记的东西之间的关系是一种现实存在的关系;符号和意义的关系是一种逻辑关系。

在詹姆斯举的例子中,乘客凭借一种理论解决了他的问题,我们把这种理论称作文丘里效应(venture effect)。这种效应是由两种意义之间的关系构成的,一种是流出出口的流体的意义,另一种是另一股流经出口表面的流体的意义。这种效应具有较高的一般性,能够用于很多现实存在的情形,但是这种效应却不是简单地从这些情形中概况出来的。相反,尽管这种效应能够广泛用于具体的情形,但它却是一种生产出来的理论。它的一般性不是天然具有的,而是一旦我们把它当作一种理论来掌握,就可以应用它。

这种效应不只是描述了这种或那种现实存在的情形,而是能够适用于很多情形。它是根据抽象特征的关系来表述的。它没有描述现实存在的问题,而是规定了一定的可能性。另外,它还是工具性的。作为一个全称命题,它属于这样一类命题:"首先,这类命题能够有效地用来确定一类从观察上可以获得的特殊材料——从实际发生的整个杂乱无章的事件中区分出一些特定发生的事件;其次,这类命题能够有效地用来解释记录下来的事件所**标记**的东西。仅仅凭借特定时间内观察到的材料,不可能获得这些应用"(LW12:468;LTI:473)。

我们还需要注意另外一种关系。除了处理现实存在的事物的牵连(involvement)、推论和蕴涵,以及标记和被标记的东西、符号和意义之外,还有一种"涉及"(reference)关系,杜威用这个术语来表明"(符号—意义)这种关系保持现实存在性"(LW12:61;LTI:55)。牵连、推论和蕴涵构成了技术性的**补充说明**(excursus),由此产生了新的工具,用来控制疑难情形。涉及构成了**回溯**(recursus),由此根据现实存在的情形来检测新的工具。

杜威肯定是对自己有能力清楚地解释这个困难问题有些过于自信,或许也是因为他认为这个问题比实际的情形要简单,所以他认为,"一旦指出了这些困难,它们就很明显了,几乎不需要进行阐释"(LW12:61;LTI:55)。不过,他还是用数学物理的命题的**补充说明**作为例子来解释这一点:

(1)作为命题,它们形成了一个**相互关联**的符号—意义的系统,这些命题可以作为这样的一个系统来考量和阐述;(2)但是,作为**物理学**的命题,而不仅仅是数学命题,它们还**涉及到**现实存在;这种涉及是在**应用**的操作中实现的;(3)**有效**推论或适用性的最终检测在于事物之间存在的**联系**。单靠事物之间现实存在的牵连关系就能保证推论的进行,这样就能在事物本身之间发现进一步的联系。(LW12:61;LTI:55)

补充说明(*excursus*)和**回溯**(*recursus*)构成了生产性活动,它可以重复进行:从牵连开始,经推论到达蕴涵,然后再借助推论回到牵连。每次循环的开端和终结都牵连到具体的情形。起点是悬而未决的疑难问题,在终点以令人满意的方式得到解决。杜威指出,探究的连贯性使得确定推论优先还是蕴涵优先显得很困难,也就是说,确定意义(meanings)优先还是含义(significances)优先显得很困难。

这里可能会提出这样的问题:论述中的意义——关系是在现实存在的含义——联系之前产生的,还是在此之后产生的呢?我们是不是先进行推断,然后用获得的结果来进行论述呢?或者说,是不是在论述中形成的意义关系使我们发现事物中的联系,由此使得一些事物成为其他事物的证据?这个问题是修辞学上的,不能解决历史优先性的问题。然而,之所以问这个问题是为了表明,如果符号不能使我们标记出和保留作为推论基础的事物的属性,那么在任何情况下都不要急于把事物当作标记。例如,如果没有用来辨别和承继构成对"烟雾"的视觉和嗅觉的经验属性的词语或符号,从而使得"烟雾"成为火的标记,那么我们也许就会以一种类似动物的方式对那些属性做出反应,用接近动物的方式来进行活动。但是任何推论都可能有盲点和犯错误。另外,因为要推断出的**东西**,也就是火,并不呈现在观察中,所以,尽管可以假设一种预期可能完全实现,但是所有对火的预期可能是模糊的和不确定的。(LW12:61-62;LTI:55-56)

杜威进一步指出,一种文化的"文明"程度直接依赖于它借助于论述中符号意义的阐发来控制疑难情形的程度。"如果我们比较和对比一下原始人和文明群体中标记现实存在的对象和事件的能力的范围和深度,以及相应的推论能力,我们就会发现,这种能力与在论述中的符号和意义之间获得的关系的范围和亲密性之间,有一种密切的关联"(LW12:62;LTI:56)。

产生探究的经验需要是**补充说明**的基础。只有当**补充说明**的基础同时也是**回溯**的终点时,**补充说明**和**回溯**才会成功。杜威用商业用语来强调他的观点。**补充说明**的精致产品回到它们的基础"去取支票(check)"(LW1:37;EN:37)。尽管这是一种"支取"(check against),但是从一种更重要的意思上来说,这也是资金划拨意思上的"查账"(check for)。杜威指出,正是在这里,精致的产品"获得了它们的全部意义内容"——这就是说,只有在源初的情境中才会导致它们的生产。

第六章 工具、历史和人类自由

马克思关于历史上生产力决定所有权关系和阶级斗争在社会生活中的作用的概念,通过它所创立的活动,加速了生产力决定未来社会关系的能力,增加了阶级斗争的含义。历史作为在改造过去的过程中引发的探究,这一事实本身就是历史进程的一部分,是赋予'**历史**'双重意义的重要因素。(LW12:236;LTI:237)

事实上,为科学建立一个借贷账户是愚蠢的。这样做就是把科学神化;这意味着将科学人格化,认为科学自身具有意志和活力。实际上,科学完全是非人格化的;它是知识的方法和载体。它的操作和后果归因于使用它的人。它被动地适应那些激励人类的目的和欲望……通过开启新的视域,科学提升了一些人;通过使另一些人成为谋求个人收益的机器的奴隶,科学压制了这些人。(LW6:54;P:319)

一

有些人主张,技术的发展是由一定的必然规律决定的,或者换句话说,技术的发展是"自主的",因而脱离了人类的控制。在对技术的严肃认真的批判中,也许上述说法遭到的批判最为严厉。这个说法及其各种反对意见是一场既古老又深邃的更大争论的一部分。从前苏格拉底时期的古希腊开始,哲学家和神学家就相互争论,争论的问题是,从终结了进一步的可能性的意思上来说,宇宙是否已经"完成",或者说,人类的选择是否还有修正后果的余地。从广义上来说,决定论认为,任何特定的对象或事件都有一个原因,此原因是这一对象或事件的惟一决定因素。从另一个角度来说,决定论认为,一些特定的先行原因单独来看是必要的,合起来就足以决定一个随后发生的特定对象或事件。

然而,除了这种总体性描述之外,如果要让问题更容易处理,那么必须做出更精确的区分。威廉·詹姆斯在《决定论的两难困境》(The

Dilemma of Determinism)一文中,区分了两种类型的决定论。他所说的"强"(hard)决定论认为,现存的世界是惟一能够存在的世界。换句话说,这种观点认为,所有的事件都是独一无二的,事态除了现在的样子以外,不可能有其他的样子。"它声称,宇宙的有些部分已经规定了其他部分将要遵守的绝对约定和法令。在宇宙内部,未来没有含混的可能性:我们称为现在的阶段只与一个整体相匹配。"①

詹姆斯的想法也许跟拉普拉斯(Laplace)的观点是一致的。拉普拉斯认为,如果获取了关于宇宙(他把宇宙看作一个机械系统)的初始条件的足够信息,那么宇宙未来的状况就能像数学一样精确性地推演出来。詹姆斯的想法也许还跟赫伯特·斯宾塞(Herbert Spencer)的宿命论相一致。詹姆斯在1884年撰写那篇文章时,斯宾塞的声誉正隆。斯宾塞认为,人类的进步是不可避免的,②他的学生约翰·洛克菲勒(John D. Rockefeller)宣称,伟大宏业进步的表现就是"'制定出'自然的规律和上帝的规律。"③詹姆斯把拉普拉斯、斯宾塞和洛克菲勒的世界称为一个"封闭的"(block)宇宙。

另一方面,詹姆斯所说的"弱"(soft)决定论除了一个观点之外,完全接受"硬"决定论的信条。人类是自由的,可以接受他们的命运,也可以拒绝他们的命运;自由"只是理解了的必然性,遵从最高的必然性就等同于真正的自由。"④

詹姆斯反对这两种类型的决定论,主张他所说的"非决定论"(indeterminism)。这种观点认为,"组成部分之间的相互影响是微弱的,因此,确定了其中的一部分并不必然决定其他部分就应当是什么样子。非决定论承认可能性超过了现实性,我们的知识没有揭示出来的事物从其本身来讲,实际上是含混的。"⑤

---

① William James, "The Dilemma of Determinism," in *The Will to Believe and Other Essays in Popular Philosophy* (Cambridge: Harvard University Press, 1979), 117.
② Richard Hofstadter, *Social Darwinism in American Thought* (Boston: Beacon Press, 1967), 40.
③ 转引自 Hofstadter (1967), 45.
④ James (1979), 117.
⑤ Ibid, 118.

因此,"技术"决定论的问题就是一个范围更广泛的问题的组成部分:在什么程度上,技术的对象、事件、方法、组织、系统和规律能决定人类的行为(包括人类行为相互联系的模式)?如果选择是可能的,那么复杂的技术是阻碍了这种选择,还是促进了这种选择?有没有无情的技术"力量"或"规律"?

有很多有趣的方法来研究这些问题。通过全景式的展示技术文化,可以从宏观的角度研究这些问题。这种方法的话语单元都很抽象,例如历史阶段、经济秩序和社会决定的群体。马克思采取的是这种方法,这同时也是雅克·埃吕尔的方法。稍后我将指出,埃吕尔的观点比通常认为的更接近马克思的观点。

另一方面,也可以从具体个人的层面,通过这些具体的个人出于他们的需求、愿望、希望和欲望所采取的行动、经受的磨难、取得的成功和遭受的挫折来研究这些问题。这种方法的话语单元是必须要解决的特殊的疑难情形。威廉·詹姆斯和约翰·杜威采取的就是这样方法。

然而,不管是抽象地探究技术决定论,还是具体地探究技术决定论,这些方法必须能相互印证。例如,对于《资本论》的读者来说,他们会合理地设想,马克思在他的著作中把历史规律描述为"铁定的必然性",那么这对他们个人的未来具有什么样的含意。对于杜威在1938年出版的《逻辑学》的读者来说,他们也会很合理地质问,是否有历史的或文化的力量来限定可能的探究的界限。正是由于这个原因,支持技术决定论和反对技术决定论的主张必须根据它们在探究中的作用和对探究造成的结果来讨论,因为探究是这些不同的方法所共有的一个话语单元。

本章的结构将不同于其他章节的格式。在研究杜威的观点之前,我将先来详细研究对这一争论做出重要贡献的四种主要观点。这四种观点分别是由早期"批判的"马克思、后期"科学的"马克思、雅克·埃吕尔和兰登·温纳提出来的。借助第五章中讨论的杜威对"必然性"和"原因和结果"这些术语的改造,我将研究杜威对这一问题的贡献,并且再来分析杜威对"自由"这一术语的改造。最后,我将再回到两种马克思、埃吕尔和温纳的观点,指出这些观点与杜威对技术决定论的批判方式是相关的。

二

在1847年首次出版的《哲学的贫困》(*The Poverty of Philosophy*)⑥的一个著名段落中,年轻的马克思写道:"手推磨产生的是封建主的社会;蒸汽磨产生的是工业资本家的社会。"⑦从表面上来看,这句话似乎表明,**对于给定的技术阶段或技术类型来说**,马克思是一个严格的技术决定论者。这似乎是说,一个特定历史阶段中给定的技术形式不可避免地与那一阶段的特殊生活形式有关。换句话说,这段话似乎主张,一个特定阶段中占主导的技术工具(马克思把这称作生产力)是那一阶段中表现出来的社会组织模式的共同的充分条件。

这种主张的一个重要特征是,它指向的是过去。它试图把到目前为止的一定的技术形式和一定的社会关系形式的匹配看作是"必然的"。马克思是否也主张,技术—历史相匹配的惯性也适用于未来,因此就能做出可靠的预测呢?

回答似乎是肯定的。在1867年出版的《资本论》第一版的前言中,成熟的马克思把自己的工作与物理学家的工作做了对比。物理学家观察自然的过程,设计他的实验,以便使自然过程产生可靠的预测,同时还要避免对数据的人为干涉。马克思在其他地方也把自己的工作与生物学家和化学家的工作做了对比。生物学家和化学家力争提出适用于所有情形的科学定律,包括那些还没有出现的情形。

然而,到目前为止,我们只是具备了一种适度的强技术决定论的形式。只要所有发挥作用的相关因素跟以前的一样,马克思关于技术发展的"科学"规律就能在新的情形中做出预测。如果一个化学家在特定的条件下将两种物质相混合,他或者她就能确定,不管在明年还是在五十年之后,特殊的反应都将会发生。如果一些目前使用手推磨的文

---

⑥ Karl Marx, *The Poverty of Philosophy* (New York: International Publishers, 1982).
⑦ 同上书,第109页。

化引进了蒸汽磨,那么就能满怀信心地说,不管在明年还是在五十年之后,工业资本主义都将随之发生。

这就是解读马克思提出的警告的一种方式。马克思提醒我们说,如果一个德国人在读到《资本论》中所描述的英国的工业社会后对此不屑一顾,那么他就错失了一个观点:德国的未来包含在目前的英格兰中。实验程序即将重复。

马克思写道:"从根本上来说,问题不是从资本主义生产的自然规律中产生的社会对抗的发展程度是更高一些还是更低一些。问题在于这些规律本身,在于**铁定的必然性**产生和发展出来的那些趋势。工业更发达的国家只是欠发达国家的未来影像。"⑧马克思在这一个段落中主张,**只要在每一种情况中相关的条件是相同的**,事件之间的必然关联不仅能用来解释过去,而且也能解释未来。我将把这种观点叫做"有限制的技术阶段决定论"(limited technological-stage determinism)。这种决定论认为,如果在 S 社会中已经存在的 X 技术形式被引进到 T 社会中,S 社会中的 Y 社会形式也将在 T 社会中出现。这种决定论并不认为 T 社会采取 X 的技术形式是不可避免的,但是不管什么原因,只要引入了这种技术,Y 社会形式就会不可避免地出现。这是铁定的规律,但是只有当一个特定的社会选择了一种特定形式的技术之后,这些规律才是有效的。另外,这些规律是建立在对已经存在的技术配置的观察的基础上。

但是,还有另外一种解读这部文本的方式,从中可以找到一种更强硬的主张。对于前面的说法,"如果引入 X 技术形式,那么就会出现 Y 社会形式",这种解读方式就会说,"在将来的某些时候,引入 X 技术形式将是不可避免的"。我将把这种说法称作"无限制的技术阶段决定论"(unlimited technological-stage determinism)。这种决定论认为,T 社会将无可避免地经历一种给定的技术阶段。

有限制的和无限制的技术阶段决定论都是从现在回顾到过去。

---

⑧ Karl Marx, *Capital*, Ben Fowkes, trans. (New York: Vintage Books, 1977), 90-91. 黑体是我加的。

每一种观点都试图从最发达的技术社会中找到技术发展的规律，但是每一种观点的预测都仅适用于那些遵从或将要遵从在技术最发达社会中已经建立起来的模式的社会。只有当我们的预测是建立在对那些已经存在的社会的概括基础之上，T 社会的未来才是可以预测的。

但是，在马克思的著作中甚至还出现了一种更强硬的决定论形式，这种决定论从目前占优势的观点看待未来。这种观点出现在《共产党宣言》(*The Communist Manifesto*)中，它能够从目前存在的技术阶段类型的属性中，解释尚未出现的技术阶段类型的属性。在这种观点看来，对技术发达的资本主义的属性的分析，可以预测随后出现的技术秩序的属性，而对于这个社会来说，目前还不存在这一技术秩序。这种预测是在所谓的"技术发展规律"的基础上计算出来的。我把这种观点称作"未来技术阶段决定论"(future technological-stage determinism)。

但是情形远比这还要复杂。在我刚才引用的《哲学的贫困》的那一小段中，马克思宣称，人类生产出社会关系，这就像人类生产出生产力和生产关系一样。勿庸置疑，衣服、亚麻和丝绸都是产品。但是，包括工具和机器在内的**生产力**也是人类活动的产品。

这些说法也适用于**生产关系**。生产关系包括工具之间的相互影响、人和工具之间的相互影响，并且只要生产中涉及到人，生产关系也包括人与人之间的相互影响。广义上的**社会关系**也是人类劳动的产品。这种社会关系包括与生产力或生产关系没有直接联系的那些人之间的关系。马克思在这段话中的意思似乎是说，人类可以自由地选择他们的生产力：在这样做时，在改变他们的谋生方式中，他们改变了他们的社会关系。⑨ 技术形式仍然与特殊的社会形式相匹配，但是依然有很大的空间来实现诸多变化。我把这种观点称作"技术阶段非决定论"(technological-stage indeterminism)。这种非决定论认为，在一个给定的技术阶段中，可以做出很多选择，尽管对技术形式的选择在社会范

---

⑨ Marx (1982), 109.

围内具有明确的影响。这种观点与有限制的技术阶段决定论的不同之处在于,在一个特定的技术阶段内,它允许有更多的选择。

这段材料中的"产品"这一术语不仅用来指生产力、生产关系和社会关系,而且指原理、观念和范畴。换句话说,马克思在这一段落中似乎拒斥了柏拉图主义对观念的阐述,反而选择了一种建构主义的阐述,这在一些方面就类似于后来杜威提出的一些观点。"因此,这些观念和范畴就像它们所表达的关系一样,都不是永恒不变的。它们是**历史性的和暂时的产品**。在生产力的发展中、在社会关系的破坏中、在观念的形成中,有一种不断进行的运动;惟一不变的事物是抽象的运动——**不死之死**(mors immortalis)。"⑩马克思在这里似乎把这些历史性的和暂时的产品描述为具有松散的联系,詹姆斯认为这是不确定的宇宙的特征。

马克思在1846年12月28日给安年柯夫(Annenkov)的信中,进一步阐述了这一非决定论的观点。马克思延续了他在《哲学的贫困》中对普鲁东(Proudhon)的批判,宣称社会关系作为人们生活在一起的方式,"必然随着生产力的变化和发展而发生变化。"⑪但是他认为普鲁东落入了像亚当·斯密(Adam Smith)这些古典经济学家的陷阱。亚当·斯密把真实的关系看作是特定的先前存在的抽象观念的体现。因此,马克思指责斯密是柏拉图主义者。马克思接着说,这些抽象观念本身被古典经济学家当作"自创世以来安眠在上帝心中的规则。"⑫

马克思在这里反对古典经济学家的观点**不是**因为这些经济学家认为有一些控制生产和社会关系之间关系的规律;马克思也认为存在这样的规律。更恰当地说,马克思反对的是,这些古典经济学家认为他们所提出的规律是先前存在的和永恒不变的。马克思对斯密的批判和对普鲁东的批判是一样的:他们都把资本主义时代之前的生产规律看作

---

⑩ Marx (1982),第110页。黑体为原文所有。
⑪ 同上书,第186页。
⑫ 同上书,第187页。

是有缺陷的和过渡时期的,是对他们所发现的资本主义的永恒不变的规律的不完美的反映。马克思对古典自由主义"陷阱"的描述在一些方面类似于杜威在 1938 年的《逻辑学》(LW12:498ff;LTI:504ff)和《自由主义与社会行为》(Liberalism and Social Action, LW11:1-65;LSA)中对这一立场的批判。稍后我将再回来讨论这个问题。

这两类文本的例证可以说汗牛充栋。有些例证表明马克思持有某一种技术决定论,有些例证则表明马克思是一个非决定论者。在著名的《关于费尔巴哈的十一条提纲》(Eleventh Thesis on Feuerbach)中,马克思宣称:"哲学家们只是在用各种方式**解释**世界,而问题在于**改变**世界。"[13]如果技术和经济发展的规律是不可避免的,规则具有铁定的必然性,那么由此号召起来的行动服务于什么目的呢?从非决定论的角度来解读,那么努力的结果将导致一些目前无法预测的真正变革。从"软决定论"的角度来解读,那么付出努力的目的是为了顺从不可避免的结果,也许还会加速这种结果。

另一方面,马克思在 1873 年为《资本论》第二版所写的后记中,引用了一位评论者对他的论证所做的描述。马克思赞同这一评论,这段评论说:"不管人们相信它或不相信它,也不管人们意识到它或者没有意识到它,这都不重要。马克思把社会运动看作受一定规律支配的自然的历史过程,这些规律不仅不以人的意志、意识和意图为转移,反而决定了人的意志、意识和意图。"[14]

评论者所说的"社会运动"并不是特指的。对这一评论的一种合理解释是,生产力和生产关系(包括工具、设备、方法和整个工业)是自主运作的;这就是说,它们脱离了人的控制,或者说人也不想对它们做出改变。它们似乎是由一种不可避免的、自然的规律所控制的,而这种规律正是马克思在批判亚当·斯密时所拒斥的。如果这种关于技术和历史的"硬"决定论观点是正确的,那么甚至连加速变化也是不可能

---

[13] Karl Marx, "Theses on Feuerbach," in The Marx-Engels Reader, Robert C. Tucker, ed. (New York: W. W. Norton & Co., 1978), 145.
[14] Marx (1977), 101.

的,因为未来早已注定,选择只是幻想。

三

近来很多对技术决定论的讨论基调是由雅克·埃吕尔的两部著作设定的:一部著作是 1954 年用法文出版的《技术社会》(*The Technological Society*)⑮,该书在 1964 年出版了英文本;另一部著作是 1977 年用法语出版的《技术系统》(*The Technological System*)⑯,该书在 1980 年出版了英文本。为了叙述的方便,我把埃吕尔的立场称作"技术僵局"(technological gridlock)。

一些人认为埃吕尔的著作晦暗难懂,视为畏途。⑰然而,在有些观点上他表达得很清楚。首先,他对自己使用的"技术"(technique)术语给出了精确的定义。他借用了哈罗德·拉斯韦尔(Harold Lasswell)的说法,将技术(technique)定义为"在**每一个**人类活动的领域中**合理获取的**和(对于给定的发展阶段)**具有绝对效率的方法的总体**。"⑱不需要过多的想象就可以看出,这种对技术方法和所有人类活动(在一个特定的历史阶段内)之间的关系的描述,与科学的马克思主义者所主张的技术的基础结构决定政治的和意识形态的上层建筑(在一个特定的历史阶段内)之间的联系。

其次,埃吕尔区分了"技术"(technique)和"科技"(technology)。在下面这段引文中,英译者在圆括号中所加的注释阐明了这种区分:

我们必须绝对地在**技术**的概念与**科技**的概念之间做出区分。法国的知识分子通常模仿英美的用法,当他们真正的意思是**技术**

---

⑮ Jacques Ellul, *The Technological Society*, John Wilkinson, trans. (New York: Vintage Books, 1964)。

⑯ Jacques Ellul, *The Technological System*, Joachim Neugroschel, trans. (New York: Continuum, 1980)。

⑰ Stanley R. Carpenter, Review of *Autonomous Technology*, by Langdon Winner, in *Research in Philosophy and Technology*, vol. 3, Paul T. Durbin, ed. (Greenwich, Conn.: JAI Press, 1980), 117。

⑱ Ellul (1964), xxv。

时，他们却用了**科技**，这是一个严重的错误。**科技**是对**技术**的讨论，是**技术**的科学。首先，**科技**是对不同**技术**（在英语中写做 technologies）的讨论；其次，**科技**试图讨论总体性的**技术**（在英语中写做 technology），实际上是讨论这个概念本身。然而，这并不是打算研究一些（例如工业的）操作过程（这将是技术课程的主题！）；这里的目标是一种哲学的反思。[19]

总之，技术是当代工业社会中使用的方法的总和。科技是对这些方法的研究：或者是每次研究一种或几种方法，或者是做更一般的研究。因此，对埃吕尔来说，"技术"是一个广泛应用的术语，它非常符合马克思所说的生产力和生产关系，这包括观念、范畴和方法。另一方面，科技是对这些生产模式的研究或批判。

第三，埃吕尔认为技术（方法的总和）不再服从人类的控制，这一点也许是最重要的。技术的发展是不可逆转的，成几何级数增长。在技术的发展变得自主和自我扩张之前，传统价值业已消失。新的观念必须根据技术的规范加以判断。甚至科学家、技术人员和政治家都受到技术的限制，更不用说哲学家和神学家了。个人的状况更加糟糕。埃吕尔控诉道："人类无助地把生活中最重要和最琐碎的事务交付给一种他们无法控制的力量。"[20]

从这一点来看，埃吕尔似乎与"科学的"或决定论的马克思主义者的观点是一致的，只不过缺少马克思主义者对未来的信心。一些科学的马克思主义者至少认为，资本主义的铁定的规律、资本主义的内在矛盾，将不可避免地导致资本主义的崩溃，并且被一种有助于改善人与人之间关系的社会组织形式所取代。埃吕尔的观点更加残酷无情。在《技术社会》的美国修订版的序言中，埃吕尔勾勒出了下述的"扰乱"，这些"扰乱"有可能改变历史的进程。首先，有可能爆发一场普遍的战争。在这场战争中，破坏的范围非常广泛，我们现有的技术社会将会终结。其次，越来越多的人会相信，技术威胁到人类的"精神"生活，注定

---

[19] Ellul (1980), 32-33.
[20] Ellul (1964), 107.

会改变事态。第三,"如果上帝决定出面干预,人的自由可以借助历史方向或人的本性上的改变而获得拯救。"㉑

尽管在埃吕尔描述的第二幕中还闪现着一丝希望,但是它的含意跟其他两幕具有同样的灾难性。埃吕尔实际上是与下述两点做对比:(1)现有的自我扩张的和成几何级数进步的技术政权的有序进化;(2)一些打破这一进程的激进的文化间断、激进的革命。在这些替代性的选择中,有着浓厚的卢德主义(Luddism)*的色彩。

埃吕尔描述的第三幕在外表上是非马克思主义的,除了这一幕,埃吕尔的描述非常接近科学的马克思主义,只是有些冷酷无情。然而,埃吕尔像马克思本人一样,是一位具有诸多想法和观点的学者,其中的一些想法和观点彼此之间显然相互矛盾。在接受大卫·明尼格(David C. Menninger)的访谈中,除了刚才我们所说的三种激进的间断形式和一种持续的进化形式之外,埃吕尔还揭示了另外的一幕。借助马克思所描述的他那个时代的无产阶级的状况,埃吕尔指出,正是没有希望的僵局的出现才是变化所需要的推动力。"如果人决定采取行动,他没有多少进行干预的可能性,但是确实有一些可能性继续存在。他可以改变社会进化的进程。"㉒尽管这种对革命的号召缺少具体的建议,但是一些"批判的"或非决定论的马克思主义者却很愿意接受这一号召。

第四,对埃吕尔来说,技术不是中性的。它遵循自己的议程,变得更加自我扩张,将迄今为止保留下来的相互竞争的方法"合理化"。因此,埃吕尔的观点至少在一点上明显不同于马克思的复杂观点,这一点

㉑ Ellul (1964),第 xxx 页。

* 1811 年 3 月,为了抗议工厂主削减工资,英国诺丁汉地区的纺织工人捣毁了六十多台纺织机。11 月,诺丁汉地区的一些工厂主收到解释工人捣毁机器的书信。信的署名是"奈德·卢德将军"(General Ned Ludd)或"卢德王"(King Ludd)。历史上就把这场捣毁机器的运动称为"卢德运动",把反对新技术的思想称为"卢德主义"。卢德运动往往被视为一种对抗社会发展和进步的倒退行为。后来兴起的"新卢德主义"积极为卢德运动辩护,认为卢德运动对新技术的反抗具有一定的合理性,因为它质疑了功利主义的技术进步观,提醒我们要慎重地看待技术进步引起的社会问题。——译注

㉒ David C. Menninger, "Marx in the Social Thought of Jacques Ellul," in *Jacques Ellul: Interpretive Essay*, Clifford G. Christians and Jay M. Van Hook, eds. (Urbana: University of Illinois Press, 1981), 18-19.

就是马克思在给安年柯夫的信中所表达的立场:"目前机器的应用是我们现有经济体系的一种关系,但是使用机器的方式完全不同于机器本身。不管是用来伤人还是用来治伤,火药还是火药。"㉓

四

在 1977 年出版的《自主化的技术》(*Autonomous Technology*, AT)㉔中,兰登·温纳试图比较他所说的对技术社会的"传统"解释和他自己所提出的"技术政治学"。就像温纳所说的那样,传统的解释认为,一个给定的社会拥有一套可支配的工具和方法,借此能够实现既定的目的。另外,这个社会中的所有工具一般都能对挑选出来的目的做出反应,并能适应这些目的。因此,有效的控制是单向的;它源于政治领域,为了实现挑选出来的目的,工具受到了有效的控制。

这种传统观点有一个重要的要素,温纳将此称为工具使用的"直线"观念。杜威的批判者们几乎普遍都认为杜威是一个"直线"工具论者,因而谴责杜威。但是杜威本人也因为这种"直线"工具论对于成功的探究是不充分的而批判它。这种"直线"工具论认为,察觉到的问题差不多都是由目前迫切需要得到的东西造成的,而这些目前迫切需要得到的东西是作为固定不变的目的发挥作用的。因此,要解决最初遇到的问题,只是一个选择恰当的工具、将这些工具投入应用和根据满意地达成最初规划的目的的程度来判断整个操作是否成功的问题(AT: 228)。隐含在这种传统观点中的想法是,价值来自实验技术之外,目标是由非技术的手段构成的。

温纳的技术系统模型本质上不同于这种传统的观点。首先,温纳认为,当代大规模的系统非常复杂,显示不出"直线"工具论。举例来说,任何个人或群体越来越不能有效控制一个复杂的技术过程,例如不能控制新的汽车模型从最初的设计阶段到最终的完成——这里指的是

㉓ Marx (1982), 185.
㉔ Langdon Winner, *Autonomous Technology* (Cambridge: The MIT Press, 1980).

消费者对汽车的使用和服务人员对汽车的维修和保养（或者当汽车废弃后，甚至也不能控制汽车零部件的回收使用或销毁）。

温纳认为，技术的复杂性有两种类型。第一种是发达技术社会中**显明的**（manifest）复杂性，这种复杂性引起了异常的事件、功能和相互联系，从没有人能够从总体上把握这些问题的意思上来讲，这些异常是无法理解的（AT:284）。温纳认为，显明的复杂性使得科学地解决这些问题变得非常困难。对于特定的学科来说，不管这些问题是常见的还是特殊的，情况都是如此。温纳跟曼海姆（Karl Mannheim）一样，认为越现代的探究形式越具有宗教的意味，而不是具有科学的意味，因为这些探究形式非常依赖于信念。

在温纳看来，**隐蔽的**（concealed）复杂性更危险。这是一种卡夫卡式*的复杂性，它是由官僚机构实施的，围绕着电子交换运作的复杂性。这种复杂配置的速度和效率势不可挡，但是对于公众的细察来说，决策程序却倾向于变得不透明。

温纳的观点不同于传统直线工具论的另一点在于，温纳认为技术系统远远不只是从中挑选出工具的工具箱；技术系统是一个真实的、积极主动的和客观的系统。就像埃吕尔一样，温纳明确地拒绝将技术系统人性化，尽管在温纳和埃吕尔的著作中有时候也有这种倾向。温纳进一步指出，技术系统决不是神秘莫测的。但是温纳和埃吕尔都认为，技术系统有自己的惯性和目标。巨技术系统（megatechnical system）的大小、复杂性和组成成分的相互依赖设定了一些要求，社会被迫服从这些要求。"面对这些律令——系统控制影响其运作的供给、分配和整个环境的需要——社会的直接需要和表现出来的需要就显得变化无常"（AT:251）。

温纳也与埃吕尔一样（就埃吕尔的一种心态来说），颠倒了通常所说的政治权力和技术设备之间的关系；他们两个人都认为，政治权力变得屈从于技术系统的目标。由于技术系统的大小和复杂性、以及技术系统各部分的相互依赖，技术系统不仅不对政治控制做出反应，而且还

---

* 指受自己无法左右的力量摆布，是奥地利作家卡夫卡（Franz Kafka，1883-1924）在《城堡》、《审判》等小说中描述的人类困境。——译注

提出要求,拥有政治权力的人必须屈从这些要求,或者要面对无法接受的后果。

因此,温纳拒斥了一些技术批判者的观点,其中也包括埃吕尔的观点(就埃吕尔的另一种心态来说)㉕,这些观点认为,"发达技术的发展普遍是集权化的,这种集权化的趋势最终在那些力量特别强大的、技术导向的国家的控制中达到顶点"(AT:252)。例如,埃吕尔和芒福德都引用电力的生产和传送作为例子,指出技术社会倾向于把生产和分配集中控制在少数人手里,这些少数人最终就是那些政治独裁者。他们都认为,不管这个或其他事例中的政治意图是什么,大规模技术现象的本质都要求不可避免的政治反应和重组。

温纳也拒斥了这一观点的镜像(mirror image),这种镜像观点认为,"在一个有组织的系统中,控制来源于一个位于中心的源泉,然后再扩散到其他部分中"(AT;253),而这一位于中心的源泉就是一个由技术统治论的利害关系所驱使的国家。然而,在温纳看来,控制既不来源于负责技术生产的部门,然后再转移到公共政治中心,也不是来源于一个政治中心,然后再散播到私有技术部门。

在温纳看来,技术系统**实际上没有核心**,然而技术系统却是一个真实的系统,具有真实的效应,尽管这些效应的目的总是不一致的。因此,温纳也拒斥了像加尔布雷恩这些人所持有的观点。加尔布雷恩认为,权力逐渐掌握在一些管理精英的手中,这些管理精英穿梭于公共部门和私有部门之间,因此,在一种新的工业国家中,公共部门和私有部门就能分享权力。在加尔布雷恩看来,可以肯定的是,这种权力的分享绝对不是公平的。主要的工业决策是由私有部门做出的,然后再由政府机构的头脑核准。这些政府机构的头脑曾经是,并且将来也是受他们控制的工业管理委员会的成员。

为了理解温纳对埃吕尔、芒福德和加尔布雷恩这些人提出的观点所持有的异议,需要把显明的复杂性和隐藏的复杂性的概念与另外两

㉕ 尽管埃吕尔确实持有这种观点,但是他并非一贯如此。他在有些地方也认为,即使国家也无法控制"技术系统"这一他所说的盲目崇拜的对象。

种概念结合起来。这两种概念就是"技术的律令"(technological imperative)和"反转的适应"(reverse adaptation)。斯坦利·卡彭特(Stanley Carpenter)精确地总结和描述了这些概念：

> 技术律令的概念深入到问题的核心。处于支配地位的是技术秩序所需要的各种决策，而不是或者指向人类的目标、或者指向特殊利益的有意识地选择出来的目的。衣食住行等基本需求被技术化的特殊目标所取代——更多的石油、更强的电力、更宽阔的街道、更高的建筑，等等。这种根据大规模的、复杂的和各式各样的技术对人的基本需求的重新定义，从表面上来看，人是主人，但是由于对技术的病态依赖，人可能是奴隶。温纳沿着马克思的思路做了进一步的分析。随着技术秩序重新指定了目标，人的期望也要发生改变，以便适应这种重新指定。在技术秩序的支配下，知觉、判断、情感和欲望都被重新塑造。说话、思维和行为的方式，连同个人必须忍受的工作模式都被转化了。生活的方式被确定了，最终人的意识也被确定了。㉖

因此，按照温纳的看法，"技术是一些结构，它们的运行条件要求改造它们的环境"(AT:100)。这样一来，技术律令完全是实践性的。为了获得 X，就必须获得 Y。但是获得 Y 的手段——可以称它们是 M、N 和 O——也必须同时获得。为什么这一步骤成为一种律令，其中的一个原因在于，在 M、N 和 O 之中基本上没有"选择的余地"。实际上，即使有选择的余地，通常也会被拒绝。

电力的消费是技术律令的效应发挥作用的一个例子。X 是使用更多的电器，从表面上看，这一选择是自由的，不过它却需要条件 Y，也就是建造更多的发电厂。但是，建造更多电厂的手段包括：1) M——燃烧含硫量高的煤炭；2) N——产生不能安全处理的核废料；3) O——为核电厂设立一些特殊的法律条款，万一由于不良的设计、不适当的维修或人为错误发生事故时，可以免除核电厂在财务上的责任。

㉖ Carpenter (1980), 120.

在这个例子中,越来越多地使用电力在理论上是重要的。这个目标是有意识地选择出来的。生产更多电力的最直接的和实际的手段也许不值得追求,但在理论上至少是可以接受的。然而,在实际的生产层面上,远远脱离最初目标(理论)的手段开始以不可避免的、有时候是不可接受的方式支配生活的模式。含硫量高的废气排放所导致的酸雨破坏了大面积的森林植被,围绕辐射泄露问题展开了纠缠不休的争论,察觉到一些特殊的利益能够在民主责任的结构之外不受惩罚地得以实现,这些脱离最初目标的手段所造成的结果汇聚在一起,引起了恐惧、愤世嫉俗和对政治体系的信任危机。最初对于廉价和充裕电力的略带天真的期盼,被技术系统转变成使人心灰意冷的、甚至是破坏性的态度。

这只是技术律令的一个方面。还有很多其他的例子,有一些例子更实际一些,但却同样残酷无情。技术的媒介被当作能制造新闻和娱乐的工具,但是在温纳的分析中,技术的媒介却改变了使用技术的人理解新闻和娱乐的内容和功能的方式。人类被塑造为电子奴隶。这就是技术律令运作的结果。

温纳接着指出,分析技术变化产生技术律令的方式要比简单地分析技术造成的"无意的后果"更为有用。例如,热带雨林的破坏可能被认为仅仅是巴西或墨西哥工业化造成的无意识的后果。但是温纳的模型更丰富。他谈到了预先满足的要求。"改变环境以便为发展让路,或者发展要求做出这种改变;在一定的意思上,结果先于原因。"(AT:104)在发展中国家中,负责技术决策的人试图效法更发达国家中使用的技艺和工序。"先决条件"得以生效,即使先决条件意味着侵害了发展中国家的文化。

至于"反转的适应",卡彭特再一次用一个段落的篇幅,精确地提炼出温纳花费很多篇幅阐述的观点。他认为,这个观点有助于解释超级市场的顾客所面临的处境。超级市场的顾客必须认可"种植的土豆是用来挑选的而不是用来吃的,或者一个人情愿花很多钱购买过度包装的橙子,而这些橙子肯定是用来吃的"。卡彭特非常清楚,"反转的适应并不是指技术手段完全脱离了人的需要、需求、文化标准和政治决策,而是意味着'……技术系统脱离了最初为它们设定的目的,实际

上,技术系统重新改变了自身和它们的环境,以便适应它们自身运作的特殊条件。'"㉗

总之,温纳看到,当"技术系统脱离了最初为它们设定的目的,实际上,技术系统重新改变了自身和它们的环境,以便适应它们自身运作的特殊条件。人工奴隶逐渐颠覆了主人的规则"(AT:227)㉘时,反转的适应就开始了。这就等于"调整人的目的以便与可资利用的手段的特性相匹配"(AT:229)。

除了橙子和土豆的例子以外,反转适应的例子随处可见。如果一个人所从事的工作需要高精度的标准,那么他或她就会发现,这些标准就会侵占生活中的其他领域。一种情形中的手段在另一种情形中就会变成目的。换句话说,目的只能根据可资利用的手段来加以表述,在高度执行一项特殊任务的压力下,就会导致大量可资利用的手段的减少,结果就会损害想象力和创造力。

温纳提供的例子是标准化的大学入学考试。大学入学考试本来是达到检验普通教育水平这一目的的手段,现在却变成了一个特殊的目的,取代了最初设定的目的。成功地通过考试成了目的,而教育成了实现这一目的的手段。

在这个问题上,温纳大体上认同埃吕尔的观点。就像埃吕尔一样,温纳相信,由于技术系统对标准化习惯的强调,逐步限制了自由选择。像埃吕尔一样,温纳相信,技艺在所有的生活领域中都发挥着作用,人类的源初目标和反应都萎缩了。决策就像发条装置一样,自主化地和机械化地做出。"一旦出现这种情况,那么只有特殊的行为意志才能重新开启评价、选择和行动的过程,因为在社会生活的所有领域中,工作都能由现有的工具来完成,相应的工具也能用来做出正确的选择。"(AT:235)

卡彭特指出,温纳的观点与埃吕尔的观点有一种"亲疏关系"

㉗ Carpenter (1980), 120-121.
㉘ 需要注意的是,温纳在这里将"体系"人性化(anthropomorphizing)。

(love-hate relation)。㉙ 我认为这是对温纳纲领的一种重要的洞察。我已经指出过温纳的观点不同于埃吕尔的一些地方,这就像温纳的观点不同于两种马克思主义一样。然而,温纳与埃吕尔之间最大的区别在于,温纳根据他所说的重新获得技术的控制,提出了很多具体的建议。他视技术为生活形式,认为生活形式产生政治组织的形式,因此他就主张,引进新的技术形式的共同努力,要比直接改变政治体系的努力更能扩大选择的范围。这种观点非常类似于所谓的"有限制的技术阶段决定论",这也就使得温纳的观点非常接近一些批判的马克思主义者的观点。

五

就像我在上一章中所指出的那样,杜威彻底地改造了因果观念和必然性的观念。总而言之,杜威认为,原因、结果和必然性只是逻辑学的工具,在实际的情形中并不能找到。他进一步指出,那些在探究工具之外寻找原因、结果和历史必然性的决定论者陷入了哲学的谬误,把在探究中作为工具开发出来的东西,当作了在探究之前就已经存在的东西。杜威还认为,一旦探究把握了整个情形,原因、结果和必然性这些工具就很容易被废弃,而为了分析的方便,此前曾将整个情形划分为各个部分。

换句话说,杜威并不是像詹姆斯那样,只是简单地提出反对意见来拒斥技术决定论。詹姆斯认为,如果人类是自由的,并且具备应有的采取行动的权利,那么情况就会更好些。杜威把决定论和非决定论都当作他所批判的亚里士多德主义的组成部分,破除了它们的本体论的前提。他认为,这两种立场的错误在于它们接受了亚里士多德的本质主义的前提。杜威指出,能够控制未来行为(包括科学的控制)并不是因为发现了本体论范畴,而是因为根据经验模式与生产的关系区分了不同的经验模式。范畴可以当作探究的工具,但是不能认为它们在探究

㉙ Carpenter (1980), 118.

之前就已经存在。范畴之所以能在探究中发挥作用，是因为范畴是根据它们所服务的功能来构造的，而不是因为发现它们完全是在一些外在于人类生产活动的实在中形成的。换句话说，杜威用生产批判取代了区分本质和属性作为知识增长的工具的做法，尽管他也承认，区分和分类通常是完成一些工作的便利工具。

杜威写道："我们（只有在最后才能）认识到，我们并不是发现一些独立的实在，然后再把它们联系起来。我们一直在不断地界定一个事实。"(EW4:21)因此，事实并不是先于生产而制造出来的，也不是无中生有发明出来的。事实是为了实现一些目标或目的，对数据进行技术操控的结果。

六

马克思和埃吕尔都喜欢从抽象的制度开始，温纳在一定程度上也是这样，但是杜威关注的却是具体的情形。在1928年发表的《自由的哲学》(*Philosophies of Freedom*)一文中，杜威把自由概念的发展同选择概念联系起来："选择**是**自由，没有选择的人是傀儡，这样的人没有属于自己的行为，这些观点都是毋庸置疑的。在行动中有选择和没有选择，情况会完全不同。没有这种真正的选择，人只是受外在力量驱使的被动工具。"(LW3:92-93)

杜威指出，人类自由的问题之所以如此困难，其中的一个原因在于，他所说的"选择的事实"在早期跟其他一些问题混杂在一起。支持自由和谴责自由的倾向已经根据法律条文合法化了。这些做法反过来从一种教条那里寻求形而上学的支持，这种教条就是我们所知道的"意志自由"。如果意志真的是自由的，是道德和法律责任的发源地，那么意志必须"同样能在不受任何欲望或冲动的驱使下自由地选择这种方式或那种方式，这仅仅是因为因果力量也属于意志本身"(LW3:93)。

杜威在这里指出，传统理论认为，意志就是实施一种没有合理动机的选择，这是一个严重的错误。人类是具体的现实存在者。他们本身是一个由习惯、欲望和目的组成的复杂母体。如果有一个绝对自由的意志，这种意志以某种方式独立于承担责任的具体个人，那么责任如何合法地施加给具体的个人？

杜威从两个方面解决这个困难。首先，他把意志非实体化。杜威的矛头似乎指向了奥古斯丁、笛卡尔和康德，这些哲学家都把意志当作一个独立的能力或独立的实际存在物。杜威不仅拒斥了这些观点和其他形式的官能心理学，而且认为这种将意志实体化的想法纯粹是胡扯。

其次，奥古斯丁、笛卡尔和康德根据意志对人类行为的在先的影响来分析人类的行为。然而，对杜威来说，责任问题的解决不取决于过去，而取决于未来：从未来行为的角度来说，我们能期待什么？正是在这一点上，杜威的进化自然主义和行为主义开始发挥作用。杜威认为，无论是原子还是人类，选择性的行为在自然的任何地方都能找到。原子和分子倾向于按照一定的方式结合在一起，而不是按照其他的方式结合在一起。如果不是这样的话，就不会有科学，也就不可能有医学治疗。此外，这些优先的选择表达了原子、分子、岩石、植物以及包括人类在内的动物的"本性"。然而，杜威并不认为自己谈到了本性就成了一个"本质主义者"。他的探究理论很清楚地澄清了这一问题：他是从操作的角度，根据事物之间的相互作用，把"本性"视作已知的东西，而不是视作固定的本质。

因此，人类选择的基础也是这种优先选择的行为，这种行为在自然的其他地方都普遍存在。但是，尽管人类的选择终归是这种优先选择的行为，但并不仅仅是优先选择的行为。因为人类对环境更加敏感，他们的组织更复杂，与低等动物和植物相比，人类能考虑到更多的经验。杜威认为，人类拥有自己的**生活历史**，或多或少能够意识到他们自己的**生活历史**。

这就是说，尽管其他自然物种或多或少是"在背后的因素驱动下采取行动的"（LW3：96），但是人类却能意识到有大量的因素在争夺决定权。人类能够把这种意识与在一定程度上超越环境驱使的能力结合起来。这种超越包含两种因素：第一，人类能够规划自己未来的行动；第二，人类能够把复杂的标记行为当作工具，来排除自然的苛刻要求的困扰。"随着观察和预见的发展,就有了形成标记和符号的能力,以便取代事物的相互作用和运动,不用使我们卷入事物的实际变动之中。"(LW3:96)

总之,从下述的意思上来说,人类能够做出选择:尽管人类的选择也属于自然行为的优先选择,但是对人类来说,这些优先选择却是复杂的、竞争性的和灵活的,它们能够通过符号行为预期到,例如通过预警、数学计算和其他类似的思维方式。

有人会提出异议,认为如果像杜威说的那样,动物是"在背后的因素驱动下采取行动的",而人类也面临一些自然的苛刻要求,这就又把杜威在前面费心劳力和公开拒斥的因果观念和必然性观念引进来了。毕竟,在实在论者和本质主义者看来,"必然性"就像氢原子和氧原子结合成水的方式一样,又像所有的人感觉到的一些限制一样(例如吃饭的需要)。

杜威并没有否认这些限制:他只是认为,在没有对这些限制进行探究之前,在没有用一些有益的方式对它们进行归整之前,这些限制只是人类所处情形的没有成形的审美特征。因此,在不同的文化中,人类对食物的要求所**意指**的对象是不同的。在不同的文化中,食物和吃饭的文化活动的联系是用不同的方式建构的。因此,在通过所从事的生产活动逐渐察觉到可能性的意思上来说,选择是一个评价的问题。

因此,为了解决技术决定论的问题,必须用宽泛的和更多公共的术语来研究人类的具体选择和自由。选择不仅能够被自然的苛刻要求所阻碍或促进,也可能被法律、经济体系、技术限制和其他的人工物所阻碍或促进。有些制度的运作比其他制度的运作更能限制人类的活动,这一点起码是真的。有一些技术决策倾向于扩展选择的途径,产生杜威所说的"更多的含义",而有些技术决策倾向于限制能够获得的意义,只能导向死胡同。

起初一项技术上的成功,可能会突然无法理喻地变成一个充满问题的情形。即使问题得到了完满的解决,通常也会产生没有意识到的有害后果。杜威不是从"技术"上寻找这类问题的根源,也就是说,不是用技术的方法来处理这些没有解决的情形,而是从现实存在的不稳定性中寻找这类问题的根源。确实,没有任何代理机构能够保证问题一旦被解决,就永远不会再出问题。"技术的"问题表明,需要进一步做一些技术性的工作,而不是为了寻求"精神的"或其他类型的价值而放弃技术性的工作,甚至更糟糕的是,因为认为未来已经注定,人就无能为力了。

对于有意义的选择来说,杜威最经常提到的一个障碍就是方法、习惯和制度变成了累赘,不能发挥有效的工具作用,也就是说,不能成为服务于选择出来的目的的工具。这也许是因为工具本身损坏了,或者也许是因为工具一度服务的目的不再值得追求。18世纪自由主义的奠基者们清醒地意识到了这个问题,但不幸的是,他们没有看到自己提倡的运动也遇到了同样的问题。他们认为,要尽可能从制度上减少防碍个人选择的障碍。只有当制度允许"需求畅通无阻地刺激工商业和……享受劳动成果"时(LW3:97),才能认为制度促进了自由。这种正规的学说在过去和现在都被叫做自由放任主义(laissez-faire)。

杜威指出,从政治的和经济的放任主义的自由学说中产生了一种流行的心理学说。如果制度的干预能够畅通无阻地促进需求和贸易,为什么本能和冲动不能这样?在流行的想法中,自由被等同于自我表达:"天然"本能和冲动的不受约束的表达。

然而,流行的理论所忽视的是,个人的本能和冲动很大程度上是社会环境的产物。杜威在流行的理论中看出了一种古老理论的残余。这种古老的理论要比洛克、边沁和穆勒的古典自由主义还要古老,它出现在奥古斯丁、甚至柏拉图的学说中。他们认为,自然的倾向是上帝的礼物,人为的制度必然是一种邪恶,甚至从更恶劣的角度来说,人为的制度使人远离了上帝之爱或者型(Form)的知识。

杜威认为,古典自由主义在最初的阶段中取得了巨大成功。随着与制造和商业的新形式有关的利益逐步扩大,迎来了不合时宜的封建制度的解体。但是这些新的制度本身马上变成了工人阶级的负担。

然而,古典自由主义的批评者们发现,古典自由主义过于强调个人。杜威不接受这种批评,原因是这种批评还不够大胆。杜威指出,"我们可以同样中肯地说,古典自由主义还不够'个人主义'。自由主义的哲学是,它使个人的解放获得了优先的地位,但是并没有促进所有人的全面自由"(LW3:100)。

在杜威看来,古典自由主义的谬误在于,它假设所有人都能同样利用现存的法律和制度。

> 因为从实际的角度来说,也就是从有效性的角度来说,权力和要求是相互影响的产物,而不是从人的本性的原始的和独立的构造中找到的东西。不管从道德上还是从心理上,仅仅去除障碍还远远不够。去除障碍仅仅释放了力量和能力,而力量和能力是由过去的历史事件分配的。就大多数人而言,这种"自由"的行为会导致灾难。不管从理论上的角度来说,还是从实践的角度来说,惟一可能的结论就是,应该把自由的获得看作是根据社会安排中正面的和建设性的变化而做出的选择来行为的能力。(LW3:100-101)

杜威认为,不能简单地看待人的自由问题(尽管杜威决不会把这个问题看作是一个简单的问题):它是"选择和畅通无阻的有效行为之间相互关系的问题"(LW3:104)。我曾经指出,杜威所说的"有效行为"实际上就是生产(pro-duction),也就是从技术上对问题的解决。因此,他对这一问题的解决方案是他的工具论的进一步表述。像有效控制环境这类成功实施的技艺,产生了更多的自由,因为它"扩展了行为的范围,而这种扩展反过来使我们的期望获得了更多的远见卓识,使选择更加理智"(LW3:104)。理智的一个重要组成部分就是把充满疑问和难题的情形**当作**充满疑问和难题的情形来对待的能力。

七

总的来说,杜威改造的必然性、因果性和自由这三个概念,完全推翻了马克思和埃吕尔思想中的素朴的实在论。杜威遇到的问题是,论证中所说的选择是否能被称作"超越性的"(transcendental)。提出这一问题的事实表明,在某种程度上已经实施了选择,因为就像"必然性"、"因果性"和"自由"这些术语一样,"选择"这一术语也是一个技术人工物,是在探究的情境中实施选择的过程中的产物。

但是,马克思、埃吕尔和温纳所提出来的更重要的问题依然存在。是否像科学的马克思主义者宣称的那样,存在技术发展的铁定的规律?是否像批判的马克思主义者宣称的那样,当代技术通过它的控制设施,极大地限制了人的自由?是否像埃吕尔宣称的那样,由于"技术僵局"的存在,使得人类的选择荡然无存?是否像温纳宣称的那样,由于技术选择的广泛性和复杂性,使得它脱离了政治的控制?

从杜威对必然性理论的批评中可以看出,他拒斥了所有认为历史中存在不可避免的规律的学说。除非杜威的批评至少从名义上让我们想到了包括一些历史决定论者在内的大多数世人所信奉的基本信仰体系,否则他的批评就可能被看作是对明显事实的无关紧要的表述。在世人最普遍盛行的理解中,基督教、马克思主义、犹太教和伊斯兰教都在一些固定不变的历史决定因素的基础上,有一些相信未来是可预测的衡量标准。在这些固定不变的历史决定因素中,有些是内在的,有些则被认为是由一个超越的上帝所强加的。

杜威拒斥了认为由于外在的超自然的力量导致了历史的总体方向的判断,不管这种超自然的力量是个人的还是非个人的;他也拒斥了认为历史呈现了内在的"动态"规律的判断,同时还拒斥了认为历史可以由"单一的"或"多元的"因素做出因果解释的判断。

对杜威来说,历史的判断仅仅是一种特殊的叙述说明,这种叙述的说明涉及到时间和空间关系。然而,从本质上来说,没有绝对的时间或空间关系。杜威举的一个例子就是我们所说的"拂晓"(daybreak)这一事件。"拂晓"可以指一个特殊叙述的"起始"、"终止"或一个中间点。它的地点完全是选择出来的,与"一个给定情形中的疑难属性给探究设定的客观意图"有关(LW12:221;LTI:222)。在杜威的另一个例子中,一座大山在一种探究中被认为是永恒不变的。然而,在另一种探究中,地质学家却把"同样"的一座山看作是产生、生长、成熟、衰退和死亡的时间序列的表现。总之,"事件"不是存在于自然之中,而是存在于判断之中。

然而,更明确地说,历史的判断提出了一个形式上受到限制、但却具有恰当逻辑性的问题。一旦理解了时间的连续性是作为定向探究的一部分生产或建构起来的,那么"关于悠久过去的持续序列的命题与关于现在和未来的命题之间是什么关系?包含在关于过去的公认的历史命题中的历史延续能否从过去中找到?或者这种历史延续伸展开来,包括了现在和未来?"(LW12:230;LTI:230-31)。

杜威对这些问题的回答是,这些历史的叙述包含了利害关系和主导的原则,当开始进行历史探究时,就有这些利害关系和主导的原则。所谓的历史的"铁定"规律,实际上是关于特定时期内获得的资料所做的判断,是在对特定时期和特定探究来说是重要的概念性材料和利益的基础上做出的。"不能从总体上书写历史。变化的节奏是选择出来的,材料是根据变化的方向按顺序归整的,而变化的方向规定了选择出来的节奏。"(LW12:234;LTI:234)

历史的判断就像其他类型的判断一样,是有选择性的。事实上,生产方式的进程是从更广泛的事件集合中提取出来的。在生产方式的进程中,像宗教活动、军事胜利和审美因素都参与其中。

在杜威看来,"历史"是一个含混的术语。它既是一组关于过去发生的事件的判断,又对这些事件进行了有目的的改造。历史的书写不可避免地将不能预测的事件当作了历史的一部分。历史的判断就像其他的人类构造一样,也是工具:它们是"把现有条件的力量当作未来潜力的工具。在某种程度上,对过去历史的理智的理解是把现在推向某种未来的杠杆"(LW12:238;LTI:239)。

从工具主义的视角来看,科学的马克思主义所提出的技术决定论的强硬主张,只不过是哲学谬误的另一个实例,也就是说把结果当作了前提。事实上,历史的"规律"就是刚才所描述的那种意思上的历史判断。它们不是**由**(by)探究产生的工具,而是**从**(from)探究中产生的工具;因此,它们只在那种有限的意思上才是必然的。它们不但代表了对过去事件和这些事件对未来重要性的部分理解,而且随着新的利益的出现和启用新的探究技艺,它们也不断地经受修正。

马克思在《资本论》中声称,技术更发达的文化是技术欠发达文化的未来图景。如果这一主张是有意义的话,那么这就意味着特殊的(尽管不必然是覆盖面很广的)决策总是由技术欠发达文化中的政治家和规划者,在从技术更发达的文化中收集到的信息(和错误信息)的基础上做出的。就像在所有类型的探究中经常发生的那样,权威的方法取代了实验的方法,成了解决疑难情形的方式。

这种现象的一个具体例子就是所谓的"绿色革命"(green revolution)。科学的马克思主义者认为,生产关系和社会关系完全是由特定的生产方式决定的。如果他们的观点是正确的,那么就可以准确地预见到墨西哥和巴西在应用美国的大规模耕作模式后所带来的后果。事实上,目前美国的机械化耕作技艺增加了产量,带来了更充足和更廉价的粮食。㉚ 然而在墨西哥,自从引入大规模耕作之后,产量实际上却下降了。墨西哥拥有大量的廉价劳动力,每年的人均收入比较低。自从经过"绿色革命"之后,墨西哥在历史上第一次成为了粮食的净进口国。正如一位批评家所指出的那样,耕作(或者大规模的、适度有效的粮食生产)代替了园艺(或者小规模的、高效的粮食生产)。由于放弃了传统的小块土地上的园丁职业,这些以前自食其力、从事生产的农村穷人变成了城市贫民。他们为了生计,要依赖不稳定的、无法维持的进口和贸易平衡。这种模式如今又在巴西重复发生,由此导致的后果甚至更加具有破坏性。

这并不表明行为的后果不能够预测;很明显,行为的后果是可以预测的。此外,杜威不厌其烦地重复说,后果是可以预测和控制的,因为后果是技术探究的结果——这就是说,这是在杜威称作理论的那种实践情境中,意义的有目的的扩大和变量的可替换性的扩展导致的结果。然而,技术探究和技术控制应用了杜威所说的"检测和提示"(checks and cues),而不是必然的历史规律的运作。

杜威与科学的马克思主义者的区别是很明显的,不能相互调和。然而,当把工具论和批判的马克思主义者的观点并列时,情形就完全不

㉚ 然而,由于土地使用的问题,有些分析家对此很悲观,质疑这种模式还会持续多长时间,就此展开了很多争论。

同了。尽管科学的马克思主义者以物理学为范式,试图寻找一种关于历史规律的绝对的、去除了情境的知识时,批判的马克思主义却像工具论一样,强调知识的情境性和人的选择的重要性。批判的马克思主义者像工具论者一样;认为现有的社会制度是受历史制约的,这就意味着社会制度是人类社会的成员在过去做出的决策的结果,而不是铁定的规律的产物。因此,批判的马克思主义者和工具论者都认为目前的社会制度是能够改变的,以有利于未来的发展,而这种改变被视为人类活动的结果。

然而,工具论者和批判的马克思主义者最终还是有分歧的。简单地来说,工具论者强调的是能够带来社会变化的个人的活动,而批判的马克思主义者强调的是群体的活动。因此,对这两种理论来说,问题就不是对铁定的历史规律的解读是否相同,而是促进和导致理智的社会选择的实践是哪一种。正是从这种精神出发,批判的马克思主义阵营中的核心人物尤根·哈贝马斯(Jürgen Habermas)转向了交往理论。这种交往理论是从英国的分析哲学和美国的实用主义中发展起来的,尤其是奥斯丁(Austin)和米德(Mead)的理论。㉛

哈贝马斯和杜威都是非决定论者,尽管这是从两种不同的意思上来说的。哈贝马斯似乎满足于在决定论问题的范围内进行研究,就好像决定论的问题已经由传统的形而上学确定了一样,而杜威则试图根除这种形而上学的传统。还有一点也非常重要。批判的马克思主义者喜欢青年时期的马克思。青年时期的马克思把观念、范畴和制度都当作产品。杜威把这些产品当作工具,而青年时期的马克思却并不像杜威那样把这些产品当作工具。

至于埃吕尔所说的"技术的僵局",情形要更复杂一些,因为他的表述很模糊。从工具论的立场来看,埃吕尔的著作是一个代表了哲学家的谬误的最典型的例子。"技术系统"这种抽象的东西是根据内在

㉛ 里克·罗德里克(Rick Roderick)所写的《哈贝马斯和批判理论的基础》(*Habermas and the Foundations of Critical Theory*, New York: St. Martin's Press, 1986),是一本关于哈贝马斯理论的卓越的入门书。

的规律自发运作的,这种内在的规律是由"技术系统"本身产生的,只有掌握技艺的社会学家才能发现。

我相信杜威马上就会指出,"理性地获得的方法总体和在人类活动的每一个领域中拥有绝对的功效(对于给定的发展阶段来说)"就是埃吕尔对技术系统的定义。他或者把它当作一个"整体",或者把它当作一个"系统"。但是杜威认为,它仅仅是探究中的工具,而一直以来却认为它不仅仅是一个工具,而是在探究之前或先于探究所发现的本质。

如果认为埃吕尔所描述的情形是对技术方法具有有限制的可能性的经验概括,那么他的的观点就决不是一种技术决定论。从工具论的立场来看,这种对埃吕尔观点的解读就构成了一种主张,认为技术方法还没有充分地或适当地应用,一度曾经使用和不再适当的工具就成了累赘。对于工具论者来说,衡量技术方法的标准是意义的丰富和含义的扩展。杜威认为,丰富的意义和扩展的含义是理智选择的手段。

埃吕尔对技术(technique)和政治控制之间关系有两种想法。有时候他认为,技术控制集中在技治主义者(technocrate)的手中,这些人利用这种控制来提高自己的地位。杜威明确地把这种权力的集中视作技术控制的障碍。

在其他一些地方,埃吕尔认为技术系统本身就是权力的所在地,甚至选举出来的政客和技治主义者也必须服从这些规律。如果这意味着制度倾向于变得僵化和顽固,那么杜威就会认为,这种情形将引发进一步的探究。如果这意味着有一个积极主动的非个人的力量在发挥作用,那么我们就又一次犯了哲学家的谬误。

还有另一种解读埃吕尔的可能性。我们可以认为,某一些技术形式不仅倾向于限制选择,而且把选择已经被限制的意识也给抹煞了。但是,即使这种描述是正确的,这也并不意味着有历史的或技术的"力量"在发挥作用,恰好人类选择了工具来遵照这些"力量"的命令行事,而这些命令是危险的、甚至具有潜在的灾难性。这种解读方式起码指出了一个事实,那就是它所描述的情形最多只是一种趋势(用杜威的话来说,这仅仅是一个范围更广的事实),但决不是一种必然性。

八

尽管温纳借用了马克思和埃吕尔的一些观点,但是杜威的工具论对马克思和埃吕尔的那种批评却不适用于温纳的"自主化技术"的理论。这是因为温纳把技术视为一种"生活方式"的观点来源于维特根斯坦,而就像我已经指出的那样,维特根斯坦的著作和杜威的著作有很多类似之处。

温纳和杜威都认为,"直线工具论"是不适当的。他们都拒斥了认为技术控制仅仅是使用所需的恰当政治工具来实现预先选择出来的目的观点。他们都认为手段和目的是相互渗透的,他们甚至还认为,一种情形中的技术决策的**结果**,对于另一种背景中的技术决策来说,总是它的**条件**。就像此前我指出的那样,温纳甚至还给这种现象起了个名字:他称此为"反转的适应"。例如,森林砍伐是 A 国技术决策的结果,但却是 B 国技术决策的条件。

当代人察觉到他们所处的情形表现出高度的复杂性,他们生活于其中的系统是不连贯的和无法控制的,但是温纳似乎认为,现代人感觉到的这些不安是发达技术社会独有的特征。他也认为这种复杂性表明技术没有一个"核心"。

我认为,杜威会指出,显现出来的复杂性不仅是技术社会所具有的,而且像希腊城邦这样的小型政治实体也具有这一特征。杜威在讨论雅典城邦的社会组织时强调,大部分雅典城邦的居民肯定也有这种无能为力的感觉。有一种不同于杜威的解释说,雅典人面对的问题不是因为他们所处情形太复杂,而是因为政治权力是以一种落后的方式实施的。但是,在像阿里斯托芬(Aristophanes)这样的局内人看来,复杂性恰恰是雅典的"阿喀琉斯之踵"(Achilles heel)*。在阿里斯托芬的笔下,雅典人喜欢公开辩论,无可逃避地深陷于他们的经济和军事帝国主义的罗网之中。如果温纳认为技术没有"核心",那么我认为杜威

---

* 意为致命的弱点。——译注

会指出,希冀技术有一个"核心"就犯了以前所说的哲学家的谬误。

温纳担忧各种类型的设备所具有的隐藏的复杂性。他认为,我们不能理解我们的机器是如何运作的,这只是个人的自由在发达技术社会中受到压制这一更严重问题的重要组成部分。例如,计算机令人惊骇的速度和能力使用户产生了依赖性。内部构造的界面不友好;一些机器编码归个人所有,公众无法获取。

至少在这个问题上,杜威的看法完全不同。他不断地指出,复杂性仅仅是可资利用的技能和对需要关注的情形的把握程度之间的功能关系。就我所知,杜威决不会反对任何工具本身的引入;然而,他确实警告说,在充分地研究新工具之前,对新工具的可能使用方式的探究经常被终止。

在杜威职业生涯的早期阶段,电话还是个新奇的工具。19世纪90年代的电话对于它们的用户来说肯定显得很复杂,这就像现在的电话对我们来说也很复杂一样。如今,修理电话需要特殊的技能和工具。然而,杜威不是把电话视为一种障碍或危险,而是看作增加交流的巨大潜能的载体。

温纳认为,电子文化的隐藏的复杂性导致大量的权力集中在少数人手中。我们同样也可以质疑他的这个观点。勿庸置疑,权力确实集中了,但是电子化的交流已经给文化和政治权力的重要部分造成了分散化的效应。像黑人、西班牙裔、男同性恋者和女同性恋者这些少数派群体已经能够相互交流,让更多的公众了解他们的状态,而在没有电子化交流之前,这是不可能做到的。即使在地方口音这种常见的问题上,电视似乎也已经消除了说非标准化的美国英语所带来的羞耻感。另外,在美国历史上,从来没有像现在这样,对提倡多元利益的地方"支援"团体(local "support" groups)这么感兴趣。

如果我们用杜威的"习惯"和"制度"这些术语代替温纳所说的"技艺",那么两个人都主张,增进人类的自由就在于不断地改造和重新评价以前决策的结果,以便根据重叠的环境需求维持适当的调整。这项任务很难实施,因为一般来说,特殊的工具受到已经成形的"菜谱"(cookbook)技巧的支配,它们习惯上与特殊的任务相匹配,在这种情形下容易采取那些不能充分进行调整的解决办法。在这些情形中,有一种利用现有的工具应付过去的倾向,而不是开发出新的工具解决困难的任务。直线工具论的一个主张是,它仅仅是一种不太严格的方法,而不是杜威和温纳所青睐的那种动态的工具论。

因此,对杜威和温纳来说,影响技术选择的最顽固的障碍是用习以为常的方式来使用一系列的工具、技能、制度和设备。但是,与此同时,杜威和温纳都认识到,技术政治的惯性也不是一无是处。如果不付出努力,也不会形成习惯、制度、法律和"菜谱"式的技术使用方法(cookbook technical recipes)。杜威把这种社会习惯的整体称为技术文化的"飞轮"和"发条"。杜威和温纳都认为,这些社会习惯经常导致技术文化不能开发和利用一些技能,以便发现疑难情形的问题所在。同时,这些社会习惯也倾向于保护阶级和经济的利益。

对于一位没有批判性眼光的读者来说,他可能觉得温纳似乎主张,技术必须像以前那样屈从于政治意志。例如,温纳曾经说,技术必须受到"民主制度的政治智慧的规训。"㉒从表面上来看,温纳的观点与杜威的观点相抵触。杜威认为,不管民主制度具有何种智慧,它本身是一种技术人工物。在物质生活的领域中,民主制度受技术进步的制约,从理智的技术实践中产生最终的目的。

但是,如果仔细阅读就会发现,温纳和杜威的观点很相似。人类的生产并不是有技术和政治这两种模式,技术也并不是从属于政治。把技术和政治割裂开的并不是温纳,而是直线工具论者。狭隘地将"效率"确立为至善(summum bonum)的不是温纳,而是直线工具论者。用温纳举的一个例子来说,事实上,产生尽可能便宜的电力从更广义的角度来说效率并不高。通常贴上"政治"标签的社会成本实际上是更复杂的技术情形的组成部分。温纳像杜威一样,认为如今的美国除了一部外在的政治宪法外,还有一部隐藏的技术宪法,但是由于直线工具论所接受的政治学说,它倾向于抹杀这一事实。温纳还是像杜威一样,认

㉒ Langdon Winner, *The Whale and the Reactor* (Chicago: University of Chicago Press, 1986), 55.

为古典自由主义和马克思主义对技术的看法中都存在一些缺陷,因为它们都把物质上的丰富当作人类自由的充分条件。

然而,温纳确实认为一些技术问题太复杂,难以解决。这一点确实是实情,因为目前的投资规模太大。至少在这方面,温纳比杜威悲观。然而,温纳的著作却为他所阐发的观点提供了一个绝好的反例。纽约的政府官员已经采取步骤,购买和关闭肖哈姆核电站*。促成这一举动的是一个复杂的技术问题,也就是说,核电站的建造者无法制定出事故发生时的恰当的疏散步骤。与长岛居民的安全相比,甚至40亿美元的投资最终也显得不重要了。有些人会指出,这是一个将技术产品置于政治控制之下的例子。但是杜威将会指出,政治探究就像其他形式的探究一样,是技术性的。在下一章中,我将给出杜威之所以这样说的理由。

---

* 肖哈姆(Shoreham)核电站位于美国纽约长岛,1989年就已经竣工,但由于当地居民的反对,从未投入过使用。——译注

第七章　公共体即产品

哥伦布只是在地理上发现了一个新世界。现实中的新世界是在过去的一百年里建立的。蒸汽和电力改变了人类的交往方式，它们的贡献比此前所有影响人类关系的力量还要大。有些人指责我们使用蒸汽、电力和机器所带来的罪恶。有一个恶魔或救世主来承担人类的责任总是很方便。事实上，问题来自于与技术因素的运作有关的观念和这类观念的缺失。（LW2:323;PP:141）

简单地说，工具和设备决定职业，而职业决定相关活动的后果。职业在决定后果时，就为公众制定了不同的利益，而这些利益是由各种类型的明确的政治行为来关照的。（LW2:263;PP:44-45）

民主是相信人类的经验有产生目标和方法的能力，借助于这些目标和方法，进一步的经验将有秩序地扩充。（LW14:229）

一

不管在民主社会中还是在极权社会中，公共问题已经以各种方式与技术的发展、实施和前景联系起来，这是当代生活的一个无可辩驳的事实。尽管社会形态各异，但这一点却是社会的普遍特征。不管在信仰马克思主义的东方还是在信仰放任主义政策的资本主义的西方，也不管在发达国家所在的北半球还是发展中国家所在的南半球，如今的公共问题几乎普遍根源于技术和需要从技术上加以解决。

在杜威的长期职业生涯中，他一直关注公共问题的技术维度，就此出版了大量著作。他在这一领域中的著作包括《公众及其问题》（*The Public and Its Problems*, 1927）、《新旧个人主义》（*Individualism Old and New*, 1930）、《自由主义和社会行动》（*Liberalism and Social Action*,

1935)和《自由与文化》(*Freedom and Culture*, 1939)。这些著作写于两次世界大战之间。但是,早在出版这些著作之前,杜威就积极参与社会问题。①1888 年,杜威在密歇根大学"哲学联盟"(Philosophical Union)上的讲座题目是"民主的伦理"。在 19 世纪 90 年代,杜威还是知识分子运动的积极参与者,正是这一运动使得 20 世纪 10 和 20 年代成为一个进步的时代。

杜威在这个领域中的著作受到了他亲身经验的影响。从 1894 年到 1904 年,杜威在芝加哥大学任教十年。芝加哥在当时被认为是"美国激进思想的中心"。②在这期间,杜威还参与了简·亚当斯的赫尔福利院*的活动。其他的参与者还包括恩格斯著作的翻译者弗洛伦斯·凯利(Florence Kelley)和揭露美孚石油公司(Standard Oil)丑闻的亨利·德马雷斯特·劳埃德(Henry Demarest Lloyd)。1916 年,杜威出版了《民主与教育》(*Democracy and Education*),这部著作的基本内容构成了他后来的公共哲学。

就像杜威在关注其他领域时一样,他关注公共领域的目标是去除神秘化。与杜威同时代的人都认为,两种极端的立场之间是不可通约和不能协调的,需要信奉其中的一种。但是就像在其他领域中一样,杜威要在公共领域的两种极端立场之间,建立一种替代性的选择。很多与杜威同时代的人觉得,或者选择共产主义,或者选择放任主义的资本主义,作为他们推行的政治和经济的意识形态。与这些人不

---

① 杜威在 1886 年与哈里特·艾丽丝·齐普曼(Harriet Alice Chipman)结婚。她无疑对杜威将注意力转向这个方向起到了作用。参见 George Dykhuizen, *The Life and Mind of John Dewey*, Jo Ann Boydston, ed. (Carbondale and Edwardsville: Southern Illinois University Press, 1973), 53ff.

② Lewis S. Feuer, "John Dewey and the Back to the People Movement in American Thought", in *Journal of the History of Ideas* XX (1959), 553.

* 简·亚当斯(Jane Addams, 1860—1935)是美国社会改革家、和平主义者。她于 1889 年在芝加哥建立了贫民福利与教育中心——赫尔福利院(Hull House)。1931 年,她因倡导童工法例、保障移民权益、改善房屋和医疗制度、促进老人福利等社会改革而获得诺贝尔和平奖。——译注

同,杜威拒斥了这两种选择。③

就像在其他领域中一样,杜威在公共领域中的方法也被极大误解了。例如,赖特·米尔斯是左派中批评杜威的人,他指责杜威没有以一贯之的政治立场,是一位"中立的政治家"④,最终也没有接受"意气风发的、有组织的政党内部和政党之间所进行的各种行动。"⑤杜威认为,理智可以在复杂的政治组织的层面上发挥作用。米尔斯认为这种想法太天真,也很危险:米尔斯从马克思和韦伯的思想出发,把政党视为从事社会斗争的组织。"政党的理论(例如纲领)必须是独断的,这不仅是因为要在一个高速的大众传播时代确保政党成员的统一性,而且因为政党是组织。有些政党成员是负责人,因此就不允许他们以'自由'和'理智'的方式考虑个别的问题。"⑥这种批评类似于莱茵霍尔德·尼布尔对杜威的批评。杜威的很多读者认为,这种批评损害了杜威的政治理论。随后我将再来讨论米尔斯和尼布尔针对杜威所发动的攻击。

二

在杜威的社会和政治哲学中,哪些主题在他对技术的批判中发挥了作用? 他对技术的批判为我们在社会和政治问题上采取的行动提供了哪些指导?

首先,杜威拒斥了各种形式的社会契约论。他认为,以前的社会契约论没有提供它们所寻求的因果解释。现在的社会契约论总是被视为一种假定的"限制",但即使这样,它也没有发挥任何有效的作用。杜威从观察中得出结论说,对"形成国家的力量"的寻求无一例外地会导致神话。往好里说,这没有任何帮助;往坏里说,这会造成误导。对社

---

③ 杜威也预见到,斯大林的共产主义和20世纪30年代欧洲的各种法西斯主义有某种相似性。他在《我为什么不是一个共产主义者》(Why I Am Not a Communist, 1934)中对此立场有所表述
④ C. Wright Mills, *Sociology and Pragmatism* (New York: Oxford University Press, 1966), 394.
⑤ 同上。
⑥ 同上。

会和政治活动的探究,就像其他类型的探究一样,必须直接切入主题(*in medias res*),从人类发现自身的地方开始。无论这是如何实现的,不可避免的事实是,个体的活动和群体(group)的活动都会对自己和他人产生后果。

一旦认识到这一点,就要寻求手段来控制结果:确保某些结果的出现和避免另外一些结果的出现。正是为了这一目的,人类才开发和使用包括各种工具在内的人工物,也正是在这种情境中,一旦面临人类的社会和政治生活,它才是技术的,也就是生产性的(pro-ductive)和建构性的(con-structive)。

就像杜威在批判传统认识论时避免实在论和观念论的极端一样,他也通过批判传统的社会和政治理论,避免各种马克思主义学说中的绝对论(absolutism)和西方大部分政治理论中的原子论(atomism)。只需要研究一下过去二十多年里,在社会和政治哲学领域中出版的最有影响的著作,我们就会搞明白,杜威的纲领仍然没有被视为对他的前辈和他的(或者我们的)同时代人的一种批判。

例如,约翰·罗尔斯(John Rawls)对社会契约论进行了高度抽象的改造,他的理论与传统的社会契约论产生了断层。杜威认为,如果脱离了传统的社会契约论,就会削弱洛克和卢梭的社会契约论。⑦ 另一个有影响的例子是罗伯特·诺齐克(Robert Nozick)对绝对自然权利理论的改造。⑧ 用前面引用的杜威的话来说,诺齐克的理论就是一个"神话"。罗尔斯和诺齐克都认为,从逻辑上、本体论上、也许还从历史上来说,个人都先于和独立于人类社会。早在半个多世纪之前,杜威就极力反对这种立场。杜威把这种立场当作天真的实在论的一个实例。杜威认为这种天真的实在论是无法接受的,会导致哲学的谬误。最公正的观察者也会把这些著作视为 20 世纪 70 年代到 80 年代的古典自由传统中最有影响的著作。值得注意的是,这些重要的政治哲学著作都

---

⑦ John Rawls, *A Theory of Justice* (Cambridge: Harvard University Press, 1971). 参见该书的第 11 页:"我的目标是提出一种正义的概念,这一概念将我们熟悉的洛克、卢梭和康德的社会契约论,提升到一个更高的抽象层次上。"

⑧ Robert Nozick, *Anarchy, State, and Utopia* (New York: Basic Books, 1974).

没有考虑到活生生的、做出决策的人所处的具体的历史和文化情境。这些著作好像都认为,政治探究的目的可以一劳永逸地确定下来,问题只是找到恰当的手段实现这些目的。换句话说,这些著作都赞成兰登·温纳所说的"直线工具论"。用另一种方式来说,值得注意的是,罗尔斯和诺齐克似乎都没有考虑到群体生活中的技术因素。

至于马克思主义的思想,情况稍微复杂一些。在过去的几年中,"科学的"马克思主义逐步衰落,与此同时,"批判的"马克思主义处于上升阶段。不但像尤根·哈贝马斯这样的马克思主义的理论家,而且像米哈伊尔·戈尔巴乔夫(Mikhail Gorbachev)这样的具体掌握政治权力的马克思主义者,都逐步转向了流行的"实用主义的"立场。这通常意味着僵化的意识形态已经开始屈从于更加富有弹性的交流互动的政治,集中控制已经开始让位给文化多元主义的新形式,个人崇拜已经开始被实验主义所取代。

因为杜威对在社会和政治领域中能够做什么事情和应该做什么事情更感兴趣,而不是试图对这些问题进行本体论的分析,所以杜威认为,私人领域和公共领域之间的**功能性**划分,要比长期以来在"个人"和"社会"之间所做的**结构性**划分更重要,而法兰克福学派的成员、罗尔斯和诺齐克的研究就是围绕着"个人"和"社会"之间的**结构性**划分展开的。杜威认为,"古典"经验主义者和现代经验主义者提出的个体性概念是一个空洞的抽象。杜威指出,只有当把人从历史和文化的情境中抽象出来之后,才能从个体性的角度来认识个人。在人与人之间没有交往的自然状态下,个人无法认识自己,也不可能认识自己。个人也不是脱离和独立于人类社会的绝对的自然权利的承担者。个中原因是技术性的。在交往之前,不会有个人的存在,因为交往是一种技术人工物,这是意识到自己是一个个体的必要条件。

杜威对传统的"个体—社会"问题的改造,让我们想起他对"身—心"二元论和因果关系的批判。只有当首先错误地把两个极端分离之后,才会有调和这两个极端的问题。群体之间可能相互对立,个人之间也可能相互对立。个人可以根据相互冲突的身份、角色和义务,将自己归入不同的阵营。但是,如果把这些事实作为基础,从而把"个体"和

"社会"实体化,将它们作为根本上相互对立的实际存在物,那就会造成杜威所说的"虚假"问题。"因为**一个**个体可以脱离这个群体、那个群体和其他的群体……这就会在头脑中造成一种印象,以为剩下来的个体完全不属于任何组织。从这一前提出发,而且只有从这一前提出发,才会产生个人如何在社会和群体中合成一体的虚假问题:这样一来,**这个**个体和**这个**社会是相互对立的,于是就有了'调和'它们的问题。与此同时,真正的问题却是使群体和个人相互适应"(LW2:355;PP:191)。

杜威认为,从经验上来讲,很明显的一点是,个人只能在社会母体中发现自己,个人实际上也能做出这种发现,而母体的联系是技术性的;这就是说,母体中包含应用和享用的人工物。人类只有通过技术人工物才能**将意义赋予**世界;只有借助于技术人工物,共同体和个体性才成为可能。因此,"个体"和"社会"的概念是从语言的和其他技术性意义的丰富情境中抽象出来的。无论从历史上、本体论上还是从逻辑上来说,个体或社会的概念都不是源发的。杜威甚至说,"个人和组织的关系问题——有时候可以称为**这个**个体和社会的关系问题"是一个没有意义的问题(LW2:278;PP:69)。

杜威指出,"社会"这个术语没有单一的指称。他认为,"因为除了(一种)模糊的重叠外,没有一个能被称为社会的**东西**,所以,'社会'这个术语上没有附加的褒意"(LW2:279;PP:70)。这段话与后来维特根斯坦所说的普遍性的"家族相似"(family-resemblance)理论有着惊人的相似性。

"个体"和"社会"这对概念通常是马克思主义和古典自由主义的放任主义的社会理论的工具,杜威在放弃了这对**结构性**的概念之后,代之以"私人"和"公共"这对**功能性**的概念。作为功能性的概念,杜威把什么是私人的和什么是公共的当作工具,用来处理"个体"和"社会"这些概念因为带有本体论的赘庸而无法处理的疑难情形。杜威是根据控制来描绘公共和私人的:"私"人是那些失去公共立场的人,而一个公共体(public)包括"所有受到交往的间接后果影响的人,由于受到这些后果的影响,所以必然有系统性地关心这些后果"(LW2:245-46;PP:

15-16)。

事实上,每个人都与其他人有联系,这意味着人的出生和成长都依赖于原先有效的人类联系。但是,可以合理地设想,人与人之间的联系也就意味着人类所欲求东西、盼望的东西、看重的东西以及他们能够成为的东西,都受到物质条件的约束,这些物质条件包括在人类群体这一人类技术成就的母体中的身份和参与。⑨ 与此相反,任何群体和任何**新的**观念所承担的新奇行为,总是具体个人的行为。"每一个不被既有信念所认同的关于事物的**新**观念和概念,必然源于个人"(MW9:305;DE:296)。对杜威来说,对比个体和群体是没有意义的,因为(完整意义上的)个人都与其他人有联系。在那些具有生产性和创造性,从而能够对群体生活有贡献的个体,与那些没有生产性和创造性,从而不能为群体生活做出贡献的个体之间进行对比,才是有意义的。因此,"公共行为要实际替代的不是个体的深思熟虑的行动,而是个体的墨守成规、冲动和其他未加以思考的行动"(LW2:247;PP:18)。

诺齐克和罗尔斯都认为,主要的斗争是个体与其他个体之间、或者个体与社会群体之间的斗争。与此相反,杜威认为,"人实际上并没有采取脱离自然和其他人的荒谬举动。他们努力在自然和社会**之中**争取更大的自由。他们想获得更大的力量,以改变物和人的世界;他们想获

---

⑨ 在写作本章时,《纽约时报》(*New York Times*)提供了一个"公共—私人"的功能性划分优于"个体—社会"的结构性划分的绝好例证。美国最高法院要求判决只准男性入会的大型私人俱乐部是否仍然能够拒绝妇女入会。俱乐部的会员认为,这是一个个人权利的问题,社会无权废除这些权利。那些允许妇女入会的人认为,这完全不是一个个人与社会的问题,而是外界是否普遍认为"私人"俱乐部事实上就是这么做的。最高法院判决说,包括"世纪俱乐部"和"大学俱乐部"在内的俱乐部,只在名义上是私人的,这就是说,俱乐部的功能主要是公共的。《纽约时报》报道说(1988年6月21日国内版第12页),"最高法院大法官怀特(Justice White)的裁决解释说,根据美国宪法第一修正案(First Amendment),有些俱乐部有权区别对待入会人员,特别是这些俱乐部能够证明,组建俱乐部主要是出于宗教的或言论自由的目的,或者俱乐部的成员不将俱乐部用于职业的或专业的讨论场所。"

《纽约时报》同时还指出:"纽约的法律规定,俱乐部不'完全是私人的'。因此,如果俱乐部的会员超过400人,提供正常的饮食服务,非会员'为了洽谈贸易或生意'而使用了俱乐部的设施,俱乐部通常会收取费用,那么根据纽约1965年的人权法,俱乐部就是'公共的住所'。"

得更大的活动空间,由此在包含于活动中的观察和观念上获得更大的自由。他们不想脱离世界,而是希望与世界有更紧密的联系"(MW9:302-3;DE:294)。

社会和政治理论认为,最主要的张力一般存在于个体和群体之间。但是,杜威却认为,这种张力存在于私人和公众这一个性质上完全不同的空间中,它是根据所采取的行为所导致的后果来表述的。友谊、宗教联系和职业组织就是群体的例子,从表面上来看,这类群体"仅仅"是社会性的,这就是说,从非政治性的意思上来说,它们是社会性的。这类群体的最基本的活动都在内部开展,产生的影响不会逾越自身的界限。但是,这类私人群体也可能开展另外一些活动,这些活动的结果会不断地超出它们当下的身份和利益的限制。当这种情况发生时,就会形成各类公共体。⑩ "各式各样的关联行为都对那些没有直接参与这些行为的其他人,产生广泛和持续的影响,这就是国家这一公共体的特征"(LW2:252;PP:27)。

公共体要有效率,就需要官员和代理人。当包括"国家"在内的各类公共体的官员和代理人,**代表**各自的公共体履行职责,他们就组成了有效率的和负责任的政府。名义上为公众服务的官员和代理人偷偷摸摸地或公开地牟取私人利益,这是大部分通常所说的"政治的"或"公共的"问题的根源。

按照这种分析,众多形式的政治组织就可以运行,以便执行对导致各种公共体(大型的公共体就是国家)组建的疑难情形的控制。因此,杜威就试图避免最正统的政治理论的僵化特性。"惟一能做出的声明是一种纯粹形式的声明:国家是通过官员来运作的公共组织,目的是为了保护组织成员的应得利益。但是,公共体是什么样的,官员是什么样的,官员如何恰当地执行他们的职能,这些问题都需要我们从历史中去

---

⑩ 在写作本章时,法院里发生了一件与这一现象有关的有趣案例。《纽约时报》(1988年6月21日国内版第13页)报道说,主张堕胎的人试图获得"教会的记录,以便在诉讼中剥夺教会免税的权利。这一群体指责罗马天主教会非法使用免税的收入,支持那些反对堕胎的政治候选人"。当然,这个问题在一定程度上使普遍认为是"私人的"组织成了公共体,因此就要遵守其他公共组织的规则。

探询……不存在一个**先天**(a priori)的规则,使得遵从此规则就能建立一个好的国家"(LW2:256;PP:33)。

因此,杜威对国家的分析就完全不同于亚里士多德的分析。例如,杜威的分析试图确定任何特定的国家能够变成什么样,而不是试图确定国家是什么,并因此把国家置于何种范畴之内。但是,如果杜威没有关于国家的本体论,他却具有一种明确的方法论,有一个明确的"确定一个特定的国家有多好的标准"(LW2:256;PP:256)。一个国家要根据组织共同体来解决疑难问题达到何种程度来衡量,要根据公共官员的能力和在实际中对公共利益实施有效的控制达到何种程度来衡量。

从"民主"的意思上来说,有效执行这一功能的国家被称为"代议制的"国家。当一个公共体"采取特殊的标准来衡量(公共利益和私人利益之间的)冲突是否最小化和代议制的功能是否压倒了私有功能"时(LW2:283;PP:66-67),国家就形成了。并不是每一个社会都是一个国家,有了民主当然也不一定就是一个国家。实际上,在杜威看来,国家相对来说是最近才发展起来的。当一个公共体有了充分的自我意识,能够通过官员建立和保持调节的功能时,国家才开始形成。

在杜威的理论中,国家的形成和维持不需要神圣的目标,不需要盲目遵从国家创立者的"最初意图",不需要像社会契约这样的神秘的因果力量,也不需要一些取代国家的神秘力量,像雅克·埃吕尔这样的理论家把这种力量有系统地实体化,并且命名为"技术的"力量。

杜威认为,这些研究社会和政治问题的方法都是消极的和毫无生气的:每一种方法都不能为未来的行为提供有意义的、可检测的和自动调整的规划。在杜威看来,像国家这样的公共体,是一种在官员领导下的特殊的公共体,目的是为了**确实**保证对疑难情形的更有效的控制。国家是一种社会探究的手段,是由选民来实施的,也是为了选民而实施的。国家就像其他的工具和器具一样,是一种建构起来的人工物。国家的本质在于它的功能。社会的文化历史不同,国家的功能也就不同。对于一个给定的社会来说,国家的功能也要根据条件的变化而改变。

在这些变更的条件和正在发生变更的条件中,变化是相对于物质文化的变化。如果国家这样大型的公共体是由更小的公共体的形成而造就的,那么这些更小的公共体就是由选民的职业造就的。职业与文化形式有密切关系,这就是说,与各种工具的使用有密切相关(LW2:263;PP:44)。

因此,杜威的国家观明显不同于本质主义的国家观;本质主义认为,国家具有一种源初的本质,或者国家是有机地发展起来的。杜威明确地指出,国家是一种技术人工物;在国家建立起来之前,不可能找到或发现国家这样的东西,国家也不是武断的习俗意思上的发明⑪。国家不仅是建构起来的(construct)的,而且需要不断地重新建构(reconstruction)。杜威使用的"建构"和"改造"这两个术语,都具有丰富的意思。

三

杜威认为,自洛克(就像我此前指出的那样,现在这个名单上应该包括罗尔斯和诺齐克)以来,主张放任主义的自由思想家们提出的理论,很大程度上忽视了技术设施的历史,也忽视了技术设施对公共体的产生和运作所施加的限制。古典自由主义者的最初想法是好的。现存的教会和政治制度已经变成了实施理智选择和有效行为的障碍。但是,对目前权威的反抗是根据另一种权威来表达的,那就是保护个人的基本权利和能力。这种权威更原始、更神圣和更加不可剥夺。"因此,'个人主义'就诞生了。这种理论把与生俱来的或自然的权力赋予那些脱离任何组织的单独个人,除非这些组织是出于自身的目的而有意识地建立起来的。对旧有的、受限制的组织的反抗,被理智地转化为独立于任何组织的学说。"(LW2:289;PP:86-87)在洛克的著作中,政府的惟一目的变成了保护个人的自然权利。

这种政治学说无疑脱离了它的更广泛的文化情境。当时,从这种

---

⑪ "习俗所采用的特殊形式不是固定的和绝对的。但是,一些习俗形式的存在,本身不是一种习俗。习俗是所有社会关系的统一的结果。习俗至少是消除或减少摩擦的润滑剂。"(LW13:37;EE:67)

政治学中产生的认识论和心理学也存在这个问题。以笛卡尔和洛克学派为代表的 17 世纪的理性主义和经验主义,至少在一个基点上是相同的:从自我、独立的心灵和私有个人出发,寻找最终的基础。

杜威认为,这些思想家没有认识到,他们的立场导致了一个严重的后果,那些以各自的方式继续奉行这种政治哲学的人,仍然没有充分把握这一后果。这一后果就是,他们没有认识到,放任主义的自由的政治思想是受技术因素制约的。包括透镜和摆锤在内的机械设备已经开始有组织地使用。把简单的工具组织起来导致了机械生产;而机械导致了新的贸易形式的建立。

杜威着重谴责了他的同时代人中属于放任主义学派的成员。在《民主与教育》中,杜威把这一学派称为"过时的人道主义"。他指责他们"眼界中忽视了经济和工业的条件"(MW9:298;DE:289)。他认为,尽管这些人为大企业进行了无耻的辩护,但是具有讽刺意味的是,他们却没有研究企业和工业在历史上的变化对形成他们自己的观念所造成的影响。社会契约论和政治原子论(political atomism)并没有产生新科学和个人主义的新形式。新科学和个人主义的新形式是随着"自由城市的兴起,运输、探险和商业的发展,生产商品和做生意的新方法的进化"而出现的(MW9:303;DE:294)。杜威甚至认为,伽利略、笛卡尔和他们的后继者们的方法,*类似于*借助实验手段已经在自由市场上开始得到检验的方法。

杜威还在放任主义的自由主义者那里发现了另一件更具有讽刺意味的事情。这些自由主义者认为,现有的制度阻碍了新的生产和分配形式,因此认为这些制度是不合理的。他们试图限制这些制度的运作。但是,他们为自己进行辩护的语言却是从过时的形而上学那里借来的"自然"语言。"自然的"规律、创造财富的规律、供给和需求的规律、脱离所有联系的个人权利的规律都被置于政治规律和制度的"伎俩"之上。

杜威认为,放任主义的自由主义兴起的环境,与 17 世纪科学兴起(这个问题在第四章中已经详细讨论过)的环境之间,有着明显的关联。在这两种情况中,对察觉到的问题都有一种实际的解决方案。但是与此同时，在这两种情况中，都试图借助一些理论为实际的、成功的和生产性的结果辩护，而这些理论又不切实际地依赖过时的和没有实际效果的形而上学学说。换句话说，在自由主义者和物理科学家这两个群体中，**生产**出来的东西和为这些东西提供理论描述和辩护的东西之间是不一致的。

为了解决察觉到的问题、为了扩大要解决的问题的范围、以及为了提出更具有工具性的科学概念，物理学家们有效地使用各种工具和设备。但是与此同时，物理学家也有一种关于固定的和完成的本质的反工具论的形而上学。自由主义者采取具体的行动，遏制过时的和不良的限制对技术生产和贸易的影响。从定义上来说，这些技术生产和贸易是人工的和工具性的活动。但是与此同时，自由主义者诉诸一种固定不变的和完成的本性，认为这种本性将一些同样固定不变的权利和能力赋予了所有的人。

从内在含意上来讲，杜威对这些问题的观点无疑是技术性的。现代形式的民主政府的兴起与洛克和功利主义的理论联系较少，与技术人工物的发展和大规模使用联系较多："不是源于理论，而是从内在过程中出现的东西，不但跟理论无关，而且也跟政治无关：概括地说，这是因为用于机械发明的蒸汽的使用。"（LW2：294；PP：95）

民族国家不是源于复杂和精致的政治理论，而是源于控制和调节新的技术生产形式的需要。"从以效忠传统为基础的家族和王朝政府向大众政府的过渡，主要是技术发现和发明的结果。这些技术发现和发明改变了将人们联合在一起的习惯。这不是源于教条主义者的学说。"（LW2：326；PP：144）

然而，这种控制并不一定总是能释放更多的技术进步。从人类历史上封建和半封建阶段继承下来的经济和政治控制的旧形式，倾向于妨碍对新浮现出来的问题的技术性解决方案。"产生民主政府的形式、普选权、以及由大多数人选举执政者和立法者的力量，也同样产生了遏制社会和人道理想的条件。社会和人道的理想要求把政府当作一种真正的工具，以便塑造出一个范围广泛的和友好联系的公共体。'人类关系的新时代'还没有对应的政治代理。民主共同体很大程度

上仍然是尚未成形的和没有组织的。"(LW2:303;PP:109)

四

赖特·米尔斯认为,杜威的社会和政治哲学是建立在农业和农村模式的基础上,因此不适用于全国性的企业和政治机构的问题,更不用说跨国企业和全球政治机构了[12]。尽管事实上杜威确实把原始的面对面关系作为他的交流理论和共同体理论的出发点,但是杜威在他的著作中也深入阐述了新技术创造新型共同体的方式。这些新型共同体的整体结构完全依赖于这些新技术。杜威在1927年写道:"我们现代的国家统一,是由于技术促进了舆论和信息的快速和方便地流通,以及技术造就了超越面对面交流的局限的持续的和复杂的交互作用。"(LW2:306-7;PP:114)因此,杜威在20世纪20年代就已经提出了马歇尔·麦克卢汉在20世纪60年代流行的观点:全球通讯创造了全球性的共同体,用麦克卢汉的话来说,就是"地球村"。与通讯技术的任何一个发展阶段相比,政治生活的形式总是滞后的。

在杜威的故乡佛蒙特州(Vermont)的伯灵顿(Burlington),1870年的外来移民人数差不多跟当地的美国居民一样多。[13]杜威在芝加哥的十年(1894—1904)和差不多在纽约的半个世纪(1904—1952),都是大量移民的时期。杜威认为,数百万人能够被吸收到美国的政治生活中来,却没有引起欧洲小规模迁移所导致的大规模动乱,这非常令人惊奇。他认为这很大程度上是由于先进的通讯技术。但是他也认识到,"大规模生产并不局限在工厂内"(LW2:307;PP:116),巨大的美国文化机器已经粉碎和消灭了丰富多样的生活形式。就像法兰克福学派的成员在后来所做的那样,杜威警告说,技术会有导致均一化、庸俗化和统治的危险。

---

[12] Mill (1966), 381.
[13] Earl James Weaver, "John Dewey: A Spokesman for Progressive Liberalism" (Ph. D. diss., Brown University, 1963), 3.

在杜威生活的年代中,有人就预言,爱尔兰人、波兰人、意大利人和犹太人移民美国的浪潮,将把大量异质的和未经消化的文化引入到他们来到的新大陆中。如今,面对新移民到美国的古巴人、墨西哥人、萨尔瓦多人、越南人和柬埔寨人,有人也发出了同样悲观的警告:杜威无疑是这些问题的冷静观察者,他认为这些悲观的预言者没有考虑到这种情形中的一个本质要素:"他们忽视了有助于融合的技术力量。"(LW2:308;PP:116)

就像40年后的麦克卢汉一样,杜威在20世纪20年代就清醒地意识到,更多的交流互动并不意味着就没有冲突。如果技术创新在一个领域中提供了融合的手段,那么在另一个领域中就会导致瓦解和分裂。构成一个公共体的因素,在其他地方通常会造成流动和分散,这是技术因素导致的后果。在悠久传统基础上结合在一起的共同体,可能被高速公路、桥梁、电话、电视或者(在美国阿拉斯加原住民的情形中)雪地摩托所分裂。体育运动、流行娱乐、甚至像汽车这样的技术人工物的纯粹审美的方面,在需要合作行为的问题上,可能无助于交流,而交流对于开明公共体的形成来说却是根本性的。

对杜威来说,共同体最终是一个"面对面交往"(LW2:367;PP:211)的问题。他认为,家庭和街坊四邻是辩论、教育和互动的最基本工具。以技术为基础的更大的共同体可能会充实地方性的共同体,有助于协调它们的关系,但是杜威认为,这并不能体现出共同体所具有的独特重要性。杜威就像爱默生一样,认为我们处在"一种无限理智的环境之中。但是这种理智是蛰伏的,理智的交流是破碎的、缺乏组织的和软弱无力的。只有当理智以地方性的共同体为媒介时,才能改变这些状况"(LW2:372;PP:219)。

杜威意识到,在引起对各种形式的社会组织的技术性的必要条件的关注时,他可能会被认为是一个决定论者。正是由于这个原因,他反复强调下述观点:"工业力量后果的实际发生,有赖于对后果有没有知觉和讯息,有赖于预见和这种预见对欲望和努力的影响。"(LW2:333;PP:156)与决定论者不同的是,杜威关注的不是**充分**条件,而是**必要**条件。"分析的目标将会表明,**除非**实施了确定的规范,否则共同体就不能作为一个实现了民主的公共体而组织起来。这并不是说仅有这些注意到的条件就足够了,而是说这些条件至少是不可或缺的。"(LW2:333;PP:157)杜威认为,对于"一个自由的、灵活的和多姿多彩的生活所需要的前提条件"来说(LW2:370-371;PP:217),机器时代是一个必要(而不是充分)的条件。

在杜威对公共生活的技术基础的所有论述中,他都拒斥了后来雅克·埃吕尔所采取的转向。杜威从来没有把技术实体化,技术对杜威来说,也从来不是使任何一种意识形态(不管是乌托邦还是敌托邦)成立的理由。他既没有把技术当作拯救人类的手段,也没有把技术当作最终毁灭的根源。杜威写道:"有一个恶魔或救世主来承担人类的责任总是很方便。事实上,问题来自与技术因素的运作有关的观念和这类观念的缺失。"(LW2:323;PP:141)

五

在前面的章节中,在谈到杜威的批评者认为他持有某种形式的技术决定论时,我充分讨论了杜威有关进化和进步的观点。现在需要在杜威对公共体及其问题这一范围更广泛的论述中,回顾一下杜威的进步观念。

杜威在为1912年到1913年出版的《教育百科全书》(*A Cyclopedia of Education*)的撰稿中,有一篇以"进步"为名的文章。就像"进步"(progress)的同义词"发展"(development)、"进化"(evolution)和"增长"(growth)一样,"进步"这个术语表明了一种连续性的累积变化。但是,破坏性的病毒就像健康的小孩一样,也能够发展、进化和增长。不同于其他近义词,"进步"同时也表明了朝向一种更值得期待的事物状态的改进或变化。

杜威把进步的观念追溯到弗朗西斯·培根。尽管连希腊人也有进化的概念,但是进步的观念对希腊人来说却很陌生。希腊人把欲望和需求当作是不完善的,而不是像培根一样,把欲望和需求当作改进的动机。培根把技术看作是进步观念的产物和来源。17世纪现代技术的兴起为改进会持续下去的期望提供了现实的基础。它为减少疾病、贫穷和独裁提供了前景。但是，它同时播下了不切实际的乌托邦梦想和千禧年规划（millennial schemes）的种子。

杜威明确拒斥了把进步的概念视为"自然的"或"自发的"的说法。他认为，进步的概念需要"训练过的理智和坚强的性格"，而"进步社会的存在有赖于教育资源"（MW7:333）。进步是通过解除过时的和不相干的习俗、惯例和习惯的限制来获得的。但是没有教育，这种不稳定的结合就会导致破坏性的和不受控制的结果。

杜威在一篇题目相同的长文中扩充了这些观点，这篇长文发表在1916年的《国际伦理学杂志》（*International Journal of Ethics*）上。这一年发生的事情也可能为杜威质疑进步的概念提供了理由：在这一年中，齐柏林飞艇首次在巴黎被击落*，德国军队首次使用了防毒面具和钢盔，美国军队入侵了墨西哥和多米尼加共和国。这些事情在很多学者那里引发了悲观和气馁，但是杜威却把这看作是一个机会，来重新强调不屈不挠地运用理智的必要性，以便确保持续的进步。

杜威认为，变化的速度不能等同于进步，单纯获得舒适和安逸也不能看作是普遍福利的标志。迅速的变化可能为进步提供**机会**，但是这本身不是进步。杜威提出的这一问题表明，他已经意识到当时欧洲进行的机械化战争不同于此前已有的战争，也比以前的战争更可怕。与杜威谈到的坦克和机关枪相比，他的问题更适合我们目前研究太空核武器的环境。杜威提出的问题就像杰瑞米·雷夫金（Jeremy Rifkin）最近对重组 DNA 研究的攻击一样新颖。杜威质问道："难道人类征服物理自然仅仅是为了释放他不能控制的力量吗？"（MW10:236）

然而，杜威没有像雷夫金经常做的那样屈从于卢德主义，他相信1916年发生的事件需要更多的努力、更多的计划和更多的责任——总而言之，要求更多的技术。这里所说的技术是从杜威改造过的意思上来理解的。只有和只要人们为实现进步而努力，进步的未来才能得到保障。技术的历史和现状既可以为进步提供合理的方法，也能为进步

---

* 原文中说齐柏林飞艇是在巴黎被击落的，可能有误。这里指的大概是 1916 年 9 月 3 日德军的齐柏林飞艇在对英国的空袭中，在飞越伦敦市区时被击落的事情。——译注

提供无数的例子：电话、灌溉和自动收割机提供了进步的具体例证，而开发这些技术的方法已经广为人知。那么，为什么不能将技术的方法用在我们所说的社会和政治的公共问题上呢？为什么不能把在科学和工业中取得显著成就的方法、关怀和精力，用来处理饥馑和营养不良、失业、无家可归、老年人和病人的社会保障问题呢？

一旦我们理解了杜威在两个极端之间所开辟的立场，我们就会很清楚，就像在其他地方一样，杜威的立场非常明确。在这个问题上，事实上杜威反对两对极端的立场。

第一对极端立场的一方是主张斯宾塞哲学的进化论者，他们的根本性隐喻是被动的适应固定的自然规律和逐步的有机增长。另一方是这一学派的其他成员，但是他们的根本性隐喻完全不同，是积极主动的"血腥"的斗争和进化式进步的不可避免的行进。⑭

杜威认为，斯宾塞哲学的进化论的分支赞成"事物已经完成，不承认任何变化"（LW4：195；QC：244），这种观点在斯宾塞那里体现得最明显。斯宾塞在1864年的《社会静力学》（Social Statics）中表达的意思似乎是说，未来已经是一件完成的事实。"从逻辑上来讲，完美之人的最终发展已经确定——就像我们从最盲从的信仰中所获得的结论一样确定；例如所有的人都会死……因此，进步不是偶然的，而是必然的。文明不是人为的，而是自然的一部分；自然的所有部分都像胚胎一样发育或像花一样开放。"⑮斯宾塞在1882年成功访问纽约时，他的影响达到了最高峰。那一年杜威刚开始他在约翰·霍普金斯大学的研究生学习。

斯宾塞的思想将会在美国成为他的追随者做出大幅度修正的对

---

⑭ 杜威在《确定性的寻求》中对这一极端立场的隐喻做出了回应。"道德和政治、技艺和美的艺术、宗教以及作为探究和发现的科学的含义，都发源于自然的固定的和不固定的、稳定的和危险的结合中，并从中获得意义。除了这种结合之外，不管是作为圆满完成意义上的'目的'，还是作为我们称作目标的可见可即的目的，都没有'目的'这种东西。只存在一个封闭的宇宙，这个宇宙或者已经完成，不承认任何变化，或者是事件的命中注定的行进。没有不存在失败危险的圆满事物，任何失败都有扭转的希望。"（LW4：194-95；QC：244）

⑮ 转引自 Richard Hofstadter, *Social Darwinism in American Thought*（Boston：Beacon Press, 1967），40n。

象,这一点也不奇怪。与产生斯宾塞主义的更稳定和更精致的英国环境相比,大西洋另一边发展中的、浮躁的和喧嚣的文化提供了一种稍微不同的环境。斯宾塞的观点在美国这个繁荣与萧条并存的工商业世界中,变成了最强者的生存学说。这类斯宾塞主义者包括耶鲁大学政治和社会科学教授威廉·格雷厄姆·萨姆纳(William Graham Sumner)和实业家安德鲁·卡内基(Andrew Carnegie)。萨姆纳认为,百万富翁是自然选择的产物,法律和权利与特定的文化有关,民主只是一种暂时的现象。⑯ 卡内基谈到了人"向完美进军"。⑰

理查德·霍夫斯塔特(Richard Hofstadter)在《美国思想中的社会达尔文主义》(Social Darwinism in American Thought)中认为,实用主义在20世纪头二十年(这段时期被称为进步的时代)成为美国主导哲学的一个原因是,它拒斥了保守的斯宾塞主义的进化哲学。⑱

> 斯宾塞把进化神化为一种客观的过程,认为周围环境可以决定一切问题,人类无力促进或转变事情的进程,社会的发展按照宇宙的进程,预先确定为朝向一个遥远的、但却安逸的极乐世界(Elysium)发展。通过把生活和心灵定义为内部和外部相一致的关系,斯宾塞把生活发展和心灵描绘为本质上是被动的代理。把这种方法用在社会领域中,就是他的渐进的宿命论。实用主义者开始对未来的社会后果没有任何特殊的兴趣,他们首先在个人主义的意思上看待观念的使用,但是随着时间的推移,他们转向了一种社会化的哲学理论。这种社会化的哲学理论采取的是杜威的工具主义的形式……实用主义对社会思想的一般背景的最重要的贡献,是鼓励了对观念有效性和新奇事物的可能性的信奉——这一立场对任何在哲学上保持一致的社会改革理论来说是必要的。正如斯宾塞代表了决定论和环境对人的控制一样,实用主义者代表

---

⑯ 转引自 Richard Hofstadter, *Social Darwinism in American Thought* (Boston: Beacon Press, 1967),60n.
⑰ 同上书,第45页。
⑱ 同上书,第123页。

了自由和人对环境的控制。⑲

尽管杜威在最早期的著作中就对斯宾塞和他在美国的信徒进行了抨击,但是只有到了1929年的《确定性的寻求》中,杜威才对斯宾塞哲学的两种极端立场进行了最清楚的阐述,并提出了他的替代立场。杜威指出,自然既不是固定不变的和静止的,也不包含任何不可避免的进程。只有通过人类的直接干预,才能把不稳定的变成稳定的。

> 自然的状况和进程产生了不确定性及其危险,这就像自然提供了安全和规避危险的手段一样真实。自然的特征就是经常混合着不稳定和稳定。这种混合才使生存(existence)凸现出来。如果生存完全是必然的,或者完全是偶然的,那么生活中就既没有喜剧或悲剧,也没有求生意志的需要。道德和政治、艺术(高雅的以及匠技式的)、宗教以及作为探究和发现的科学的含义,都发源于自然的固定的和不固定的、稳定的和危险的结合中,并从中获得意义。除了这种结合之外,不管是作为圆满完成意思上的"目的",还是作为我们称作目标的可见可即的目的,都没有"目的"这种东西。只存在一个封闭的宇宙,这个宇宙或者已经完成,不承认任何变化,或者是事件的命中注定的行进。没有不存在失败风险的圆满事物,任何失败都有扭转的希望。(LW4:194-195;QC:243-44)

另一对极端立场是托马斯·赫胥黎(Thomas Huxley)在1893年罗马尼斯讲座(Romanes Lectures)上发表的影响深远的《进化和伦理学》(*Evolution and Ethics*)中提出来的。赫胥黎接受了对进化论的霍布斯主义的解释,他把进化论称作"宇宙的进程",尽管有时候他也用"自然规律"这个术语。他反对的是他所说的"伦理的进程"。"伦理的进程"指的是人类对宇宙进程的人为修正,但是宇宙进程却处于人为修正这一伟大的人类规划之外。杜威对第二对极端立场就像对第一对极端立场一样没有耐心。事实上,杜威指责赫胥黎默认了斯宾塞所说的"乏

---

⑲ 转引自 Richard Hofstadter, *Social Darwinism in American Thought* (Boston: Beacon Press, 1967), 125n.

味的千禧年"(EW5:47)。

赫胥黎用花园作类比,试图支持他的二元论。种在一块土地上的植物在自然状态下就能生长,这是因为植物适应了它们特殊的环境。但是,当把植物移植到花园中,植物就被连根拔起,它们的环境就改变了。土壤由于施肥而发生了改变,围墙可能遮挡了花园里的阳光,花园的土地要定时浇水。在赫胥黎的类比中,花园处于自然之外,与自然相对立,这就像伦理进程处于宇宙进程之外,与宇宙进程相对立一样。技巧需要不断的关注,这是自然力量的一种障碍。[20]

杜威的论文《进化和伦理学》(Evolution and Ethics, EW5:34-53)发表在1898年的《一元论者》(Monist)上,那时正好是"进步时代"的前夜。这篇文章是对进步论者普遍反击反动的斯宾塞哲学的一次喝彩。这次攻击包含在进步论者为他们的社会议程而提出的进化隐喻中。杜威在这篇文章中改造了"适应"、"生存斗争"和"自然选择"这些术语。

杜威声称,赫胥黎用花园的类比建立起来的二元论令他震惊。他改写了这个类比来反对赫胥黎。赫胥黎的结论是,伦理的进程就像园丁从事的活动一样,包含了持续的关注和劳作。杜威在这一点上没有异议。用杜威的进步术语来说,缺少斗争无异于退化。

杜威反对的是赫胥黎认为伦理进程外在于自然进程的结论。杜威借用赫胥黎偏爱的隐喻,认为技术不是高于自然,而是自然进程的一部分。人类毕竟存在于自然之中,是自然的一部分。人类改变了环境,使环境更充分地服务于人类的利益。技术是利用环境的一部分来改变环境的另一部分。"园丁引入的植物和希望培育的蔬菜水果对这种特殊的环境来说确实是外来的;但是它们对人类的整个环境来说却不是外在的。他用阳光和水分这些技艺(art)条件来引进和养护它们,而这片特定的土地却不习惯这些技艺条件;但是这些技艺条件却属于整个自然的惯常做法和用途。"(EW5:37-38)

---

[20] Thomas H. Huxley, "Evolution and Ethics", in *Collected Essays*, vol. X (1902; reprint, New York: Greenwood Press, 1968), 46ff.

尽管杜威没有指责赫胥黎屈从于卡内基和洛克菲勒以及美国众多商业支持者所提出来的庸俗的进化论,但是他却认为赫胥黎的二元论抚慰了对粗俗个人主义的崇拜。杜威认为,如果要认真地看待进化,那么进化的"规律"自身也必须是进化的。

赫胥黎的二元论导致了他在两种意思上使用"适应"这个术语,一种是对自然进程的适应,一种是对伦理进程的适应。因为杜威不认同赫胥黎最初的二元论,所以他认为没有理由接受赫胥黎所说的两种意思的"适应"。如果认为"适应"这个术语也适用于人类出现之前的某些阶段,那只不过是自圆其说。"关于'适应'的条件,**现在**必须在包括所有的习惯、要求和理想的现存社会结构中来使用,而这些习惯、要求和理想就是在现存的社会结构中找到的。如果情况是这样的,我们就有理由得出结论说,'最适应整个状况的'就是最好的……不适应实际上就是反社会的"(EW:39)。

"适应"从两个方面来讲是工具性的。作为一个概念,它是作为更广泛的进化论的一部分发展起来的,它本身是一种工具,用来完成一些与特定的可见可即的目的有关的工作。另外,任何个人的适应是一个他或她适应已经发生变化和正在变化的条件的技能问题。如今在人类社会发挥作用的条件中,其中的一个条件就是需要团体的忠诚和团结。

赫胥黎还指出,与他所说的两种进程相对应,"斗争"也有两种意思。为生存的斗争发生在宇宙进程中,为幸福的斗争发生在伦理进程中。杜威认为,赫胥黎的区分不仅在人的生活中是无效的,而且在低等动物的生活中也是无效的。捕食绵羊的狼并不是为生存而斗争,而是**作为一匹狼**而生存。杜威假设,如果狼追求的就是生存,那么绵羊可能就跟狼妥协了,"甚至包括一碗偶尔才有的羊肉汤"(EW5:45)。不用过多想象就能看出,杜威对狼和羊的评论是在美国逐步修改反托拉斯法的背景下做出的,暗中参照了美国当时的经济活动。

杜威指出,人类世界中的斗争和低等动物世界中的斗争确实存在差别,但是这种差别却不是赫胥黎所说的那种差别。两者的差别在于,动物很大程度上是靠机遇来活动的,而人类拥有技术性的技能。理智和受控的预见,改造目前的习惯和制度的能力,利用一些像新的观念这样的人工物来操纵和改进像习惯和理想这类其他的人工物,这些构成了人类世界中的斗争。

杜威在最后将注意力转向了"自然选择"。尽管杜威认为赫胥黎在这个问题上的立场有些模糊不清,但是他却毫不犹豫地改造了这个术语。有些庸俗的斯宾塞主义者,也许还包括赫胥黎本人,都把自然选择当作一场生死考验,只有强者才能生存下来。杜威认为这种解释过于轻率。马尔萨斯(Malthus)认为,自然摆下的盛宴不足于招待所有请来的客人。杜威指出,马尔萨斯的观点可以用来解释一些物种的灭绝,但是却不能用来解释任何新的物种的出现。"标志进步的选择是一种**变异**,它**创造**了一种新的食物供给,或者扩大了原有食物的供给。如果变异有利于新的物种,那么变异引起的优势就体现在器官上,新的物种能够利用这些器官找到更多的食物来源、在原有的食物供给中找到新的供给、或者能够食用一些目前还没吃过的或陌生的事物……**新的物种意味着能够在不干涉其他物种的情况下适应新的环境**……自然选择中未曾书写的篇章是环境的进化。"(EW5:51-52。黑体为原文所有)

因此,杜威在1898年就赞同差不多一个世纪之后很多社会理论的著作中广泛争论的两个论题,这些后来的社会理论著作包括罗伯特·贝拉(Robert Bellah)的《心的习性》(*Habits of the Heart*)[21]和罗伯特·赖奇(Robert Reich)的《新美国的神话》(*Tales of A New American*)[22]。杜威赞同的第一个论题是放弃了马尔萨斯的零和社会(zero-sum society)*的模型。他赞成的第二个论题是认为现在的将来完全不同于过去的将来;这就是说,对现存环境的干预改变了条件,由此必须做出新的预测和调整。如果证明这些论题是有用的,那么不能由此推论出人类社会不再受"选择"的支配。事实恰恰与此相反。工业、通讯和运输的现代形式造就了快速的变化和适应,同时也造就了更多的"功能的灵

---

[21] Robert N. Bellah *et al.*, *Habits of the Heart* (New York: Harper and Row, 1985). 尽管贝拉没有提到杜威的工具论,但是我们可以在他的每一部著作的转向中发现杜威的工具论。

[22] Robert B. Reich, *Tales of a New America* (New York: Vintage, 1988).

* 指社会上盈利一方参与者的利益来自于另一方的等额损失,因此整个社会的活动并不产生净财富。——译注

活性、从总体上来说同一个器官的使用范围的扩大"。选择没有停止，而是变成了由技术来驱动，用所有这些手段来提升进步的可能性。

总之，杜威拒斥了赫胥黎的观点，就是拒斥了自然和人之间的二元论，或者换句话说，拒斥了宇宙和伦理的二元论。技术不是自然之外的新的力量，而是处在自然的社会维度的最前沿。

尽管在不怕麻烦仔细解读这种号召负责任的社会实验的人中，没有人会把杜威的观点错当成一种宿命论，但是杜威意识到，有些人坚持把实用主义当作是对一种社会达尔文主义的辩护。美国主张放任主义经济政策的支持者们就信奉这种社会达尔文主义。为了避免被误解，杜威不断地试图远离美国的斯宾塞主义者。美国的这些斯宾塞主义者认为，进化既是批发式的(wholesale)，也是不可避免的；经济和自然都是血腥的；按照定义，最强有力的个人的不可避免的胜利就是进化。杜威在关于赫胥黎的论文发表 18 年之后，在 1916 年的《国际伦理学杂志》上发表的《进步》(*Progress*)一文中，仍然试图把他的观点告知他的批评者。

杜威在这篇文章中阐述他的主要观点时，使用了商人的词汇，这有点有意说反话的意思。"进步不是自主的；它依赖于人的意图和目标，依赖对进步的产物负责任。这不是一种批发的问题，而是一种零售工作，是为部门订货和在部门中的执行。"(MW10:238)总之，杜威"把进步视为一种责任，而不是一种馈赠"(MW10:238)。

正像杜威在 1922 年出版的《人性与行为》中一样，他在《进步》一文中认为，当没有发生进步时，这与其说是技术造成的结果，不如说是懒惰地依赖没有重新改造过的冲动、情绪和感情所导致的结果。进步之人的冲动跟那些没有进步的前人的冲动无疑是相同的；两者的区别在于那些开发出来陶冶和控制冲动的工具，这些工具不仅包括制度，而且也包括那些更普遍地视为技术的工具。

什么是进步的敌人？杜威提到了没有重新改造过的本能或冲动，特别是主张放任主义政策的哲学，这种哲学把"人类事务的方向交付给自然、上帝、进化或显而易见的命运(也就是偶然性)，而不是交付给具有设计和改造能力的理智"(MW10:240)。进步的另一个敌人是保守的态度,这种保守的态度不是把现有的条件当作改进的起点,而是当作已经发生的结果。

杜威在战后出版的《哲学的重建》(Reconstruction in Philosophy, 1920)中进一步阐发了这一主题。他写道:"自然科学、实验、控制和进步这四种事实密不可分地交织在一起。"(MW12:103;RP:42)在两年之后出版的《人性与行为》中,杜威指出:"所有的行为都是人的本质因素和环境之间、自然和社会之间的**相互作用**。因此我们就会看到,进步是按照两种方式进行的,自由是在这种相互作用中找到的。这种相互作用维持了一个有价值的人的欲望和选择的环境。"(MW14:9;HNC:10)

对杜威来说,真正的进步总是既有秩序,又是改进过的(MW14:67;HNC:93)。有些被称为进步的东西已经由一些偶发的事件所促成。这些偶发的事件打破了旧习惯,不管我们愿不愿意,随之必然重新改造这些旧习惯。进步还与下述事实有关,即男人和女人都有很多相互冲突的本能,这些本能以混乱的和最终是虚弱无力的方式相互交织,除非能够找到一些引导这种混乱局面的方式。杜威指出,把人与低等动物区分开来的是"在学习习惯的过程中,人能够养成学习的习惯。因此,改善就成了生活的有意识的原则"(MW14:75n;HNC:105n)。

六

杜威的批评者有很多,今后也会有很多。在左派中,杜威的一个最有力的对手就是莱茵霍尔德·尼布尔,他在1932年出版的《道德的人和不道德的社会》(Moral Men and Immoral Society)[23]一书就是针对杜威而写的。他在这部著作的一开始就展开了论战。尼布尔与那些"道德家"和"现代教育家"展开了较量,这些人相信,利己主义可以由合理性的发展所控制。如果合理性的发展充分进行,就足以在人类社会和种

---

[23] Reinhold Niebuhr, *Moral Man and Immoral Society* (New York: Charles Scribner's Sons, 1932).

族之间建立合作。尼布尔认为,这些人没有认识到,集体权力"从来不会被消除,除非权力是针对集体权力而发展起来的。"㉔良心和理性可以缓和这些斗争,但是不能废除这些斗争。

尼布尔在该书的导言的前三页中就把目标瞄准了杜威。他花了半页多的篇幅从杜威在前一年出版的《哲学与文明》中引用了大段文字。杜威认为,要主动利用"物理实验中的工具和量化技艺"(LW6:62;PC:329),像建立物理科学那样来建立社会科学。尼布尔认为,"现代教育家犯得最顽固的错误"㉕(这里他明确指的是杜威和杜威的信徒)是,他们提出的假设认为,社会问题的出现是由于社会科学和价值不能与技术创新的迅速发展并驾齐驱。

尼布尔谴责杜威犯了更严重的错误。他指责杜威的思想缺少明晰性,没有深刻理解有产阶级弱肉强食的利己主义,错误地认为社会保守主义的基础是愚昧无知,过度注重把教育当作社会规划的手段。他还指出,杜威没有提出克服社会惯性的纲领,混淆了社会科学和物理科学的方法,没有看到社会形势本质上不可能完全是合理公正的。尼布尔认为,杜威的著作展示了中产阶级的偏见,视穷人为愚昧和懒惰的。

对尼布尔来说,社会不公"不能单靠道德和理性劝告来解决……冲突是不可避免的,在这种冲突中,权力必须由权力来挑战。"㉖形成权力群体的问题就是创造凝聚力,这种凝聚力(尼布尔称为"道德")是"正确的信条、象征和在情感上有效的非常简单的东西"㉗造成的结果。这并不是说尼布尔认为科学的方法不是规划社会目标和选择恰当工具来实现这些目标的手段,而是说如果要实现这些目标,就必须有一种比理性实验更有力的原动力的出现和发挥作用。总之,只有当理性使用其本身不是理性的工具时,社会恶疾才会服从于理性。㉘

㉔ Reinhold Niebuhr, *Moral Man and Immoral Society* (New York: Charles Scribner's Sons, 1932),第 xii 页。
㉕ 同上书,第 xiii 页。
㉖ 同上书,第 xv 页。
㉗ 同上书,第 xv 页。
㉘ 同上书,第 xvi 页。

按照尼布尔的看法，自由主义者，特别是自由主义的基督徒，通常看不到"在一个公认的社会系统的限度内的慈善问题和经济群体之间的公平问题"㉙这两者的差别。在尼布尔看来，"社会理智"（这是杜威的一个关键用语）可以用来"缓和社会冲突的野蛮行为，但是（它）却不能消除冲突本身。"㉚尼布尔把杜威看作是一个社会哲学家的"典型的和恰当的实例"，这类社会哲学家认为，理性是用来疏导生活之流的，如果缺少了理性，生活将被放纵的冲动和习惯所主导，不能找到解决问题的办法。尼布尔认为这种观点是幼稚的，而且既不能对理性设定的目标和冲动整体设定的目标之间的不可避免的冲突做出反应，也不能对人类行为的复杂性做出反应。㉛

尼布尔为理智失效的情形开出的药方就是他所说的"宗教伦理"：

> 理性的伦理意在公平，宗教的伦理使爱成为一种理想。理性的伦理试图同等考虑别人的需要和自己的需要。宗教的伦理（特别是基督教的伦理，尽管并不仅仅是基督教的伦理）坚持认为，也应该满足邻居的需要，不需要仔细的相对需要的估算。这种对爱的强调是绝对的宗教意思的另一项成果。一方面，宗教把仁慈的感情绝对化，使它成为道德生活的准则和理想。另一方面，宗教把超越的和绝对的价值赋予邻居的生活，因此鼓励对邻居的同情。爱满足了邻居的需要，不需要仔细衡量和比较邻居的需要和自己的需要。所以，宗教比理性促成的公平在伦理上要纯粹。㉜

然而，宗教伦理的应用证明暴力的使用是正当的。尼布尔认为

> 如果暴力时期可以建立一个公平的社会体系，可以创造保存公平的可能性，那么就没有消除暴力和革命的纯粹伦理基础……一旦我们让伦理对政治做出决定性的让步，把强制当作一种社会

㉙ Reinhold Niebuhr, *Moral Man and Immoral Society* (New York: Charles Scribner's Sons, 1932), 第 xxii 页。
㉚ 同上书，第 xxiii 页。
㉛ 同上书，第 35 页。
㉜ 同上书，第 57 页。

凝聚力的必要工具,那么我们就不能在非暴力的强制和暴力的强制之间做出绝对的区分,或者是在政府所使用的强制和革命者所使用的强制之间做出绝对的区分。如果能够做出这种区分,那么它们必须根据它们所导致的后果来证明这种区分是正当的。真正的问题是:什么是通过暴力建立公平的政治可能性?㉝

尼布尔对杜威和他的信徒们提出的教育规划的批判特别严厉。"他们用来阐述政治问题的术语证明,他们自己还受中产阶级视角的限制,这自然会增加力量,相应地远离了教育家的理想。"㉞尼布尔认为,杜威的纲领注定要失败,原因不是像一些杜威的批判者所说的那样,是因为一般共同体的理智达不到杜威设想的高度,而是因为**根本**没有这种一般的共同体。㉟

七

在《道德的人和不道德的社会》出版半个多世纪之后,我们现在能在多大程度上确定尼布尔对杜威的攻击切中肯綮呢?回答这个问题的一种方式是研究一下杜威对使用暴力的观点。另一种方式是研究一下杜威对宗教和符号操作的看法。第三种方式是看一下尼布尔对杜威的教育纲领的批评是否有效。杜威对这些问题的看法引向了他的技术批判的核心,因为这些问题是用生产、构造和控制的语言表达的。

1916 年,杜威发表了一篇题为《力量和强制》(Force and Coercion, MW10:244-51)的文章。这篇文章后来收入到《特性和事件》(Characters and Events)㊱一书中。两年之后,尼布尔出版了他的著作。杜威的

㉝ Reinhold Niebuhr, *Moral Man and Immoral Society* (New York: Charles Scribner's Sons, 1932),第 179—180 页。
㉞ 同上书,第 212 页。
㉟ 同上书,第 213 页。
㊱ Joseph Ratner, ed., *Characters and Events*, vol. 2 (New York: Henry Holt and Co., 1929), 782-789.

这篇文章可以看作是对尼布尔所写的导言的解释。杜威认为，社会问题通常关注一些力量的使用，这是一个"硬性的事实"（hard fact）。他反对1916年盛行的关于"道德和共同意志"的"空想主义的"讨论（MW10:245）。然而，与尼布尔不同的是，杜威反对使用暴力，他的根据最终是技术性的：总之，他的观点是，暴力是无效率的。

杜威是通过区分三个概念来得出他的观点：权力（power）或能量（energy）、强制力（coercive force）和暴力（violence）。重要的是，杜威的评论不仅适用于通常被称为技术人工物的生产，也同样适用于政治和社会人工物的生产。换句话说，杜威用技术生产为模型和隐喻，来阐发和解释他的社会哲学。

在杜威使用的词汇中，权力仅仅意味着一种"有效操作的手段；实施和实现目的的能力或才能"（MW10:246）。这样的权力是中性的：它可能导向有价值的目的（这意味着是杜威所说的可见可即的目的），或者以一种不受控制的方式来运作，结果就会阻挠目标的实现。杜威认为，没有认真看待权力的政治和社会理论，无异于感情用事，就像（其他）没有活力的技术规划配不上"技术的"称号一样。杜威不断强调，人类所面对的世界充满了约束和机会、推动和拉动。这一事实的另一种表述方式是，权力是一些材料，经过教化就具有生产性，未经教化就具有潜在的危险性和破坏性。

杜威在描述权力与强制力、暴力等相关词汇的关系时，他的工程隐喻变得更明显。在有秩序的交通中，让车辆向右转就使用了强制力。当司机不能使用恰当的力量限制车辆的能量，使车辆转向预定方向时，暴力就会随之发生。这当然是对人和机器之间关系的描述，但是这也适用于政府官员或公共法律和个人活动之间的关系。

运用能量来强制执行交通规章是强制力的一个例子。如果直接来使用，就可能造成暴力。但是如果间接使用，确保实现有秩序的交通流量，那么它就是建设性的。"换句话说，限制或强制是一定条件下的情形中的一个事件——也就是说，当没有现成的手段来达成目的时，就必须耗费能量，使达成目的的手段具有一定的力量。"（MW10:246）

杜威认为,科学定律和人类社会的规律具有相同的显著特性。这个观点直到今天仍然存在争议。科学定律就像交通规则或其他社会法律一样*,表达的是"一些能量组织的条件,当这些能量没有加以组织时,就会发生冲突,导致暴力——这就是说,导致破坏或浪费"(MW10:246)。杜威的这一思想很接近他在早期和中期著作中经常讨论的话题,在他的后期著作中,这仍然是一个主导的思想。道德行为不需要由超越的价值基础来辩护;它也无法得到辩护。简单地说,道德行为对于解决一个给定的疑难情形是最有效和最适当的。

与此类似,杜威认为科学定律也不需要求助一个拉普拉斯式的封闭宇宙来得到辩护;它们也不仅仅是随意制定的常规。它们建立在个人和共同体需要改变一些情形的基础上——生产或构造一些以前得不到的东西。杜威关于定律的想法,最明显的反例就是天文学的定律。在天文学的定律中,不可能存在直线工具论所说的"控制"。但是杜威用"控制"这个术语的动态意思代替了直线工具论者所说的静态意思。控制并不意味着简单地改变恒星、行星或星云,它也确实不意味着简单地适应它们的影响。在杜威改造过的这个术语中,控制意味着根据整个情形做出调整,探寻一些还没有呈现出来的东西。这种调整意思上的控制是借助工具手段来实现的,例如分光仪和射电望远镜,同时也是借助我们所说的模型、假说和科学定律这些工具手段来实现的。

这种情形不同于社会交往的领域;这就是说,在社会交往的领域中,各类公共体的行为效果,是由其他公共体的成员感受到的。各类公共体投入的能量是显而易见的,对杜威来说,这些能量就是一些材料。问题是用这种能量来做什么。能量作为一种原材料,可能变得具有破坏性,就像一条冲出堤坝、溢出渠道的河流一样具有破坏性。这种情形中出现了巨大的能量,如果要控制这种巨大能量的话,必须使用一些强制力。杜威把这种武力(force)的组织简单地称为"效率"(MW10:247)。

这种武力的使用是不是正当的?例如,在工业斗争中使用这种武

---

* "定律"和"法律"在英文中都是 law。——译注

力是不是正当的？杜威的回答完全不同于尼布尔的回答。尼布尔试图区分道德和政治，认为一个是伦理学的领域，一个是用武力反对武力的领域。杜威拒绝了这种划分，认为一些小规模的道德行为之所以是可以接受的或正当的，与为什么国家和其他公共体所进行的更大规模的特定活动是可以接受的，恰恰基于同样的原因。对杜威来说，道德行为就是发挥了有效的理智。不管是小规模的行为还是大规模的行为，只要武力能够服务于经济和效率的目标，它就是正当的；应当记住，定律（杜威称为"合法的机器"）是作为一种"能量回收器"（energy saver）建立起来的。

尽管合法的机器在某些方面还存在缺陷，但是它却是花费巨大代价建立起来的；如果为了解决一些局部问题忽视或废除了它，那么就应该记住，它用来解决更大问题的可资利用的能量就可能被浪费或岌岌可危。最后，除了在异常的情况下，合法的制度比公然的武力更和谐，在使用异常的武力之前，应该把合法制度的程序进行到极致。"驱动手表的精密机械装置比搬运砖头的大型机械装置更有效率"（MW10：247）。因为暴力是浪费的，所以暴力通常是不道德的。

因此，杜威提出的解决武力使用问题的方案既不是保守的，也不是激进的；它是以具体情形为转移的，用关于效率的巧妙的技术隐喻来表达的。起码从 1891 年的论文《道德理论和实践》开始，杜威就一直在阐发这个比喻。杜威在这篇文章中把伦理学当作工程问题的一个分支。但是，杜威看重的不是直线行动的效率或者规则功利主义（rule utilitarian），因为在他看来，目的不是固定不变的，而是灵活的，能够不断修正。目的是可见可即的目的。

就像托尔斯泰说得那样，"国家是罪魁祸首"，因为国家使用批发式的武力。杜威也知道类似的说法。但是杜威并不号召国家放弃使用武力：实际上，杜威认为，在不使用武力情形就会处于随意和混乱状态时，只有在这时使用武力，有秩序的进步所必须的管制才是可能的。这个观点的意思无非是说，国家必须发展出理智的使用武力的技巧，换句话说，要适当地和有效率地使用武力。"武力的不道德的使用是一种愚蠢的使用"（MW10：249）。

关于武力的无效率的(因此也就是不道德的)使用的例子,杜威举的是当时盛行的生产活动。因为生产活动是强制性的,它们就没有"获得更多的个人兴趣和关注、更多的情感和理智的自由"(MW10:251)。有人可能还会就此谈到20世纪80年代美国的饥饿和无家可归这些同样不体面的问题。营养不良的孩子和成人遇到了障碍,不能最大限度地发挥他们的潜能。有人认为,美国各种宗教团体的介入,可以解决饥饿问题。但问题是宗教价值离题甚远。另外,还有的观点认为,饥饿问题可以在没有私心的、甚至公平的基础上得到解决。但是由于没有得到那些经济上宽松人士的支持,这一主张的失败早已众所周知。

杜威提出的建议毫不含糊。要通过教育使美国公民认识到,饥饿不仅仅是一种耻辱或羞耻,在任何允许发生饥饿的社会中,饥饿都是一种无效率的和重要的削弱力量,只有认识到这一点才能解决饥饿问题。杜威的答案是技术性的答案:营养不良的人不可能是建构性的和生产性的。他们发挥理智的能力被降低了。因此,在任何允许这种问题存在的社会中,他们的境况都是一颗定时炸弹。

杜威认为,被动的抵抗是一种可能有效的(道德的)使用武力的方式:"在一定的条件下,与公然的反抗相比,被动的反抗是一种更**有效**的反抗手段。讽刺比征服对手的打击更有效;关注比讽刺更有效。"㊲(MW10:249-50)然而,这里的关键词是"可能的"。从特征上来看,杜威在任何存在政治问题需要解决的地方都不主张被动的反抗。不同的问题情形需要不同的解决方案。对杜威来说,被动的反抗是一种工具,而不是解决一切问题的方法或僵化的思维方式。它仅仅是那些从事彻底的技术性探究的人所使用的一种工具。

八

尼布尔也指责杜威没有理解权力群体的形成所引起的社会变化,

㊲ 关于被动反抗和实用主义者这个问题,可参见 K. Ramakrishna Rao, *Gandhi and Pragmatism* (Calcutta: Oxford & IBH Publishing Co., 1968),特别是该书的第4章"约翰·杜威的实验主义"(The Experimentalism and John Dewey)。

"信条、象征和情感上有效的过度简化的事物"是联合这些群体的黏合剂,而在这些信条中最有效的就是基督教的爱,这是赋予生活和邻居幸福的"超越的和绝对的价值"。总之,尼布尔认为,大众很不理性;理性活动要有效,必须利用人的非理性。

杜威很大程度上认同这种观点。但是,他不是按照"理性"和"非理性"来理解这种观点的,而是按照刺激(整个有机体的一种倾向)、冲动(按照一定的方式,以更集中的倾向来行动)、习惯(在过去有效的行为方式)、理智和调节行为(这些原材料的精致产物)来理解的。刺激、冲动和习惯不像调节行为那样具有生产性,因为它们没有得到恰当的关注。它们不是实验的结果,因此不能很好地适应疑难情形的具体细节。

是否如尼布尔所说得那样,当理智失效时,宗教伦理必须介入疑难情形呢?是否需要转向超越的和绝对的价值来为正义和同情心寻找基础呢?

有些攻击杜威的人在《人道主义宣言》(*Humanist Manifesto*)㊳中指出,杜威认为宗教经验是欺骗性的或自我欺骗的,但杜威并不持有这种观点。在这个宣言出版一年和尼布尔的著作出版两年之后,杜威在《共同信仰》(*A Common Faith*)中指出,"可以称作宗教的因素和见解"应该从特定的教条、意识形态和制度中解放出来(LW9:8;CF:8)。由此出发,杜威才提倡把"宗教的"(religious)作为形容词来代替实体性的"宗教"。"宗教的"是经验的一个特征,而不非经验本身。

事实上,杜威在 1934 年进一步扩大了他在 1891 年的《道德理论和实践》中采取的立场。理论和理想都是要做的事情。信念如果脱离了任何特定的神学的或意识形态的立场,它就是"相信有些目的应该高于行为"(LW9:15;CF:20)。另外,"道德意思上的深信不疑表明,一种理想的目的征服和战胜了我们的能动本质;这表明承认它对于我们的欲望和目的的合法要求;这种承认是实践的,而根本上不是理智的。它无需证据,可以向**任何**可能的观察者呈现"(LW9:15;CF:20-21)。

㊳ "Humanist Manifesto Ⅰ", in *The New Humanist* Ⅵ, no.3, (May/June 1933).

然而,对于包括常见的基督教在内的大部分宗教来说,问题在于信念代替了知识;信念的对象被当成一种已经存在的理智对象,而不是一些值得期望的和努力获得东西。大部分宗教的问题在于,"对有些东西只要在我们能力范围内它就存在的信念,转变为对已经有一些东西存在的理智信仰。当物理性的存在不能证实断言时,那么物理性的存在就巧妙地转变为形而上学的存在。按照这样方式,道德信念已经密不可分地与对超自然东西的理智信仰结合在一起"(LW9:16;CF:21-22)。

但是,并不是所有的道德信念都是宗教的信念。杜威把宗教描述为"由情感触动的道德。"在理想引发综合情感的复杂情形中,宗教触发了整个人:从这里引发了一些具体经验的宗教特性。因此,按照这种阐释,一些具体经验的宗教特性就能够成为社会群体的动机源头和约束力。就像在杜威的其他著作中一样,在杜威对宗教经验的评论中,我们既能找到反对默认现状和自然的无组织的力量的警告,也能找到主张对疑难情形施加理智的、工具性的和技术性的控制的号召。

杜威指出,即使在那些我们认为宗教气息最浓厚的历史时期中,也并不是仅仅靠宗教教义本身就能使人类遵守共同的承诺;这些教义仅仅是"使人类的生活观具有统一性和中心的条件和力量"的象征(LW5:71;ION:62)。这就意味着尼布尔所说的"基督教的爱",并不按照他认为的那种根本性的方式发挥作用;与此相反,它本身是"忠诚、团结和共同献身于一个共同目标"这些更普遍的理想的象征(LW5:71;ION:61)。"基督教的爱"只是这些理想的一种表达方式。

有一种观点认为,只有通过宗教神话、宣传性的圣像和其他类型的象征手法,才能发展出共同的目标和采取共同的行动。杜威认为这是一种本末倒置的观点。杜威认为,"与其说宗教是团结的根源,不如说是团结开出的花或结出的果实。通过用心的和有意识的宗教教化来确保个人的整合和社会的整合,这种努力本身就证明个人因为脱离了公认的社会价值而迷失。当发出的呼吁不采取教条的原教旨主义形式时,我们就不会奇怪,这种呼吁要么以一种深奥的神秘主义形式而告终,要么以个人的唯美主义形式而告终"(LW5:72;ION:64)。

如果我对尼布尔的解读是正确的,那么尼布尔在对杜威的批判中有一个基本的主张,认为有些社会情形问题太多,不能实施理智的行为。杜威的抗辩包括两点。首先,我们不能预先知道这些情形不能接受理智的行为;其次,随着时间的推移,情形会发生变化,会经历变更和成熟。在某一时刻看似不能解决的情形,在另一时刻就会展示出清晰的解决途径。有些人一度以为法国、德国和英国彼此之间不能和平共处,更不用说进行经济合作了。在杜威职业生涯的早期,有些人认为年轻的女性不能适应大学生活的苛刻要求,男女同校教育会导致高等教育的毁灭。但是,经济合作和男女同校教育被视为可以努力的目标,实现这些理想的手段就产生了。

为了使青年的公共体成员和年老的公共体成员放弃形而上学的绝对真理,不管这种形而上学的绝对真理是与向后看的意识形态有关,还是与向前看的乌托邦有关,杜威提出的一个主要的备选工具就是进步性的教育。尽管尼布尔号召把"信条、象征和情感上有效的过度简化的事物"作为工具来约束和激发没有受到教育的人,但是杜威认为,教育可以改进理想的性质,使理想不再需要成为信条或过度简化的事物。对杜威来说,教育是使信条接受理智的指导,发展那些简单的信条,以便检查一下信条在复杂的环境中是否有效。

杜威的教育纲领内容非常丰富,无法在这里充分讨论,然而应该注意的是,杜威推荐的方法是净化(refining)公众的趣味。卡尔·曼海姆清楚地看到了这一点,他在《自由、权力和民主规划》(*Freedom, Power, and Democratic Planning*)一书中,对杜威大加赞赏。这本书是在曼海姆去世后的 1950 年出版的。㊴ 在讨论弗洛伊德所说的"精神贯注"(cathexis),也就是把情感能量投入到一个人生活世界的特定对象上的巨大力量时,曼海姆指出,当由于战争、经济萧条或任何突然的打击而使这些结合松弛时,独立的能量就像会电力一样。如果导入合适的渠道,这种能量就会成为巨大创造力的源泉。如果不加控制,这种能量就

㊴ Karl Mannheim, *Freedom, Power, and Democratic Planning*, Adolp Lowe et al., eds. (New York: Oxford University Press, 1950).

具有破坏性。曼海姆把握到了尼布尔错失的一个观点。他看到了杜威正确地认识到,不是理性,而是"净化的激情"(refined passions),才是重新疏导这些能量的恰当工具。

曼海姆在他的晚期职业生涯中,在经历了欧洲法西斯主义的创伤之后,他开始相信艺术和宗教必须再一次成为一种"构造人类生活的主要组成部分"。⑩ 他认为,最文明的现代人的表层之下所潜藏的非理性主义,只能通过"净化所有人类行为和合作的激情"⑪才能加以平衡。曼海姆认为,为了人类的团结,有必要或者希望把制度化的宗教当作手段。杜威当然不赞同曼海姆的这个观点。杜威认为,制度化的宗教常常是一种分裂的力量。曼海姆认为,要纠正法西斯主义者的野蛮要求,最好的方法是培育净化的激情。杜威确实赞同曼海姆的这种综合处方。杜威花费大半生的时间都在清楚地阐明这种应该实施的教育方法。

九

我相信杜威对武力、宗教和教育的分析,不仅表明尼布尔误解了杜威,而且挫败了赖特·米尔斯对杜威的批判。米尔斯攻击杜威从马克斯·韦伯和卡尔·曼海姆那里借用了一些论点。米尔斯指责杜威把探究"技术化"和"生物学化",把所有的探究都当作是一种为了适应的目的而进行的实验室科学或实验科学。⑫ 杜威确实如此,至少他认为所有成功的探究应该是这样的。但是在米尔斯看来,这却成了一个症结。他指责杜威的行为概念中缺少政治的内涵。"从他(杜威)的特殊的、复杂的和充满社会意思的角度来说,现实是**技术化的**或**社会化的**。但是从一个工匠的集镇或一个农业社区的角度来看,现实又不是特殊的

---

⑩ Karl Mannheim, *Freedom, Power, and Democratic Planning*, Adolp Lowe et al., eds. (New York: Oxford University Press, 1950),第303页。
⑪ 同上。
⑫ Mills, 358. 也可参见该书的第391页。"杜威最经常使用的和很大程度上构成他的实际模型的行为和思想的一般类型可以称为**技术**的。"

和复杂的。他的行为概念是**个人化的**。它不是一个在'国家例行公务'的范围内采取行动的小官员或管理者的行为。它是在非理性的社会领域或社会类型中的个人的行为。它是对还没有得到调控的情形做出决策的行为。"㊸

米尔斯认为,杜威对社会探究的分析是错误的,或者说起码是过时的,这也正是尼布尔对杜威不满的地方:杜威没有考虑到,像经济阶层这类权力群体通常竞争激烈,不能用理智的方法来解决。米尔斯举的例子就是杜威对19世纪末20世纪初美国城市的移民潮的看法。他指责杜威无力将这个问题当作一个阶级问题来看待,而是戴着技术的和生物学的有色眼镜来看待这个问题:杜威认为解决的办法在于同化和适应,而不是直接的对抗。杜威认为,"不管'问题'有多复杂,都能以某些方式用第三种理想的方案统一两种相互冲突的方案"㊹,米尔斯断言杜威的这种想法是错误的。但是,在一个两种社会利益都"拼命争夺一个制高点"(death clutch)的情境中,这种模型如何发挥作用?"当对立的群体相互对抗,由于社会的结构对抗性而无法相互'适应'时,我们从杜威那里得到的'答案'是保持中立。这更像是借口说,当社会科学发展得像物理科学时,我们就能解决或消除这些问题,或者限定这些问题,以便找到解决办法。"㊺

对于米尔斯来说,"整个问题"的症结在于,他认为直线工具论的方法作为一种实现意识形态目标的方法,杜威并没有理解这种方法的优势和迫切需求。㊻杜威认为,"工具隐含着它们要实现的目的",米尔斯觉得这种观点完全没有意义。米尔斯指出:"飞机没有价值的特征,

---

㊸ Mills, 392-393.
㊹ 同上书,第405页。
㊺ 同上。
㊻ 1917年,美国成为第一次世界大战的交战国。在那一年,对杜威心怀不满的兰多夫·伯恩(Randolph Bourne)也把杜威的实用主义当作一种直线工具论。至少从1915年起,他对杜威著作的理解就是不充分的。这可以参见兰多夫·伯恩的文章《约翰·杜威的哲学》(*John Dewey's Philosophy*),该篇文章发表在1915年3月15日的《新共和》(*New Republic* II)的第154—156页上。这篇文章也收入在兰多夫·伯恩的《激进的意志:兰多夫·伯恩著作选集》(*The Radical Will: Randolph Bourne Selected Writings 1911—1918*, Olaf Hansen, ed., New York: Urizen Books, 1977)的第331—335页中。也可参见兰(转下页)

甚至教育过程中也没有价值的特征。物质性的工具从它们的特性上来说，为它们的应用设定了界限，但是很显然，这种界限实际上很宽泛。价值和价值问题的专业化或系统化已经假定价值能在某一类共同体中恰当地实施，但是这类共同体却是不存在的。"㊼

但是在移民问题上，米尔斯却搬了石头砸了自己的脚。从规模和复杂性上来讲，美国对外来人口的接受和容纳也许是最复杂的社会实验。这个实验确实存在很多困难，在一些地方也流于失败，远远没有完成。但是从总体上来说，米尔斯所说的阶级斗争甚至在最糟糕的年代也没有出现。为了解决察觉到的问题，公众已经跨越了伦理和社会阶

（接上页）多夫·伯恩的文章《偶像的黄昏》（*Twilight of Idols*），这篇文章发表在1917年10月份的《七艺》（*Seven Arts* Ⅱ）的第688—702页上。这篇文章也收入在《激进的意志：兰多夫·伯恩著作选集》的第336—347页中。

米尔斯引用了伯恩的文章（参见Mills, 410），但是却错误地认为伯恩的文章发表在《日晷》（*The Dial*）上，而且没有给出更多的文献来源。伯恩对杜威的不满是显而易见的：

> 对于我们这些把杜威的哲学几乎当作美国宗教的人来说，从来不会把价值从属于技艺。我们是工具论者，但是我们私下里有个理想的想法，认为手段是根据实际效果依次出现的。当然，当把杜威的哲学当作一种生活哲学时，他的哲学总是意味着从价值出发。但是，杜威的学说中还是有一些不恰当的含混之处，例如价值是如何形成的。他的学说很容易就认为任何发展都是合理的，任何活动只要达到了目的就是有价值的。生活在这种哲学中的美国人习惯于混淆结果和产物，满足于一些成就而不去仔细询问这些成就是否值得追求。现在已经变得很明白，除非你从最鲜明的诗意眼界出发，否则你的工具论就很容易让你站在那些兴高采烈和积极参与国家战争的年轻一代知识分子的立场上。你必须有自己的眼光和自己的技艺。杜威哲学的实际效果很明显发展了技艺，缩小了眼界。尽管杜威也想发展技艺和开拓眼界，但是在战争的影响下，即使在杜威那里，这也成了一种逐渐衰退的价值。
> （Bourne, 1977, 343-344）

尽管伯恩不同于米尔斯，他在这段分析的最后一句话中似乎还一些其他的想法，但是这段从1917年的《七艺》中引用的话却预示了米尔斯对杜威的批判。

当然，杜威早在1903年的《逻辑理论研究》（*Studies*）中就对这类批评做出了详尽的回应。但是在1920年的《哲学的重建》中，他更清楚地阐发了他的观点："当我们用手段来实现目的时，我们确实落入了道德唯物主义。但是当我们执着于目的，不考虑手段时，我们就是在感情用事。仅仅有理想，我们就只能依靠运气、机会、巫术或训诫；或者只能依靠不惜任何代价实现预想目的的狂热。"（MW12:121; RP:73）

㊼ 米尔斯和他的编辑霍洛威茨（Horowitz）都认为这段话出自杜威的《实验逻辑学论文集》的第1—2页。但是，1916年芝加哥大学出版社出版的《实验逻辑学论文集》的第1—2页中并没有这段引文。

级身份的界限。这些事实都对米尔斯的观点产生了不利影响。

就像尼布尔一样,米尔斯也错误地把杜威当成了一个失败的直线工具论者。尼布尔和米尔斯都没有看到约翰·麦克德谟特指出的杜威著作的中心思想:对杜威来说,工具既不是好的,也不是坏的,也不是中性的。它们就是这样的一些东西。它们负载了价值。它们提供了很多便利,也设定了各种限制,我们随时都会遭遇这些便利和限制。汽车、电话或飞机不仅有"价值的特征",而是有很多这样的特征。米尔斯关注的是工具使用的局限,而杜威关注的是工具使用的可能性。

然而,认为杜威主张所有的公共问题都能解决却是错误的。有些疑难情形过于复杂,由于身处其中的个人和群体无法运用理智,就把问题推到了混乱的极限,在短期内没有多大希望找到满意的解决办法。但是有一件事情是肯定的:除了依靠盲目的运气,没有比杜威所说的"工具论"的实验方法更好地解决察觉到的问题的方法了。

结语　负责任的技术

经验的方法要求哲学做两件事：首先，这些精炼的方法和产物要从源初经验的不同成分和丰富性中追溯它们的来源，从而认清那些产生它们和它们必须满足的需要和问题；其次，派生的方法和结论要重新放回到日常经验的事物中，在所有这些事物的粗糙和自然状态中加以证实。按照这种方式，分析性的反思方法为构成哲学的指称和指示方法提供了材料。（LW1:39；EN:33）

就像传统上所说的自我中的身体和灵魂之间不存在本体性的二元论一样，在自我和世界之间也不存在本体性的二元论。这种观点的令人惊讶的后果是……如果人和世界是由相同的实在构成的，只不过功能不同，那么现实的事物作为人造的东西，在本体论上是类似的。因此，人工物是人对世界的反映，它是一种超越的中介，代表了人类按照自然和文化所具有的对抗性和可能性而付出的努力。——约翰·麦克德谟特[1]

一

1959 年，在纪念杜威诞辰一百周年的会议上，爱德文·伯特（Edwin A. Burtt）提交了一篇论文。他在文章中说，如果让他挑选一个词来代表杜威的哲学思想，那么这个词就是"责任"（responsibility）。伯特接着指出，他并不是从狭义的法律意思上使用这个词，甚至也不是从通常的伦理学的意思上使用这个词，而是指"当一个反思的道德学家把责任用在所有的哲学问题上时，责任是可以传递的。"[2]伯特指出，在

---

[1] John J. McDermott, *The Culture of Experience: Philosophical Essays in the American Grain* (New York: New York University Press, 1976), 220.

[2] Edwin A. Burtt, "The Core of Dewey's Way of Thinking," in *The Journal of Philosophy* LVII, no. 13 (23 June 1960), 406.

1890年左右,"责任"这个概念对杜威来说肯定意味着"**所有的人类行为都具有后果,思想作为人类行为的重要组成部分,也具有后果;一般人和哲学家的本质区别在于,是否对这些后果负责任。**"③

我前面说过,在美国哲学的古典阶段中,杜威是惟一一位把涉足杂乱无章的公共事务当作**他的**责任的重要哲学家。我也已经指出,杜威亲身经历的具体社会问题以一些方式影响了他的著作。在18世纪90年代,杜威已经构造了一种个人责任的理论,这反映了他对劳动实践、移民、教育等问题很敏感。这些仅仅是杜威关注的少数几个问题。他在《伦理学研究》(*The Study of Ethics*)中写道:"责任这个名称说明了我们是明确的和具体的,我们是一些特殊的个体。我就是我自己,我在我的行为中意识到了我自己(自我意识),我是负责任的。这三种说法不是三个事实,而是一个事实。"(EW4:342)另外,"任何一个坏人(从实质上说)都是不责任的;他的行为不值得信赖,他不是确凿无疑的、可靠的和信得过的。他不能对他的职责和功能做出反应。他的冲动和习惯不能协调,因此不能对刺激和提出的要求做出恰当的回答。邪恶的人没有社会责任"(EW4:343)。

但是,即使那些能够成为杜威盟友的人,也总是不能理解杜威在这些问题上的立场。这肯定会使杜威相当失望。例如,皮尔士在对杜威1903年出版的《逻辑理论研究》的回应中,谴责杜威是不负责任的,因为杜威进行的"模糊推理是一种堕落"④。皮尔士认为,芝加哥"不享有道德城市的名声",而杜威在芝加哥的生活明显削弱了他区分正确和错误、真和假的意识。⑤

在当代一些宣称同情杜威观点的人那里,杜威的待遇也没有好多少。例如,理查德·罗蒂误读了实用主义,认为实用主义主张"科学是一种文学,或者换句话说,作为探究的文学和艺术,同科学探究是并列的。因此,(实用主义)认为,与科学理论相比,伦理学既不更加是'相

---

③ Edwin A. Burtt, "The Core of Dewey's Way of Thinking," in *The Journal of Philosophy* LVII, no. 13 (23 June 1960), 406。黑体为原文所有。

④ Peirce, *Collected Papers*, 8:240.

⑤ 同上。

对的'或'主观的',也无需'科学化'。"⑥

如果我在第三章和第五章的解释是合理的,那么我们就会很清楚,杜威不仅没有这种观点,而且他还十分热心地指出,尽管科学和文学使用了相同的一般探究方法(这种方法在本章开头的引文中简单重述过),但是它们各自的工具、可见可即的目的和材料是完全不同的。我必须承认,我不理解怎么能像罗蒂那样来解读杜威,像他那样认为科学—技术造成的进步能够同样由文学的工具和材料来造就。科学技术造成的进步是建立在科学—技术革命对工具的新颖使用的基础上,这些工具包括最大限度地替代变量(variable)的新概念。如果罗蒂的这种观点是解构主义的,那么很明显,杜威的思想不属于这种学派:罗蒂在这个问题上的观点,基本上与杜威在六十年多年的学术生涯中一贯明确坚持的立场无关。更具体地说,杜威在 1938 年的《逻辑学》中花费了一百多页的篇幅所反对的正是这种立场。

杜威认为,责任是好男好女的本质特征,这种责任是与探究相关联的:如果探究是**可靠的**,那么探究就是好的。探究如果能够确保产品是可靠的,那么探究就是成功的,这就意味着探究产生了可以验证的结果。杜威把探究当作一种技术来阐述,罗蒂似乎没有看到这一点:探究产生了可以验证的产品,我们的具体经验可以用支票"购买"这些产品,也可以把它们当作次品退货。

罗蒂认为,探究是一种正在进行的谈话。探究确实具有这层意思。但是,杜威的工具论的独特之处在于,谈话本身就是工具,它能使实际的谈话者区分负责任的人和不负责任的人,也能区分更好的、更可靠的主张和不好的、不可靠的主张。杜威的技术方法远远不像罗蒂描述的那样,是"不合理的希望的……专业用语"⑦。事实上,杜威的技术方法是负责任的人生产出可靠结果的蓝图。

我认为,拉尔夫·斯利珀正确地看出了罗蒂在他那部广为人知的

---

⑥ Richard Rorty, *Consequences of Pragmatism* (Minneapolis: University of Minnesota Press, 1982), xliii.
⑦ 同上书,第 208 页。

关于杜威的著作的主要问题。他认为,罗蒂立场中的问题,不在于他对杜威的反基础主义的认可和自以为是的解释,而在于他的这一立场所导致的结果。罗蒂的杜威把"没有基础的社会希望"留给了我们,而如果斯利珀和我是正确的话,那么这远远不是杜威的实际意思。最让斯利珀反感的是他所说的"罗蒂的漠不关心的还原论"。在斯利珀看来,杜威的实用主义"留给我们的远远不是这些东西。它教给我们的是,如何转化我们周围正在腐败的文化,而不是仅仅如何'应付'文化的崩溃。"⑧

二

20世纪最有创造性和最有影响的哲学家是维特根斯坦、海德格尔和杜威,这一点已经得到了职业哲学家们的广泛认同。在这三位哲学家中,只有杜威的著作广泛涉及公共哲学;只有杜威提出了一种教育哲学;也只有杜威有一个一以贯之的纲领来实施具体的社会改进。

在这三位哲学家的不同方法中,维特根斯坦和海德格尔对他们处身的群体的回应稍微有些神秘色彩。尽管维特根斯坦早年接受过工程师的训练,但是他内心深处似乎有个私人的规划,这必然导致他长期脱离公共生活,例如在小学教书,喜欢园艺,即使身处学术共同体内部,他过得也是一种苦行生活,很大程度上遁世隐居。不过,第一次世界大战期间,他还是作为志愿者,站在奥地利一边参与了战事。第二次世界大战期间,他作为一名勤务兵,在英国的医院中从事工作。在《逻辑哲学论》时期,他开始将语言作为一种工具来看待。当他再次重新审视自己在《逻辑哲学论》中持有的立场时,语言对他来说差不多就是一种工具,这反映了他自己内省的规划;语言对他来说是一种工具,这种工具的主要作用就是研究语言本身。

海德格尔也似乎不愿意或不能够把语言当作一种产生语言之外的产品的工具来使用。他自诩的同侪不是工程师和社会改革者,而是诗

---

⑧ Ralph Sleeper, *The Necessity of Pragmatism* (New Haven: Yale University Press, 1986), 1.

人:正如罗蒂颇有眼光地指出的那样,德国浪漫主义的诗人是他惟一的同路人,这些诗人似乎使海德格尔栖居于欧洲文化的最高峰上。

与内心挣扎的维特根斯坦相比,海德格尔的情况更具有悲剧色彩。维特根斯坦的神秘主义是一个敏感的思想者试图克服那些偶尔对他来说显得难以克服的个人困难所造成的。然而,海德格尔的神秘主义,特别是在他成熟的著作中体现出来的神秘主义,根源于高度浪漫化的德国—希腊文化轴心的非理性血统和国家神话(soil myth)的妄自尊大,以及起码从奥古斯丁时代以来影响欧洲文化的具有极大破坏性的末世论神话(eschatalogical myths)。

我们对海德格尔身为弗赖堡大学校长的短暂政治生涯知道得越多[9],就越觉得他那有限地尝试公共实践的行为可叹、甚至可卑。在希特勒取消了公民自由、逮捕了合法入选德国国会的81名代表、开始有计划地销毁书籍和剥夺作者们的公民权、宣布建立集中营(其中有一个集中营靠近海德格尔的家乡梅斯基尔希[Messkirch])之后不到六个月,海德格尔"就给希特勒发了一封公开电报,表明自己愿意在大学'联盟'(Gleich schaltung)中贯彻国家社会主义德意志劳工党(NSDAP,简称纳粹党)的纲领。"[10]

海德格尔就像他那一代的很多德国人一样,事后宣称对他的纳粹党盟友如何对待他们手中的犹太人一无所知。但是,海德格尔生活的巴登州(Baden)的犹太人"在1933年还有20,600名,但是到了1940年就急剧减少为6,400名……事实上,这剩下的6,400名犹太人也在1940年10月22日被驱逐到法国,随后又运往了伊巴克(Izbica),这个地方靠近卢布林(Lublin)的死亡集中营。当海德格尔在40年代讲授关于尼采(Nietzsche)的讲座时,全巴登州只剩下820名犹太人。"[11]

---

[9] Thomas Sheehan, "Heidegger and the Nazis", in *The New York Review of Books* (16 June 1988), 41-47. 这篇文章是对法里亚斯(Victor Farias)的《海德格尔与纳粹主义》(*Heidegger et le nazisme*, Myriam Benarroch and Jean-Baptiste Grasset, trans., Paris: Editions Verdier, 1988)的长篇评论。

[10] Sheehan (1988), 46.

杜威对于强制迁移和拘留成千上万的邻居、禁止公民自由和焚烧书籍会做出什么反应呢？这可以从杜威有效的政治生活中找到这些问题的答案。杜威一贯明确站在那些他认为受到不公正待遇的对象一边。他是"全国有色人种协进会"（National Association for the Advancement of Colored People，NAACP）的创始人，是"妇女选举权男性联盟"（Men's League for Women's Suffrage）的成员。[12] 他是"美国民权同盟"（American Civil Liberties Union）的领导人。当1940年伯特兰·罗素因为"无神论"和"享乐主义"被纽约城市学院（City College of New York）开除时，杜威为罗素进行了辩护（罗素一直以来都是杜威的严厉批评者）。他是托洛茨基（Trotsky）在墨西哥城（Mexico City）的调查委员会的主席。*杜威认为，负责任的男人和女人要掌控没有结果的和疑难的情形，努力改进它们，使它们富有成效。杜威努力证明自己是负责任的。

从这个角度来看，马克斯·霍克海默在第二次世界大战高潮时对实用主义的批判显得特别不适宜。霍克海默认为，实用主义者不能关注"封闭边界后面进行的谋杀"。1944年，霍克海默在杜威任教的哥伦比亚大学发表了一系列讲演，他后来以这些讲稿为基础完成了《理性之蚀》（The Eclipse of Reason）。在这部著作中，霍克海默专门批判了杜威（他错误地把杜威列入布拉德雷[F. H. Bradley]所属的观念论阵营），因为他认为杜威放弃了"客观真理"的观念。[13] 霍克海默写道："按照实用主义的说法，真理之所以值得追求，不是因为真理自身，而是因为真理是最有效的，因为真理使我们获得了迥异于真理的东西，或者至少不同于真理的东西。"[14]

---

[11] Sheehan（1988），41.

[12] Gary Bullert, *The Politics of John Dewey*（Buffalo, NY：Prometheus Books, 1983），35.

* 这是指杜威在1937年来到墨西哥城，主持调查委员会，就莫斯科当局审判托洛茨基的听证会进行了调查。虽然杜威与托洛茨基的政见不同，但是杜威主张苏联流放托洛茨基的决定应该经过公正的审判后做出。——译注

[13] Max Horkheimer, *The Eclipse of Reason*（1947；reprint, New York：Seabury Press, 1974），46.

[14] 同上书，第45页。

对霍克海默来说,这就意味着根除了"上帝、原因、数字、实体(和)……灵魂"的客观性,⑮实用主义(霍克海默认为杜威的哲学是实用主义的"最彻底和始终如一的形式")就等于承认"认知从字面上来讲,就是我们所做的事情。"⑯因此,这种观点在杜威看来是一种实用主义的伟大洞见,但霍克海默却认为,这种观点扎根于欧洲传统的静态的和静观的形而上学,触怒了霍克海默。

如果世界发展到既不关心这些形而上学的实体,也不关心封闭边界后面或黑暗之中进行的谋杀,那么有人就会得出结论说,这种谋杀的概念没有意义,它们不代表"清晰的观念"或真理,因为它们"对任何人来说都没有感觉上的差异"。如果一个人理所当然地以为自己的反应才是概念的惟一意义,那么他对这些概念会有怎样明显的反应?⑰

但是,当霍克海默提出这种批判时,这不仅表现出他误解了杜威关于工具论的阐述,不了解杜威的实际的政治生涯,而且他也回避了自己提出来的问题的实质。在他所提供的例子中,因为情况发生在封闭边界的后面和黑暗之中,因此很明显是无法获知的。他进而指责杜威和其他实用主义者,因为他们主张不能对无法获知的问题采取行动。如果这些谋杀确实发生在封闭边界的后面,这就是说,如果他不知道这些谋杀,那么霍克海默也不可能关心它们。如果边界没有完全封闭,泄漏了一些证据,那么用霍克海默嘲笑实用主义者的话来说,这对任何知道这些证据的人来说就有了"感觉上的差异"。

霍克海默也误解了杜威关于科学变化的本质的观点。霍克海默写道:"如果杜威的意思是说,科学的变化通常会导向更好的社会秩序,那么杜威就错误地解释了经济的、技术的、政治的和意识形态的力量的相互影响。欧洲的死亡工厂深刻阐明了科学和文化进步之间的关系,

---

⑮ Max Horkheimer, *The Eclipse of Reason* (1947; reprint, New York: Seabury Press, 1974), 46.
⑯ 同上书,第48页。
⑰ 同上书,第46—47页。

就像深刻阐明了怎么样制造长筒袜一样。"⑱从杜威的观点来看,霍克海默犯了一个错误,这种错误恰好是直线工具论容易犯的,而霍克海默和法兰克福学派的其他成员都明确表示鄙视直线工具论。

我想,杜威的回答可能会说,欧洲的纳粹死亡工厂决不是科学的或技术的。它们利用技术手段(在直线工具论的意思上的)推进计划的固定议程,是建立在一些错误的理论基础上,例如错误的优生学。但是对杜威来说,死亡集中营不是他改造过的技术的例证。与此相反,死亡集中营恰好证明直线工具论者的观点是错误的。直线工具论者依附于一个固定的目的,这一纲领在死亡集中营这种特殊的情况中甚至更具有灾难性,因为一成不变的目的和草率地依赖技术手段相互结合,导致了目标和手段都没有受到检测。

1943年,在刚刚得知纳粹暴行后,杜威的学生艾尔斯写了一篇文章,把这个问题表述得比杜威还要好。尽管他是从另一种意思上来谈论"梦魇"和"破坏的引擎",但是他的评论也同样适用于死亡工厂:

> 当然,事实上,科学灾难的预言者援引的不是科学,而是形而上学;他们之所以做出这样的预言,不完全是因为他们受到古代传统流毒的影响,而且部分来自于全然的无知。我们只有到现在才开始意识到,科学和技术、美的艺术和工艺本身都包含着价值标准,我们必须根据这些价值标准来评判它们。技术进步不是"脱离目的的无意义的活动";相反,技术进步就是意义的发生地。梦魇的错误在于,梦魇与科学和技术的事实是相左的。在战争中将科学的工具作为"破坏引擎"来使用的错误,并不在于战争是一种"卑劣的目的",而是在于战争灾难性地中断了使文明取得进步的活动。⑲

---

⑱ Max Horkheimer, *The Eclipse of Reason* (1947; reprint, New York: Seabury Press, 1974), 75.

⑲ C. E. Ayres, "The Significance of Economic Planning", in *Development of Collective Enterprise*, Seba Eldridge and Associates, ed. (Lawrence, Kan.: University of Kansas Press, 1943), 479.

三

从杜威的观点来看,负责任的技术是由什么构成的呢?本书试图为这一问题提供一些答案。作为总结和结论,我们可以说,杜威拒斥了我以前所说的"直线工具论",或者拒斥了认为中立性的工具用来达成目的,而目的是由这些工具得以发展的情形之外的动机来衡量的观点。杜威以达尔文的进化论为隐喻,认为人类是处于自然之中的有机体,人类使用工具是自然活动的一种发展优势。工具和人工物就像植物、非人类的动物或人类自身一样,都不是中立性的:它们与充满了价值的情形相互作用。

对杜威来说,负责任的技术包含了对来源于这些情形中的目标的选择、实施和验证。这里不需要神灵的干预来指明道路,对绝对真理的追求成了一种障碍。价值来源于探究,而且一旦价值从探究中提炼出来,它们必须再放回到它们起源的情形中去,以便确保它们是否恰当。用来选择、实施和验证的工具与目的结合,或者与要做的事情结合,随着需求的出现修正这些目的。进化的目的需要修正现有的工具。因此,负责任的技术是灵活多变的,因为它必须适应变化的情形。负责任的技术除了具有弹性,还必须是充盈的:它不允许过度的冒险,它要根据平行的发展和平台的建立来支撑自己,而这种平台可能就是可靠的立场。负责任的技术与其说是激进的,不如说是可再生的。

负责任的技术并不是像雅克·埃吕尔和其他人所说的那种技术。如果说负责任的技术没有"核心",这没有什么好奇怪的,因为由技术活动和产品组成的经验自身,只有通过兴趣和焦点的转换才能获取。技术就是男人和女人的具体活动和产品的总和。这些男人和女人以各种形式参与探究,例如在科学、美的和有用的艺术、经济、工程以及我们称为政治的艺术中。

如果技术是不负责任的,那不是因为作为一种方法的技术失败了,而是因为探究和验证被误导了,用于非技术的目的,或者被中止了。手段已经脱离了目的。一成不变的宗教或政治意识形态取代了合法的、可验证的探究。经济和阶级利益干涉了本来应该适用于实验的领域。

我前面曾经指出,杜威也许会很高兴看到围绕着肖哈姆核电站的长期争论可能导致的结果,因为这种结果表明,即使最大型的工业建设,也可以根据新知识的发展而做出改变或取消,这在目前看来至少是可以想象的。

汉斯·约纳斯(Hans Jonas)认为,对未来一代的责任必须以一些形而上学的原则为基础,例如对"人的观念"的本体论的责任。[20] 我想杜威会指出,如果我们负责任地行动,如果我们支持可靠的技术形式,那么未来将会像预期的那样成功。杜威一贯主张,诉诸抽象的形而上学原则可以作为目标和模式,不过这些目标和模式要能够重新放回到具体情形的细节中。但是,如果把这些原则当作不变的出发点,它们只会扰乱其他富有成效的争论。

杜威同时也指出,我们不能保证一定成功。自然事件可能毁灭人类的生活,人类的贪婪、懒惰或者失误也可能导致相同的结果。人类生活在地球上的特殊技能是发展和使用理智:如果理智失效了或者受到阻碍,人类就将失去它们的生存环境。没有上帝能够拯救我们。

杜威所处时代的社会问题跟如今的社会问题没有太大差别。杜威有信心驾驭这些社会问题。从物质生产的资源来说,为什么全世界的人没有足够的食物、居所和衣服,这是没有任何道理的。为什么他们不能脱离落伍的和适得其反的前途,按照实验科学的自我矫正的方法接受教育,这也是没有道理的。当人类发展所必须的物质商品缺乏时,这不是一种技术的失效,而是一种想象力的匮乏、勤勉的匮乏或者勇气的匮乏。

但是,在杜威对技术的批判中,也有一种紧迫感。不负责任所导致的趋势和事件将逐渐难以改变或克服。我想杜威会指出,热带雨林的破坏、非洲大量地区的沙漠化、酸雨和其他工业废物对环境造成的破坏不是通常意思上的技术的失败;相反,这些问题是由于无法增加和使用

---

[20] Hans Jonas, *The Imperative of Responsibility*, Hans Jonas and David Herr, trans. (Chicago: University of Chicago Press, 1984), 43.

理智的社会规划所需要的技术工具所造成的结果。如果现在不使用理智,那么要再使用理智就越来越困难,甚至可能完全失去这种机会。

  对于杜威来说,技术明显等同于生产性探究的工具和方法,这些工具和方法甚至都能用来解决通常认为最难以处理的问题。技术在自然科学的领域中应用得很完善,但是人类似乎不愿意把这种方法应用到自然科学之外的领域中去。

附录1 原丛书主编序言[*]

印第安纳大学出版社(Indiana University Press)很荣幸出版"印第安纳技术哲学丛书"(*Indiana Series in the Philosophy of Technology*)。该丛书的三部著作包括:拉里·希克曼(Larry A. Hickman)的《杜威的实用主义技术》(*John Dewey's Pragmatic Technology*)、唐·伊德(Don Ihde)的《技术与生活世界:从伊甸园到尘世》(*Technology and the Lifeworld: From Garden to Earth*)和麦克尔·齐默尔曼(Michael Zimmerman)的《海德格尔与现代性的对抗:技术、政治和艺术》(*Heidegger's Confrontation with Modernity: Technology, Politics, Art*)。

"印第安纳技术哲学丛书"是北美第一套明确以技术哲学为主题的丛书。(也有其他一些与哲学和技术有关的系列著作,特别是那些收集了跨学科文章的著作,但是这些著作都没有专门关注哲学内部这一新兴分支的发展。)尽管这套丛书涉及范围广泛,但它们明确地从哲学的视角观照与技术有关的各种问题。从哲学上来看,我们的取径(approcah)是多元的,这一点从这三部著作中就能看出来。美国实用主义和欧美各种倾向的传统都得到了证明。

这三部著作出版得很及时。我们从彻底重新评价和解释杜威和海德格尔这两位20世纪早期的哲学家开始。这两位哲学家都把技术问题作为他们的中心思想。在《技术与生活世界》中,我们也开始在技术的文化背景中,系统地重新构造有关技术的框架和各种问题。我们还将在以后出版一些主题更明确的著作,这包括以"工程的诞生"、"大工具科学"、"媒介与合理性"、"知觉的技术转化"等为主题的著作。

---

* 原书是作为"印第安纳技术哲学丛书"中的一种出版的。本序言由该丛书主编唐·伊德(Don Ihde, 1934-)所写,原放在正文前今酌情置于正文后。关于唐·伊德以及这套丛书的情况,请参见唐·伊德的《让事物说话——技术科学与后现象学》(韩连庆译,北京大学出版社2008年5月版)。——译注

我们的目标是在技术哲学这一新兴的领域中,从一种均衡的、理性的和严格的视角出发,不仅进行原创的和专题性的研究,而且进行哲学批判的、历史的和解释的研究。

借助《杜威的实用主义技术》一书,我们也试图使"印第安纳技术哲学丛书"在开始的时候就获得均衡。必须承认,迄今为止,在北美技术哲学领域中占主导的是雅克·埃吕尔和马尔库塞这些敌托邦(dystopian)思想家们的著作,以及将技术作为自己中心思想的海德格尔的著作,而杜威早在此之前就提出的工具论却总是受到忽视。

然而,杜威却是美国技术哲学最卓越的"教父"。拉里·希克曼通过本书,在技术哲学的脉络(context)中,颇有洞察力地重新评价了杜威而证明了这一点。本书是关于杜威哲学的一部力作。希克曼表明,杜威的哲学与很多有关科学和技术的最前沿的问题是相关的。早在科学和技术的关系问题成为技术史领域讨论的热点之前,杜威就描述和分析了科学和技术之间的相互关系。杜威差不多与海德格尔同时提出了技术先于科学,而他的这个观点建立在行为的实用主义理论之上。

像理查德·罗蒂和威廉·巴雷特(William Barrett)这些哲学家都认为,作为美国哲学的革新者,杜威早在维特根斯坦和海德格尔之前就把哲学推进到后现代阶段。拉里·希克曼又进一步完善了这种评价,从高技术文化的角度看待杜威。杜威被视为无与伦比的"工具论"的批判者、鉴赏者和解释者,而这种工具论已经逐步融入到当代生活中。希克曼在杜威的新近同侪的情境中来考察杜威,研究了技术决定论、技术—科学的界面等新的重要问题,特别是研究了哲学家在社会的、政治的和由技术构造的世界中的作用问题。

这些问题与杜威对技术文化的明察秋毫的批判共同构成了杜威思想中最具有独创性的一面。它恰好处于乌托邦和敌托邦这两个极端之间,展示了与技术进行对话所需要的均衡和约定。希克曼提出,关键的隐喻是**负责任的**技术。我们可以马上看出这个观念是如何与在杜威思想中也占有重要地位的对社郡(community)和民主的评价结合在一起的。通过更新杜威的思想和这些问题，希克曼条理分明地扩展了技术哲学的研究领域。

唐·伊德

附录 2 引用文献页码

从鉴定版本到前鉴定版本

早期著作

EW3:93–109 "Moral Theory and Practice," *International Journal of Ethics* I (January 1891), 186–203.

EW3:125–41 "The Present Position of Logical Theory," *Monist* II (October 1891), 1–17.

EW3:211–35 "Introduction to Philosophy: Syllabus of Course 5, Philosophical Department, University of Michigan, February, 1892." Preserved in the University of Michigan Historical Collections.

EW4:19–36 "The Superstition of Necessity," *Monist* III (April 1893), 362–79.

EW4:219–362 *The Study of Ethics* (Ann Arbor: The Inland Press, 1894).

EW5:3–24 *The Significance of the Problem of Knowledge* (Chicago: The University of Chicago Press, 1897). Reprinted "with slight change" in *The Influence of Darwin on Philosophy* (New York: Henry Holt and Co., 1910), 271–304.

EW5:34–53 "Evolution and Ethics," *Monist* VIII (April 1898), 321–41.

EW5:96–109 "The Reflex Arc Concept in Psychology," *Psychological Review* III (July 1896), 357–70.

中期著作

MW1:151–74 "Some Stages of Logical Thought," *Philosophical Review* 9 (1900), 465–89. Revised and reprinted in *Essays in Experimental Logic* (Chicago: The University of Chicago Press, 1916), 183–219. Page references are to the Dover reprint (New York: Dover Publications, Inc., n.d.).

MW2:39–52 "Interpretation of Savage Mind," *Psychological Review* 9 (1902), 217–30. Reprinted in *Philosophy and Civilization* (New York: Minton, Balch and Co., 1931), 173–87.

MW2:293–375 *Studies in Logical Theory* (Chicago: The University of Chicago Press, 1903). The first four essays in this book were revised and reprinted in *Essays in Experimental Logic* (Chicago: The University of Chicago Press, 1916), 75–156. Page references are to the Dover reprint (New York: Dover Publications, Inc., n.d.).

MW4:78–90 "The Control of Ideas by Facts," *Journal of Philosophy, Psychology and Scientific Methods* 4 (1907), 197–203, 253–59, 309–19.

Revised and reprinted in *Essays in Experimental Logic* (Chicago: The University of Chicago Press, 1916), 230–49. Page references are to the Dover reprint (New York: Dover Publications, Inc., n.d.).

MW4:91–97 "The Logical Character of Ideas," *Journal of Philosophy, Psychology and Scientific Methods* 5 (1908), 375–81. Revised and reprinted in *Essays in Experimental Logic* (Chicago: The University of Chicago Press, 1916), 220–29. Page references are to the Dover reprint (New York: Dover Publications, Inc., n.d.).

MW4:98–115 "What Pragmatism Means by Practical." Originally published as "What Does Pragmatism Mean by Practical?", *Journal of Philosophy, Psychology and Scientific Methods* 5 (1908), 85–89. Revised and reprinted in *Essays in Experimental Logic* (Chicago: The University of Chicago Press, 1916), 303–29. Page references are to the Dover reprint (New York: Dover Publications, Inc., n.d.).

MW5:1–540 *Ethics* by John Dewey and James Hayden Tufts (New York: Henry Holt and Co., 1908). Page references are to the 1913 Holt reprint. In 1932 Dewey and Tufts published a substantially revised edition (New York: Henry Holt and Co., 1932).

MW6:103–22 "Brief Studies in Realism," *Journal of Philosophy, Psychology and Scientific Methods* 8 (1911), 393–400, 546–54. Revised and reprinted as "Naive Realism vs. Presentative Realism" and "Epistemological Realism: The Alleged Ubiquity of the Knowledge Relation" in *Essays in Experimental Logic* (Chicago: The University of Chicago Press, 1916), 250–80. Page references are to the Dover reprint (New York: Dover Publications, Inc., n.d.).

MW7:331–33 "Progress," *A Cyclopedia of Education*, ed. Paul Monroe (New York: The Macmillan Co., 1912–1913).

MW8:14–82 "The Logic of Judgments of Practice," *Journal of Philosophy, Psychology and Scientific Methods* 12 (1915), 505–23, 533–43. Revised and reprinted in *Essays in Experimental Logic* (Chicago: The University of Chicago Press, 1916), 335–442. Page references are to the Dover reprint (New York: Dover Publications, Inc., n.d.).

MW8:83–97 "The Existence of the World as a Logical Problem." Originally published as "The Existence of the World as a Problem," *Philosophical Review* 24 (1915), 357–70. Revised and reprinted in *Essays in Experimental Logic* (Chicago: The University of Chicago Press, 1916), 281–302. Page references are to the Dover reprint (New York: Dover Publications, Inc., n.d.).

MW9:1–370 *Democracy and Education* (New York: The Macmillan Co., 1916). Page references are to the 1961 reprint (New York: The Macmillan Co., 1961).

MW10:3–48 "The Need for a Recovery of Philosophy," *Creative Intelligence: Essays in the Pragmatic Attitude* (New York: Henry Holt and Co., 1917), 3–69. This is a volume of essays by various authors.

MW10:89–97 "Logical Objects." Address to the Philosophical Club, 9 March 1916. From unpublished typescript, Papers of the Philosophical Club, Columbia University Special Collections.

MW10:234–43 "Progress," *International Journal of Ethics* 26 (1916), 311–22. Reprinted in *Characters and Events*, ed. Joseph Ratner (New York: Henry Holt and Co., 1929), vol. 2, 820–30.

MW10:244–51 "Force and Coercion," *International Journal of Ethics* 26 (1916), 359–67. Reprinted in *Characters and Events* , ed. Joseph Ratner (New York: Henry Holt and Co., 1929), vol. 2, 782–89.

MW10:320–65 "Introduction," *Essays in Experimental Logic* (Chicago: The University of Chicago Press, 1916), 1–74. Page references are to the Dover reprint (New York: Dover Publications, Inc., n.d.).

MW10:366–69 "An Added Note as to the 'Practical,'" *Essays in Experimental Logic* (Chicago: The University of Chicago Press, 1916), 330–34. Page references are to the Dover reprint (New York: Dover Publications, Inc., n.d.).

MW12:77–201 *Reconstruction in Philosophy* (New York: Henry Holt and Co., 1920). Page references are to the enlarged edition (Boston: Beacon Press, 1957).

MW14:1–230 *Human Nature and Conduct* (New York: Henry Holt and Co., 1922). Page references are to the revised edition (New York: The Modern Library, 1957).

晚期著作

LW1:1–326 *Experience and Nature* (Chicago and London: Open Court Publishing Co., 1925). Page references are to the second edition (La Salle, Ill.: Open Court Publishing Co., 1965).

LW1:329–64 "The Unfinished Introduction" (to a reissue of *Experience and Nature*). Appendix 1 to LW1 of the critical edition.

LW1:365–92 "Experience and Philosophic Method." Appendix 2 to LW1 of the critical edition.

LW2:235–372 *The Public and Its Problems* (New York: Henry Holt and Co., 1927). Page references are to the enlarged edition (Athens, Ohio: Swallow Press Books, 1954).

LW3:3–10 "Philosophy and Civilization." From an address to the Sixth International Congress of Philosophy, Harvard University, 15 September 1926. First published in *Philosophical Review* 36 (1927), 1–9. Reprinted in *Philosophy and Civilization* (New York: Minton Balch & Co., 1931), 3–12.

LW3:92–114 "Philosophies of Freedom," *Freedom in the Modern World*, ed. Horace M. Kallen (New York: Coward-McCann, 1928), 236–71.

LW4:1–250 *The Quest for Certainty* (New York: Minton, Balch and Co., 1929). Page references are to the 1960 reprint (New York: Capricorn Books, 1960).

LW5:41–123 *Individualism Old and New* (New York: Minton, Balch and Co., 1930). Page references are to the 1962 reprint (New York: Capricorn Books, 1962).

LW6:53–63 "Science and Society," *Philosophy and Civilization* (New York: Minton, Balch and Co., 1931), 318–30.

LW8:105–352 *How We Think: A Restatement of the Relation of Reflective Thinking to the Educative Process* (Boston: D. C. Heath and Co., 1933). This is a major revision of *How We Think* (Boston: D. C. Heath and Co., 1910).

LW9:1–58 *A Common Faith* (New Haven: Yale University Press, 1934). Page references are to the 1962 Yale reprint.

LW9:91-95   "Why I Am Not a Communist," *Modern Monthly* 8 (April 1934), 135-37.

LW10:1-352   *Art as Experience* (New York: Minton, Balch and Co., 1934). Page references are to the 1958 reprint (New York: Capricorn Books, 1958).

LW11:1-65   *Liberalism and Social Action* (New York: G. P. Putnam's Sons, 1935). Page references are to the 1980 reprint (New York: Perigee Books, 1980).

LW12:1-527   *Logic: The Theory of Inquiry* (New York: Henry Holt and Co., 1938).

LW13:1-62   *Experience and Education* (New York: The Macmillan Co., 1938).

LW14:224-30   "Creative Democracy—The Task Before Us," *John Dewey and the Promise of America*, Progressive Education Booklet No. 14 (Columbus, Ohio: American Education Press, 1939), 12-17.

从前鉴定版本到鉴定版本

	"An Added Note as to the 'Practical,'" *Essays in Experimental Logic* (Chicago: The University of Chicago Press, 1916), 330-34. Page references are to the Dover reprint (New York: Dover Publications, Inc., n.d.).	MW10:366-69
AE	*Art as Experience* (New York: Minton, Balch and Co., 1934). Page references are to the 1958 reprint (New York: Capricorn Books, 1958).	LW10:1-352
	"Brief Studies in Realism," *Journal of Philosophy, Psychology and Scientific Methods* 8 (1911), 393-400, 546-54. Revised and reprinted as "Naive Realism vs. Presentative Realism" and "Epistemological Realism: The Alleged Ubiquity of the Knowledge Relation" in *Essays in Experimental Logic* (Chicago: The University of Chicago Press, 1916), 250-80. Page references are to the Dover reprint (New York: Dover Publications, Inc., n.d.).	MW6:103-22
	"A Comment on the Foregoing Criticisms," *The Journal of Aesthetics and Art Criticism* 6 (1948), 207-9.	Not yet reprinted in the critical edition
CF	*A Common Faith* (New Haven: Yale University Press, 1934). Page references are to the 1962 Yale reprint.	LW9:1-58
	"The Control of Ideas by Facts," *Journal of Philosophy, Psychology and Scientific Methods* 4 (1907), 197-203, 253-59, 309-19. Revised and reprinted in *Essays in Experimental Logic* (Chicago: The University of Chicago Press, 1916), 230-49. Page references are to the Dover reprint (New York: Dover Publications, Inc., n.d.).	MW4:78-90
	"Creative Democracy—The Task Before Us," *John Dewey and the Promise of America*, Progressive Education Booklet No. 14 (Columbus, Ohio: American Education Press, 1939), 12-17.	LW14:224-30
DE	*Democracy and Education* (New York: The Macmillan	MW9:1-370

	Co., 1916). Page references are to the 1961 Macmillan reprint.	
EEL	*Essays in Experimental Logic* (Chicago: The University of Chicago Press, 1916), 1–74. Page references are to the Dover reprint (New York: Dover Publications, Inc., n.d.).	
E	*Ethics* by John Dewey and James Hayden Tufts. (New York: Henry Holt and Co., 1908). Page references are to the 1913 Holt reprint. In 1932 Dewey and Tufts published a substantially revised edition (New York: Henry Holt and Co., 1932).	MW5:1–540
	"Evolution and Ethics," *Monist* VIII (April 1898), 321–41.	EW5:34–53
	"The Existence of the World as a Logical Problem." Originally published as "The Existence of the World as a Problem," *Philosophical Review* 24 (1915), 357–70. Revised and reprinted in *Essays in Experimental Logic* (Chicago: The University of Chicago Press, 1916), 281–302. Page references are to the Dover reprint (New York: Dover Publications, Inc., n.d.).	MW8:83–97
EE	*Experience and Education* (New York: The Macmillan Co., 1938).	LW13:1–62
EN	*Experience and Nature* (Chicago and London: Open Court Publishing Co., 1925). Page references are to the second edition (La Salle, Ill.: Open Court Publishing Co., 1965).	LW1:1–326
	"Experience and Philosophic Method." Appendix 2 to LW1 of the critical edition.	LW1:365–92
	"Force and Coercion," *International Journal of Ethics* 26 (1916), 359–67. Reprinted in *Characters and Events*, ed. Joseph Ratner (New York: Henry Holt and Co., 1929), vol. 2, 782–89.	MW10:244–51
HWT	*How We Think: A Restatement of the Relation of Reflective Thinking to the Educative Process* (Boston: D. C. Heath and Co., 1933). This is a major revision of *How We Think* (Boston: D. C. Heath and Co., 1910).	LW8:105–352
HNC	*Human Nature and Conduct* (New York: Henry Holt and Co., 1922). Page references are to the revised edition (New York: The Modern Library, 1957).	MW14:1–230
ION	*Individualism Old and New* (New York: Minton, Balch and Co., 1930). Page references are to the 1962 reprint (New York: Capricorn Books, 1962).	LW5:41–123
	"Interpretation of Savage Mind," *Psychological Review* 9 (1902), 217–30. Reprinted in *Philosophy and Civilization* (New York: Minton, Balch and Co., 1931), 173–87.	MW2:39–52
EEL	"Introduction," *Essays in Experimental Logic* (Chicago: The University of Chicago Press, 1916), 1–74. Page	MW10:320–65

	references are to the Dover reprint (New York: Dover Publications, Inc., n.d.).	
	"Introduction to Philosophy: Syllabus of Course 5, Philosophical Department, University of Michigan, *February, 1892.*" Preserved in the University of Michigan Historical Collections.	EW3:211–35
LSA	*Liberalism and Social Action* (New York: G. P. Putnam's Sons, 1935). Page references are to the 1980 reprint (New York: Perigee Books, 1980).	LW11:1–65
	"The Logic of Judgments of Practice," *Journal of Philosophy, Psychology and Scientific Methods* 12 (1915), 505–23, 533–43. Revised and reprinted in *Essays in Experimental Logic* (Chicago: The University of Chicago Press, 1916), 335–42. Page references are to the Dover reprint (New York: Dover Publications, Inc., n.d.).	MW8:14–82
LTI	*Logic: The Theory of Inquiry* (New York: Henry Holt and Co., 1938).	LW12:1–527
	"The Logical Character of Ideas," *Journal of Philosophy, Psychology and Scientific Methods* 5 (1908), 375–81. Revised and reprinted in *Essays in Experimental Logic* (Chicago: The University of Chicago Press, 1916), 220–29. Page references are to the Dover reprint (New York: Dover Publications, Inc., n.d.).	MW4:91–97
	"Logical Objects." Address to the Philosophical Club, 9 March 1916. From unpublished typescript, Papers of the Philosophical Club, Columbia University Special Collections.	MW10:89–97
	"The Need for a Recovery of Philosophy," *Creative Intelligence: Essays in the Pragmatic Attitude* (New York: Henry Holt and Co., 1917), 3–69. This is a volume of essays by various authors.	MW10:3–48
	"Moral Theory and Practice," *International Journal of Ethics* I (January 1891), 186–203.	EW3:93–109
	"Philosophies of Freedom," *Freedom in the Modern World*, ed. Horace M. Kallen (New York: Coward-McCann, 1928), 236–71.	LW3:92–114
PC	*Philosophy and Civilization* (New York: Minton Balch & Co., 1931).	
	"Philosophy and Civilization," from an address to the Sixth International Congress of Philosophy, Harvard University, 15 September 1926. First published in *Philosophical Review* 36 (1927), 1–9. Reprinted in *Philosophy and Civilization* (New York: Minton Balch & Co., 1931), 3–12.	LW3:3–10
	"The Present Position of Logical Theory," *Monist* II (October 1891), 1–17.	EW3:125–41

PM	*Problems of Men* (New York: Philosophical Library, 1946).	
	"Progress," A *Cyclopedia of Education*, ed. Paul Monroe (New York: The Macmillan Co., 1912–1913).	MW7:331–33
	"Progress," *International Journal of Ethics* 26 (1916), 311–22. Reprinted in *Characters and Events*, ed. Joseph Ratner (New York: Henry Holt and Co., 1929), vol. 2, 820–30.	MW10:234–43
PP	*The Public and Its Problems* (New York: Henry Holt and Co., 1927). Page references are to the enlarged edition (Athens, Ohio: Swallow Press Books, 1954).	LW2:235–372
QC	*The Quest for Certainty* (New York: Minton, Balch and Co., 1929). Page references are to the 1960 reprint (New York: Capricorn Books, 1960).	LW4:1–250
RP	*Reconstruction in Philosophy* (New York: Henry Holt and Co., 1920). Page references are to the enlarged edition (Boston: Beacon Press, 1957).	MW12:77–201
	"The Reflex Arc Concept in Psychology," *Psychological Review* III (July 1896), 357–70.	EW5:96–109
	"Science and Society," *Philosophy and Civilization* (New York: Minton, Balch and Co., 1931), 318–30.	LW6:53–63
	The Significance of the Problem of Knowledge (Chicago: The University of Chicago Press, 1897). Reprinted "with slight change" in *The Influence of Darwin on Philosophy* (New York: Henry Holt and Co., 1910), 271–304.	EW5:3–24
	"Some Stages of Logical Thought," *Philosophical Review* 9 (1900), 465–89. Revised and reprinted in *Essays in Experimental Logic* (Chicago: The University of Chicago Press, 1916), 183–219. Page references are to the Dover reprint (New York: Dover Publications, Inc., n.d.).	MW1:151–74
SLT	*Studies in Logical Theory* (Chicago: The University of Chicago Press, 1903). The first four essays in this book are reprinted in *Essays in Experimental Logic* (Chicago: The University of Chicago Press, 1916), 75–156. Page references are to the Dover reprint (New York: Dover Publications, Inc., n.d.).	MW2:293–375
	The Study of Ethics (Ann Arbor: The Inland Press, 1894).	EW4:219–362
	"The Superstition of Necessity," *Monist* III (April 1893), 362–79.	EW4:19–36
	"The Unfinished Introduction" (to a reissue of *Experience and Nature*). Appendix 1 to LW1 of the critical edition.	LW1:329–64
	"What Pragmatism Means by Practical." Originally published as "What Does Pragmatism Mean by Practical?", *Journal of Philosophy, Psychology and Scientific Methods* 5 (1908), 85–89. Reprinted in *Essays*	MW4:98–115

in Experimental Logic (Chicago: The University of Chicago Press, 1916), 303–29. Page references are to the Dover reprint (New York: Dover Publications, Inc., n.d.).

"Why I Am Not a Communist," *Modern Monthly* 8 (April 1934), 135–37. LW9:91–95

索 引

(页码为原书页码,即本书边码)

A

阿里斯托芬 Aristophanes 163
阿伦特,汉娜 Arendt, Hannah 76, 109
埃吕尔,雅克 Ellul, Jacques 9, 142, 146-150, 153, 154, 158, 161-163, 172, 202, 215, 223, 224
埃文斯,奥利弗 Evans, Oliver 218
艾尔斯 Ayres, C. E. 2, 46, 78, 201, 218, 221, 227
爱默生 Emerson, Ralph Waldo 68, 177
奥尔登堡,克莱斯 Oldenburg, Claes 66
奥古斯丁 Augustine 155, 157, 199
奥基夫,乔治亚 O'Keefe, Georgia 74
奥卡姆的剃刀 Ockham's razor 33, 47
奥斯丁 Austin, J. L. 161
奥特加·伊·加塞特,何塞 Ortega y Gasset, José 81, 82, 98, 222

B

巴雷特,威廉 Barrett, William 13, 215
柏拉图 Plato 17, 23, 24, 37, 71, 83, 93, 94, 96, 157
包含的关系 Inclusion, relation of 132
暴力 Violence 187
贝尔,丹尼尔 Bell, Daniel 81, 82
贝拉,罗伯特 Bellah, Robert N. 183, 225
本杰明,瓦尔特 Benjamin, Walter 219

本特利,阿瑟 Bentley, Arthur F. 4
本体论 Ontology 116, 129
本体论的配置 Ontological square 101
本性 Natures 155
本质 Essences 18, 22, 52
本质主义 Essentialism 18, 23, 125, 129, 154, 155, 173
比尔德,查尔斯 Beard, Charles A. 2, 8, 214
比尔德,玛丽 Beard, Mary R. 214
彼得斯 Peters, F. E. 216, 222
必然性 Necessity 18, 39, 108, 126, 142, 143, 156; 必然性和偶然性 and contingency 122; 因果必然性 causal 130; 必然性的学说 doctrine of 120, 121; 现实存在的必然性 existential 120; 逻辑的必然性 logical 120; 必然性的迷信 superstition of 121, 122
毕加索 Picasso, Pablo 66
边沁,杰里米 Bentham, Jeremy 157
变化 Change 178, 191; 科学的变化 scientific 201
标记 Signs : 人工标记 artificial 136; 作为意义的标记 as meanings 52; 作为可靠指示的标记 as reliable indicators 52; 作为科学证据的标记 as scientific evidence 50; 作为证据的标记 eviden-

索 引 275

tial 132；天然标记 natural 136
标记行为 Sign behavior 156
伯恩，兰多夫 Bourne, Randolph 226, 227
伯恩斯坦，理查德 Bernstein, Richard 28, 217
伯格曼，阿尔伯特 Borgmann, Albert 8, 10, 11, 14, 215
伯格，约翰 Berger, John 219
伯朗宁，道格拉斯 Browning, Douglas 221
伯特，爱德文 Burtt, Edwin A. 196, 227
布赫勒尔，贾斯特斯 Buchler, Justus 221
布柯维兹，尼古拉斯 Lobkowicz, Nicholas 222
布拉德雷 Bradley, F. H. 200
布勒特，加里 Bullert, Gary 227
布鲁姆，阿伦 Bloom, Allan 215

C

材料 Data 52, 103, 116, 130, 137
产品 Products 161, 196；语言之外的产品 extralinguistic 199；可靠的产品 reliable 198；可验证的产品 testable 198
超越 Transcendence 2
超自然 Supernatural 97, 192
冲动 Impulses 157, 184, 197
储藏室 Storeroom：杜威思想中的储藏室比喻 as metaphor in Dewey 53, 55；海德格尔思想中的储藏室比喻 as metaphor in Heidegger 53
纯粹偶然 Tyche 17
存在 Being 95, 96

D

达尔文 Darwin, Charles 31, 202
达尔文主义 Darwinism 184
低等动物 Animals, lower 182, 185
笛卡尔 Descartes, Ren 24, 25, 71, 155, 173, 174
典型特性 Traits, characteristic 21, 102, 130, 131, 198；特性的关联 conjunctions of 132；逻辑特性 logical 115
定律/规律/法律 Law 102；反托拉斯法 antitrust 182；一般规律 general 127；物理定律 physical 134；科学定律 scientific 133, 188, 189；技术的规律 technological 141
动机 Motives 63
杜卡斯 Ducasse, C. J. 104, 222
杜尚，马塞尔 Duchamp, Marcel 66, 219
杜威对基础主义的拒斥 Foundationalism, Dewey's rejection of 10
杜威对"涉及"的定义 Reference, Dewey's definition of 137
对象 Objects 54, 87, 103, 104, 118；持久的对象 as enduring 136；持久对象的现实存在 existence of as enduring 128；对象的含义 significance of 99
对象化 Objectification 87, 88, 91
多愁善感 Sentimentality 188

E

恩格斯 Engels, Frederick 167
二元论 Dualism 96, 117, 181, 183, 196；本体论的二元论 ontological 196；杜威厌恶二元论 Dewey's dislike

of 5, 81；托马斯·赫胥黎的二元论 of Thomas Huxley 182；柏拉图的二元论 Platonic 94

F

发生法 Genetic method 83

发生心理学 Genetic psychology 89

发展 Development 178；文化的发展 of culture 33；有机体的发展 of organisms 33

法兰克福学派 Frankfurt School 64, 169, 201

反基础主义 Antifoundationalism 198

反思 Reflection 21

反转的适应 Reverse adaptation 152, 163

范畴 Categories 18, 133

方法 Method：教育的方法 educational 194；经验的方法 empirical 196；指示方法 of denotation 196；指称方法 of designation 196

非决定论 Indeterminism 141；技术阶段非决定论 "technological stage" 144

菲奇诺,马西略 Ficino, Marcilio 42

费尔巴哈 Feuerbach, Ludwig 145

费尔基斯,维克托 Ferkiss, Victor 9, 215

分类 Sorting 129

分配 Distribution 150

封闭的宇宙 Block universe 181, 188

封建制度 Feudalism 175

弗雷格 Frege, Gottlob 133

符号 Symbols 57, 138

G

改进 Amelioration 198

改造 Reconstruction 57

概念论 Conceptualism 128, 129

感觉 Sensations 32

感觉材料 Sense data 20, 32

感觉上的差异 Difference, sensible 200, 201

感情 Emotions 184

个人主义 Individualism 157, 173

个体 Individual 168, 169, 171；个体和群体 and group 170, 171；个体和社会 and society 169

个体性 Individuality 169

各种技术 Technologies：各种技术作为知觉的组织者 as organizers of perception 29；各种技术作为经验的平台 as platforms for experience 29；各种技术作为相互作用的中介 as transactional mediators 29

各种理论 Theories：以条件句表达的各种理论 as conditionals 112；作为工具的各种理论 as tools 113；一般性的理论 general 112

(各种)意义 Meanings 27, 52, 70, 118, 138；情境化的意义 as contextual 57；探究中给予的意义 as given in inquiry 118；意义作为推论的东西 as things-of-inference 118；常识的意义 common sense 50；外在的意义 extrinsic 40；科学探究中的意义 in scientific inquiry 118；习俗的意义 institutional 50；内在的意义 intrinsic 40

工匠 Artisan 94；伟大工匠 Grand 118

索　引　277

工匠 Craftsman 86；希腊的工匠 Greek 95

工匠 Artisans 46；希腊的工匠 Greek 91

工具 Tools 36，40，43，46，61，162，173，193，197，202；负载价值的工具 as laden with values 13，202；习惯作为工具 as habits 16，21；作为理论的工具 as theories 21；价值中立的工具 as value-neutral 13，202；从推论中得出的工具 derived from inference 47；外在于有机体的工具 extra-organic 36；内在于有机体的工具 intra-organic 36；被动意义的工具 passive sense of；工具的验证 tests of 22

工具 Instruments 149，197；科学的工具 scientific 40

工具论 Instrumentalism 58，74，76，113，124，158，180，182，195；替代实在论和观念论的工具论 as alternative to realism and idealism 31；工具论作为"技术"的同义词 as synonym for "technology" 31；伯格曼关于工具论的观点 Borgmann's view of 10；杜威对工具论的改造 Dewey's reconstruction of 2，23；霍克海默对工具论的批判 Horkheimer's critique of 65；工具论的标志 marks of 198；一般的或"直线"工具论 ordinary or "straight-line" 12，13，14，148，149，163，169，175，189，195，201，202；维特根斯坦的工具论 Wittgenstein's 199

工具箱的隐喻 Toolbox as metaphor 16

工具制造 Tool-making 11

工业革命 Industrial revolution 78

工作 Pones 109

公共体 Publics 170，171，177

公民自由 Liberties，civil 199

功利主义 Utilitarians 175

功能主义 Functionalism 15

共同体 Communities 187；面对面交流的共同体 face-to-face 176；全球性化的共同体 global 176

古典自由主义 Liberalism，classical 145，157，158，173，175

固有 Inherence 18

观念论 Idealism 23，33，34，48，51，55，168；杜威对观念论的拒斥 Dewey's rejection of 31；黑格尔的观念论 Hegelian 74

观念论者 Idealists 123

观念 Ideas：作为人工物的观念 as artifacts 12；作为艺术作品的观念 as works of art 70

惯性 Inertia 101

规则性 Regularities 88，121

H

哈贝马斯 Habermas，Jürgen 161

海德格尔 Heidegger，Martin 53，61，198，199，218，227

海尔布伦纳，罗伯特 Heilbroner，Robert 86

含义 Signification 88

含义 Significance 27，99

含意 Implication 136；杜威对含意的定义 Dewey's definition of 136
荷马 Homer 83，89
核武器 Weapons, nuclear 178
赫尔姆，伯兰特 Helm, Bertrand 32，217
赫拉克利特 Heraclitus 90
赫西俄德 Hesiod 89，90，222
赫胥黎，托马斯 Huxley, Thomas H. 77，181，182，225
黑格尔 Hegel 23，24，37，82，84，113
胡德，韦伯斯特 Hood, Webster 28，29，213，217，220
胡克，悉尼 Hook, Sidney 2，3，25，63，217，219
怀特海 Whitehead, Alfred 222
怀特，林恩 White, Lynn 68，69，81，90，219，222
怀疑 Doubt 19；笛卡尔的怀疑 Cartesian 24；真正的怀疑 real 24
还原论 Reductionism 198
环境 Environment 20，155，156，181；适应环境 accommodation to 70；环境内的调节 adjustment within 70；改变环境 alteration of 70
惠特曼 Whitman, Walt 68
货币的发明 Coinage, invention of 90
霍尔，斯坦利 Hall, G. Stanley 31，32
霍夫斯塔特，理查德 Hofstadter, Richard 180，223，225
霍克海默，马克斯 Horkheimer, Max 64，65，67，200，201，217-219，227

J

伽利略 Galileo 83，92，101，174
基督教 Christianity 159，186
基督教的爱 Love, Christian 191
激情 Passions 193
吉迪恩，西格弗里德 Giedion, Siegfried 3，214，218
吉姆佩尔，让 Gimpel, Jean 41，218
集中营 Concentration camps 199，201
技能 Skill 17，18，27，32，44，60，68，70，98，164，183
技术的复杂性 Technological complexity：隐蔽的复杂性 concealed 149；显明的复杂性 manifest 149
技术 Technology：技术自主性 autonomy of 9，140；包含物质人工物的技术 as inclusive of material artifacts 7；广义的技术和狭义的技术 broad and narrow senses of 6；技术的历史阶段 historical stages of 3，82，142；技术的工具论方法 instrumentalist approaches to 9；技术的多元论方法 pluralist approaches to 9；日常技术 quotidian 8；技术和科学的关系 relation to science 11；负责任的技术 responsible 202；技术的实体论方法 substantivist approaches to 8；没有"核心"的技术 without a core 202
技术僵局 Technological gridlock 146，161
技术律令 Imperative, technological 151，152
技艺 Technique 146，147，164

技艺 Techne 17-19, 61, 92, 96, 109
加尔布雷斯,约翰·肯尼斯 Galbraith, John K. 81, 82, 150
假设 Hypotheses 112
检测和提示 Checks and cues 119, 161
交流/通讯 Communication 1, 63, 169, 175, 177
教育 Education 194;科学教育 scientific 117
阶级利益 Class interests 165
结构 Structure 125
结果 Effects 124
解构主义 Deconstructivism 198
金律 Golden Rule 114
进步的时代 Progressive era 167
进步论者 Progressives 181
进步 Progress 84, 178, 183, 201;自发的进步 as automatic 178;自然的进步 as natural 178;进步的必然性 inevitability of 106;技术的进步 technological 201;维多利亚时代的进步观念 Victorian notion of 89
进化 Evolution 178, 179, 181, 182, 202
经济萧条 Depression, economic 193
经验 Empeiria 17
经验 Experience 19, 20, 26, 28, 30, 35, 41, 75, 106;情感的经验 affectional 21;作为圆满的经验 as consummatory 11;与"一个"作对比 contrasted to "an" experience 20;经验的发展 growth of 76;非认知的经验 noncognitive 35;源初的经验 primary 196;宗教经验 religious 191;社会经验 social 21;经验的类型 types of 60
经验主义 Empiricism 173
精神贯注 Cathexis 193
静观 Contemplation 94
静观 Contemplatio 108
决定论 Determinism 177;"未来技术阶段决定论" "future technological stage" 144;"有限制的技术阶段决定论" "limited technological stage" 143, 153;"无限制的技术阶段决定论" "unlimited technological stage" 144;强决定论 hard 86, 141;弱决定论 soft 141;技术决定论 technological 86, 140, 142, 156, 162, 177
绝对 Absolute, The 35, 37
爵士乐 Jazz 65, 79

K

卡内基,安德鲁 Carnegie, Andrew 180, 182
卡彭特,斯坦利 Carpenter, Stanley 151, 152, 223, 224
凯利,弗洛伦斯 Kelley, Florence 167
康德 Kant, Immanuel 37, 39, 40, 82, 113, 155
考恩霍文,约翰 Kouwenhoven, John 68
柯布西耶,勒 Le Corbusier 69
科斯特洛,哈里 Costello, Harry T. 47, 55, 59, 218, 219
科学 Science 46, 116, 140, 178, 201;科学中的审美成分 aesthetic components of 73;科学和文学 and literature

197；科学和含义 and significance 92；亚里士多德的科学 Aristotelian 100；作为艺术的科学 as art 58；作为工业的科学 as industry 118；作为一种技术的科学 as type of technology 75；科学的观念 idea of 92；物理科学 physical 194；科学和艺术的关系 relation to art 75；17 世纪的科学 in seventeenth century 175

科学主义 Scientism 119

可感觉的东西 Aistheta 93

可见可即的目的 End-in-view 13，53，54，71，72，181，190，197

可靠的后果 Consequences, reliable 198

可靠性 Warrantability 134，198

克罗齐 Croce, Benedetto 74，75，217

客观主义 Objectivism 88

肯尼迪，盖尔 Kennedy, Gall 135

控制 Control 104

跨国企业 Corporations, transnational 175

奎因，威拉德·范·奥曼 Quine, Willard Van Orman 32，217，223

昆顿，安东尼 Quinton, Anthony 81，221

L

拉奥，罗摩克里希纳 Rao, K. Ramakrishna 226

拉普拉斯，皮埃尔 Laplace, Pierre 141

拉斯韦尔，哈罗德 Lasswell, Harold 146

拉特纳，西德尼 Ratner, Sidney 214

拉特纳，约瑟夫 Ratner, Joseph 226

赖奇，罗伯特 Reich, Robert B. 183，225

浪费 Waste 189

劳埃德，亨利·德马雷斯特 Lloyd, Henery Demarest 167

雷夫金，杰瑞米 Rifkin, Jeremy 178

李约瑟 Needham, Joseph 81

里德，赫伯特 Read, Herbert 68

理论 Theoria 99，108，109

理论 Theory 107；理论和实践 and practice 126；作为一种实践模式的理论 as mode of practice 119；作为一种产品的理论 as product 114

理论知识 Theoretike 18

理论知识 Episteme 17，108

理想 Ideals 182

理性的伦理 Ethic, rational 186；宗教的伦理 religious 186

理性主义 Rationalism 173

理智 Intelligence 34，89，146，186，189，191；杜威对理智的描述 Dewey's characterization of 11

历史 History 34，140，158，159，172；历史的规律 laws of 158-160；历史的书写 writing of 81

列维-斯特劳斯 Lévi-Strauss, Claude 84，85，213，221

灵魂 Soul 200

卢德主义 Luddism 148，179

卢梭 Rousseau, Jean-Jacques 168

绿色革命 Green revolution 160

伦理学 Ethics 187；作为工程分支的伦理学 as species of engineering 111；伦理学的"菜谱"方法 "Cookbook" approaches to 110；基础伦理学 foundational 110

罗伯逊,帕特 Robertson, Pat 217

罗德里克,里克 Roderick, Rick 224

罗蒂 Rorty, Richard 39, 197, 198, 213, 218, 227

罗尔斯,约翰 Rawls, John 168-171, 173, 224

罗赫伯格-霍尔顿,尤金 Rochberg-Halton, Eugene 215

罗素,伯兰特 Russell, Bertrand 54, 88, 133, 200

罗伊斯,乔赛亚 Royce, Josiah 3

逻辑连接词 Connectives, logical 54

逻辑实体 Logical entities 46;作为发明的逻辑实体 as intentions 47

逻辑种类 Classes, logical 129

洛克 Locke, John 157, 168, 173, 175

洛克菲勒,约翰 Rockefeller, John D. 141, 182

M

马尔萨斯 Malthus, Thomas 183

马格里特,雷尼 Magritte, René 69

马克思 Marx, Karl 78, 81, 82, 86, 125, 142, 144, 146, 147, 154, 158, 160, 161, 163, 167, 217, 223

马克思主义 Marxism 140, 159;批判的马克思主义 critical 142;科学的马克思主义 scientific 142, 143

马克思主义者 Marxists 76;批判的马克思主义者 critical 153, 161, 169;科学的马克思主义者 scientific 147, 161, 169

马斯特,吉罗德 Mast, Gerald 220

麦基,罗伯特 Mackey, Robert 7, 213, 214

麦克德谟特,约翰 McDermott, John J. 29, 75, 78, 195, 196, 213, 217, 221, 227

麦克卢汉 McLuhan, Marshall 25, 81, 82, 176

曼海姆,卡尔 Mannheim, Karl 149, 193, 194, 226

芒福德,刘易斯 Mumford, Lewis 3, 5, 150, 214

茂莱,吉伯特 Murray, Gilbert 99

梅洛-庞蒂 Merleau-Ponty, Maurice 43

梅塞纳,伊曼纽尔 Mesthene, Emmanuel G. 215

门肯 Mencken, H. L. 214

蒙塔古,威廉 Montague, William P. 47

蒙特尔,威廉 Monter, E. William 42, 218

米德 Mead, G. H. 161

米尔斯,赖特 Mills, C. Wright 110, 167, 175, 194, 195, 214, 222, 224-227

米哈洛斯,亚历克斯 Michalos, Alex C. 213

米切姆,卡尔 Mitcham, Carl 6, 14, 213-215

民主 Democracy 166, 172

明尼格,大卫 Menninger, David C. 148, 224

命题 Propositions 27, 116;一般命题 general 131;一般性命题 generic 131-133;

数学命题 mathematical 134；特称命题 particular 127；单称命题 singular 127；全称命题 universal 131-133

末世论神话 Myths, eschatological 199

目标 Purpose 63，181

目标 Goals 149

目的 Ends 172，180；审美目的 aesthetic 94；目的和手段 and means 12，66，87，201；与目的结合 articulation of 202；目的作为可见可即的目的 as ends-in-view 1，12；作为筹划的目的 as projections 72；手段和目的相脱离 dissociated from means 202；最终的目的 final 45；固定的目的 fixed 12，64，71，201，202；当下享用的目的 immediately enjoyed 92；固定不变的目的 inflexible 149；目的的修正 modification of 202；自然的目的 natural 72；非技术的目的 non-technological 202；可靠的目的 secure 80

穆勒 Mill, J. S. 157

N

内格尔，欧内斯特 Nagel, Ernest 133，223

内在价值 Value, intrinsic 35

尼布尔，莱茵霍尔德 Niebuhr, Reinhold 167，185-187，191，194，195，225

尼采 Nietzsche, Friedrich 199

牛顿 Newton, Isaac 101

努斯鲍姆，玛莎 Nussbaum, Martha 215

诺齐克 Nozick, Robert 168-171，173，224

P

派生的方法 Methods, secondary 196

旁观者 Theoros 108

培根，弗朗西斯 Bacon, Francis 15，178，216

佩珀，斯蒂芬 Pepper, Stephen 74，217

批判 Criticism 105

皮尔士 Peirce, C. S. 3，60，84，102，119，197，217，223

破除偶像主义 Iconoclasm 219

普遍性 Universals 128，169；普遍性的家族相似理论 family resemblance theory of 169；逻辑的普遍性 logical 40

普鲁东，皮埃尔 Proudhon, Pierre 145

Q

牵扯 Involvement 127，135

强制 Coercion 187

情形 Situation 38，188；现实存在的情形 existential 137；疑难情形 problematic 200

权力 Power 186，188

确定性 Certainty 18

R

《人道主义宣言》Humanist Manifesto 191，226

人工物 Artifacts 61，196；作为添加的人工物 as additive 92；作为转化的人工物 as transformative 92；科学的人工物 scientific 73

认知 Knowing：作为人工物的认知 as artifact 70；作为技术活动的认知 as technological activity 55；作为技术任

务的认知 as technological task 50；相互作用的认知 as transactional 4；最高等级的认知 honorific sense of 4, 22；与行动和制造对立的认知 opposed to doing and making 100

S

萨姆纳，威廉·格雷厄姆 Sumner, William Graham 180

三段论 Syllogism 109

桑代克，林恩 Thorndike, Lynn 81

桑塔亚那，乔治 Santayana, George 3

沙德瓦尔特，沃尔夫冈 Schadewaldt, Wolfgang 18, 216, 220

上帝 God 34, 35, 141, 145, 147, 157, 200

社会契约 Social contract 168, 174

社会现实主义 Social realism 64

社会主义 Socialism 82

身体和心灵 Body and mind 44

身—心 Mind and body 44

神话 Myth 41, 125, 192, 221

神灵的干预 Divine intervention 202

神秘主义 Mysticism：海德格尔的神秘主义 Heidegger's 199；维特根斯坦的神秘主义 Wittgenstein's 199

审查 Censorship 92

审美鉴赏 Aesthetic appreciation 41, 67, 73

生产 Production 107, 121, 150, 175, 187；生产力 forces of 144；大规模生产 mass 176；生产方式 means of 91；生产模式 modes of 159；生产关系 relations of 144

生成/制作 Poiesis 99, 108, 109

诗歌 Poetry 43, 47

施利普，保罗·亚瑟 Schilpp, Paul Arthur 220

施泰因贝格，列奥 Steinberg Leo 219

时间 Time 31；时间的空间化 spatialization of 34

实践 Praxis 99, 108, 109

实践知识 Praktike 18

实践 Practice 93, 107；作为产品的实践 as product 114

实体 Substance 200

实体 Entities 形而上学的实体 metaphysical 13, 200；物理学的实体 physical 13；心理学的实体 psychical 13

实验 Experimentation 48, 184, 185；社会实验 social 195

实验主义 Experimentalism 31, 58, 169

实用主义 Pragmatism 58, 180, 184；平庸的实用主义 commonplace 124；看重技术的实用主义 technically informed 124

实在 Reality 124, 194

实在论 Realism 48, 51, 55, 88, 128, 168；杜威对实在论的拒斥 Dewey's rejection of 31

实在论者 Realists 123

世俗的人道主义 Humanism, secular 34

事实 Fact 120；general 一般事实 134；杜威论"事实" in works of Dewey 102；皮尔士论"事实" in works of

Peirce 102

视觉 Vision 25

视觉隐喻 Metaphors, visual 25

适应 Adaptation 32

手段 Means 80, 169; 手段和目的 and ends 12, 66, 73, 87, 201; 技术手段 technical 201

手艺 Craftsmanship 40

数量 Quantity 95

属性 Properties 102

数学 Mathematics 46

数学概念 Concepts, mathematical 25

数字的客观性 Number, as objective 200

私人和公共 Private and public 169

斯宾塞,赫伯特 Spencer, Herbert 141, 179

斯利珀,拉尔夫 Sleeper, Ralph W. 7, 30, 198, 215, 217, 223, 227

斯密,亚当 Smith, Adam 146

斯托克,圣乔治 Stock, St. George 222

斯托默,约翰 Stormer, John A. 217

苏格拉底 Socrates 89, 90

宿命论 Fatalism 180, 184

T

泰奇,阿尔伯特 Teich, Albert H. 213

探究 Inquiry 14, 23, 24, 29, 36, 38, 43, 45, 53, 60, 70, 101, 111, 142, 153, 203; 探究作为技术的同义词 as synonym for technology 1; 探究的连贯性 continuity of 138; 杜威对探究的定义 Dewey's definition of 45; 杜威的探究的发生法 Dewey's genetic method of 10; 艺术中的探究 in the arts 197; 科学的探究 scientific 197; 社会探究 social 172; 可验证的探究 testable 202; 探究的本能 instincts 157

汤普森,曼利 Thompson, Manley 217

唐老鸭 Donald Duck 64, 65

替换 Substitution 104

调整 Adjustment 183, 191

图尔明,斯蒂芬 Toulmin, Stephen 5, 214

推论 Inference 17, 129; 无法否认的推论 as hard fact 116; 社会性的推论 as social 117; 作为技艺的推论 as technique 116; 杜威对推论的定义 Dewey's definition of 136

托洛茨基,利昂 Trotsky, Leon 200

W

万物有灵论 Animism 87

韦伯,马克斯 Weber, Max 167

韦弗,厄尔·詹姆斯 Weaver, Earl James 214, 225

韦斯顿,爱德华 Weston, Edward 74

为生存的斗争 Struggle for existence 181-182

为幸福的斗争 Struggle for happiness 182

唯名论 Nominalism 128

温纳,兰登 Winner, Langdon 13, 142, 148, 150, 152-154, 158, 163, 164, 169, 224

维索戈洛德,伊迪丝 Wyschogrod, Edith 85, 213, 221

维特根斯坦 Wittgenstein, Ludwig 39, 57, 121, 198, 199, 218

文化 Culture：文化和自然 and nature 196；欧洲文化 European 199；物质文化 material 173

文艺复兴 Renaissance 99

翁,沃尔特 Ong, Walter 216

沃克 Walker, D. P. 218

沃克,罗伯特 Walker, Ribert H. 214

巫术 Magic 42, 47

无技艺 Atechnia 18

武力 Force 187, 188, 190

物种 Species 31, 110

X

希恩,托马斯 Sheehan, Thomas 227

希望 Hope：社会希望 social 198；不合理的希望 unjustifiable 198

习惯 Habit 16, 85, 98, 129, 155, 157, 164, 182, 183, 185, 197

先天 A priori 54

现象学 Phenomenology 29

想象(力) Imagination 77, 107, 203

效率 Efficiency 189

信念 Faith 191, 192

信仰 Belief 192

行为 Behavior 54

行为主义 Behaviorism 51

形而上学的原理 Principles, metaphysical 203

形而上学 Metaphysics 24, 175, 201；亚里士多德的形而上学 Aristotelian 26；静观的形而上学 contemplative 200；希腊的形而上学 Greek 95；霍克海默的形而上学 of Horkheimer 200

形式 Forms, the 93, 157；亚里士多德关于形式的观点 Aristotle's view of 95

型 Eidos 93

性质 Qualities 18, 19, 27, 35, 49, 102, 130, 131；外在性质 extrinsic 72；亚里士多德对性质的看法 in Aristotle 101；固有性质 inherence of 101；内在性质 intrinsic 72；一般性质 universal 101

休谟 Hume, David 24, 37, 88, 130, 131, 223

休斯,罗伯特 Hughes, Robert 69, 219

修补术 Bricolage 85

修昔底德 Thucydides 93

选择 Choice 155, 156, 158, 202

Y

亚当斯,简 Addams, Jane 167

亚里士多德 Aristotle 15, 17, 18, 71, 74, 83, 94-96, 100, 109, 118, 119, 122, 126, 131, 172, 215, 216, 222

亚历山大,托马斯 Alexander, Thomas M. 76, 221

一般性 Generality 129；一般性的基础 grounds of 129；逻辑的一般性 logical 130

伊斯特曼,马克斯 Eastman, Max 214

仪器 Instrumentation 107, 150；实验中对仪器的应用 use of in experimentation 4

仪式 Ceremony 79

移民 Immigrants 194, 195

艺术产品 Art products：粗糙的艺术产品 crude 91；精美的艺术产品 refined 91

艺术/技艺 Art："工具的"技艺"instrumental" 65；作为圆满的艺术 as consummation 60；作为模仿的艺术 as imitation 74；作为生产过程的技艺 as process of production 60；艺术与科学的关系 relation to science 75；艺术作品 works of 12，67

艺术/技艺 Arts：美的艺术 fine 58，62，88；工业技艺 industrial 123；文艺 liberal 97；工艺 mechanical 97，201；技术的艺术 technical，62；技术性的艺术 technological 60；实用的艺术 useful 62；地方性的艺术 vernacular 58，62

意识形态 Ideology 202；敌托邦的意识形态 dystopian 177；乌托邦的意识形态 utopian 177

意义 Meaning 30，38；意义与对象的对比 contrasted to objects 117；杜威对意义的描绘 Dewey's characterization of 117；詹姆斯论意义 in James 56；艺术中的意义 in the arts 67；意义的发生地 locus of 201；观念的意义 of an Idea 56；对象的意义 of an object 56；真理的意义 of truth 56；实践意义 practical 56

意志 Will 15，123，155；政治意志 political 165

因果关系 Causation：现实存在的因果关系 as existential 130；逻辑的因果关系 as logical 130；因果关系原理 principle of 122

有含义的暗示 Suggestions，as significant 51；简单的暗示 simpliciter 51

有机体 Organism 43

语言游戏 Language games 58

语言 Language 38，40，44；作为"工具的工具"的语言 as "tool of tools" 44，58；习俗的语言 institutional 56；人工物的语言 of artifacts 49；语言的图像说 picture theory of 39，40；"私人语言""private" 39；科学的语言 scientific 56

欲望 Desire 184

原因和结果 Cause and effect 95，108，120，124，156

原因 Cause：原因的客观性 as objective 200；动力因 efficient 123；目的因 final 123；亚里士多德的原因说 in Aristotle 94，123；原因与先行条件 versus antecedent 94

原子论 Atomism 90；心理学的原子论 psychological 130

圆满 Consummations 71，181

约纳斯，汉斯 Jonas, Hans 203，227

运气 Luck 195

Z

造物主 Demiourgos 93

责任 Responsibility 196，197，202；"本体论的责任""ontological" 203；汉斯·约纳斯论责任 according to Hans Jonas 203；个人责任 personal 197

詹姆斯，威廉 James, William 3，20，26，31，32，35，60，77，78，98，111，

120, 135, 136, 141, 142, 154, 214, 217, 221, 223

哲学的谬误 Philosophic fallacy 73, 115, 117, 126, 154, 160, 168

真理 Truth 222；真理和谬误 and falsity 81；真理符合论 correspondence theory of 116；笛卡尔的真理标准 Descartes's criteria for 25；客观真理 objective 200

正义 Justice 186

政治 Politics 187

政治控制 Political control 162

支票 Checks 139

知识 Knowledge 111, 192；确定性的知识 as certainty 8, 37；"认识"的知识 "epistemic" 28；知识的镜像理论 mirror theory of 51；知识的恰当职责 proper business of 38；知识的类型 types of 26, 38；"充满活力的" "vital" 知识 28

至善 Summum bonum 66, 165

制造 Manufacture 115

智者 Sophists 89, 90

钟表 Clocks 41

种类 Kinds 127-129, 133；自然种类 natural 52, 131

重力 Gravity 101

主观主义 Subjectivism 88, 113；杜威对主观主义的拒斥 Dewey's rejection of 26

装饰 Decoration 79

自然 Physis 17, 220

自然 Natura 220

自然的历史 Natural history 146

自然的与人工的 Natural versus artificial 73

自然规律 Natural law 174, 181

自然权利 Natural rights 173

自然选择 Natural selection 181, 183

自然主义 Naturalism 15, 38, 44

自然 Nature 31, 45, 110, 170, 180；自然和文化 and culture 196；希腊人的自然观 Greek view of 17

自我表现 Self-expression 62

自由 Freedom 158, 170, 171, 184

自主化技术 Autonomy of technology 147, 153, 162

宗教 Religion 194

宗教原教旨主义 Fundamentalism, religious 33, 34, 192, 217, 218

作为制造产品的言语 Speech, as manufactured article 115

译后记

2004年，美国哲学家杜威的《确定性的寻求——关于知行关系的研究》的中文版重新出版。读完这本书后，我感触良多，可以用振聋发聩来形容。杜威的这部著作改变了我对哲学的一些看法。

杜威在这部著作中揭穿了传统哲学的"假面具"。他试图改造传统哲学，认为传统哲学的概念、术语、问题和方法要么过时了，要么被滥用了。尤其是传统哲学试图追求一种普遍的、绝对的和可靠的知识，这在杜威看来是一项"不可能完成的任务"。

杜威认为，我们生活的这个世界是稳定性和不确定性构成的混合体，充满了各种风险和机遇。这种环境要求我们有所行动，做出回应，而我们的行动本身又将新的变数引入环境中。人在环境中有所行动是必要的，同时也充满了危险。传统哲学不号召采取积极的行动应付环境，而是认为只有完全固定不变的东西才是实在的。对确定性的寻求支配了整个传统哲学。哲学家试图通过理智活动逃避不确定性的危险，完全的确定性只能在纯粹的认知活动中才能实现。这其实不仅是哲学家的想法，大部分人都希望生活在一个确定性的世界里，哲学家的理论只不过是这种想法的反映和升华。

为了应对不确定和危险的世界，人们需要不断地探索和实验，这最终就需要各种各样的技术。杜威在早期把他的实用主义称为"工具论"，后来又改称"实验主义"，最后干脆称为"技术"。杜威曾说："如果我在提出科学作为一种知识的特性时，彻底地用'技术'代替'工具论'，我就有可能避免大量的误解。"

说到技术，我们往往会想到各种各样的工具和机器。但是，杜威所说的"技术"不仅仅包括这些。杜威把技术（technology）的概念追溯到古希腊，认为"技术"包含了"技艺"（techne）和"逻各斯"（logos）。"技术"就是对工具和技艺的探究。工具和机器是技术，逻辑和语言也是技术；科学是一种技术，共同体和国家也是技术；生产性技能是技术，解决疑难情形的探究方式也是技术。总之，杜威是用"技术"描述各种活动，它是人类面对各种疑难情形，利用各种探究工具作为手段，以便解决各种问题。用法国哲学家斯蒂格勒在《技术与时间：爱比米修斯的过失》中的话来说，人本身没有属性，人本质上是一种技术性的存在，"技术"就是指人类赖以生存的一切"身外之物"。

以前有一种看法，认为技术仅仅是一种手段，是一种用来达成目的的中立性的工具，技术本身没有价值负荷，好人用来做好事，坏人用来做坏事，这就是所谓的"双刃剑"的说法。但是杜威认为，手段和目的在技术中是统一的，技术中负载着价值和潜力。手段和目的只有在事后才能区分开。在具体的技术实践活动中，目的和手段相互渗透和相互验证，它们的差别是分析上的和形式上的，而不是材料上的和时间顺序上的。这样，杜威就用手段和目的的功能性划分，取代了它们之间的结构性划分。

从杜威的这种"工具论"来看，技术并不是脱离任何价值和意义的中立性工具，人工物造成的问题实际上是探究的失效。失效的主要原因就是忽视了手段和目的之间的相互联系。杜威也不认为技术本身能决定社会的未来发展。技术仅仅是社会发展的必要条件，而不是充分条件。认为历史存在不可避免的规律，或者社会中的某一个因素能勾画出社会的全貌，这在杜威看来都是对必然性和确定性的迷信，从而再次导致传统哲学的谬误。

杜威如此褒奖"技术"，那么如何看待科学技术造成的"负面效应"呢？杜威认为，由于环境充满了不确定性，任何技术都无法保证能够成功。这就要求技术应该是负责任的技术。负责任的技术包含对目标的选择、实施和验证。目标必须再次返回到具体情形中，看一看是否恰当。如果技术是不负责任的，那不是因为作为一种方法的技术失效了，而是因为探究被误导了，手段脱离了目的，经济利益、意识形态等非技术的目的主导了理智的探究。热带雨林的破坏、土地沙漠化、酸雨、工业废物的排放、温室效应这些环境问题，不是技术的失败，而是无法充分运用理智的结果。

由于"技术"负载价值，科学和技术的发展导致了与传统价值观和信念的矛盾。历史上科学与宗教的冲突，当代社会中围绕着生物工程引起的争论，都是这些矛盾的表现。杜威认为，我们现有的思想习惯和愿望从本质上说仍然处在现代科学兴起之前的状态，然而，它们发挥作用的条件却发生了剧烈变化。哲学的使命就是协调这些矛盾和冲突。哲学要从特定的社会条件出发，根除各种偏见，完成自己的社会使命。在技术的未来发展中，哲学具有非常重要的作用。对杜威来说，哲学实质上就是一种一般性的批判，是对批判的批判。哲学的功能是增加控制，提高安全和自由，避免误导和浪费。

以前在读像芬伯格、伊德、温纳等美国当代技术哲学家的著作时，我就感觉到，尽管他们的技术哲学标榜为"批判理论"、"现象学"、"政治学"，但实际上他们都奠基于杜威的实用主义。例如，芬伯格认为，技术的设计实际上是由技术标准和社会标准共同决定的，当我们把人的全面发展的需求和自然环境的保护作为内在因素来考虑，将它们融合到技术的设计中，就能转化技术，在事前避免技术的负面效应。伊德认为，从历史上来看，为了实现同一个目的，不同的文化会发展出不同的技术。从现实来看，同一种技术在不同的文化背景下会成为不同的"技术"。计算机和因特网的发展，打破了信息的垄断，数字录音机和摄像机打破了影音制作的垄断。这说明现代技术提供了表达异议的机会，加强了人类之间的交往，具有实现民主的潜能。温纳认为，技术的设计和创新已经像政府法案或政治纲领一样，成了一种建立世界秩序的方式。社会的结构和秩序不仅是由政治制度来确立，而且也由高速公路、电视、电脑、网络等新兴技术产品的设计来确定的。因此，技术本身具有政治含意。换句话说，选用某一项技术，不可避免地会造成一种具有特定政治模式的公共关系。

杜威的技术哲学是一种面向行动和未来的哲学。他把"技术"作为一个哲学问题来对待，因此他的技术哲学是一种纯粹的"技术哲学"。杜威不像有些技术哲学家那样幽思深远，怀念古代的田园牧歌式的生活；他也不像一些技术哲学家那样危言耸听，视技术为洪水猛兽。尽管他的一些阐述比较晦涩，但是却没有故作高深，体现了积极进取、乐观向上的精神。因此，杜威的技术哲学越来越得到当代哲学家的认同，成为一种充满希望和可行性的技术哲学。

由于近年来对杜威的偏爱，所以，当北京大学出版社编辑王立刚先生邀我翻译美国哲学家希克曼（Larry A. Hickman）的《杜威的实用主义技术》时，我就欣然接受了。

希克曼在这部著作中，从当代技术哲学的争论出发，通过详细解读杜威的著作，比较了杜威与马克思、海德格尔、维特根斯坦、温纳、埃吕尔、罗蒂、罗尔斯、诺齐克等众多思想家的异同，突现了杜威技术哲学的当代意义。本书不仅涉及杜威对技术和科学的看法，而且涉及杜威的认识论、逻辑学、美学、政治学、宗教学等内容，这使本书的翻译工作异常艰苦。阅读杜威是一件"苦差事"，翻译杜威和关于杜威的著作更是一件"苦差事"。不久前，国内启动《杜威全集》的翻译计划。我对遇见的几位参与者说："我很'同情'你们"。

此前，杜威的著作经胡适、傅统先、涂纪亮、高建平等诸位先生的译介，已经有了一些中译本。我在翻译的过程中，凡是涉及杜威原著的段落，都尽量查考了现有的中译本，参考了他们的翻译。在此谨对这些前辈的工作表示感谢。

本书在翻译过程中，得到了美国南伊利诺伊大学希克曼教授、北京大学出版社王立刚先生、夏威夷大学哲学系安乐哲（Roger T. Ames）教授、北京外国语大学英语学院孙有中教授的支持和鼓励。希克曼教授还专门为中文版写了序言。清华大学哲学系彭国翔教授阅读了部分译稿，提出了一些修改意见。陈传宝帮助录入了参考文献、索引等内容。在此谨对这些师友的帮助表示感谢。

（读者如对译本有批判指正，请致函我的电子邮箱：Hanlq@buaa.edu.cn）

韩连庆

2009 年 10 月 12 日